ajudando pessoas a mudar

Richard Boyatzis | Melvin Smith | Ellen Van Oosten

ajudando

Coaching com compaixão para

pessoas a

aprendizado e crescimento

mudar

permanentes

ALTA LIFE
EDITORA
Rio de Janeiro, 2022

Ajudando Pessoas a Mudar

Copyright © 2022 da Starlin Alta Editora e Consultoria Eireli.
ISBN: 978-85-508-1549-7

Translated from original Helping people change : coaching with compassion for lifelong learning and growth. Copyright © 2019 by Richard E. Boyatzis, Melvin Smith, and Ellen Van Oosten. ISBN 9781633696563. This translation is published and sold by permission of Harvard Business Review Press, the owner of all rights to publish and sell the same. PORTUGUESE language edition published by Starlin Alta Editora e Consultoria Eireli, Copyright © 2022 by Starlin Alta Editora e Consultoria Eireli.

Impresso no Brasil — 1ª Edição, 2022 — Edição revisada conforme o Acordo Ortográfico da Língua Portuguesa de 2009.

Todos os direitos estão reservados e protegidos por Lei. Nenhuma parte deste livro, sem autorização prévia por escrito da editora, poderá ser reproduzida ou transmitida. A violação dos Direitos Autorais é crime estabelecido na Lei nº 9.610/98 e com punição de acordo com o artigo 184 do Código Penal.

A editora não se responsabiliza pelo conteúdo da obra, formulada exclusivamente pelo(s) autor(es).

Marcas Registradas: Todos os termos mencionados e reconhecidos como Marca Registrada e/ou Comercial são de responsabilidade de seus proprietários. A editora informa não estar associada a nenhum produto e/ou fornecedor apresentado no livro.

Erratas e arquivos de apoio: No site da editora relatamos, com a devida correção, qualquer erro encontrado em nossos livros, bem como disponibilizamos arquivos de apoio se aplicáveis à obra em questão.

Acesse o site **www.altabooks.com.br** e procure pelo título do livro desejado para ter acesso às erratas, aos arquivos de apoio e/ou a outros conteúdos aplicáveis à obra.

Suporte Técnico: A obra é comercializada na forma em que está, sem direito a suporte técnico ou orientação pessoal/exclusiva ao leitor.

A editora não se responsabiliza pela manutenção, atualização e idioma dos sites referidos pelos autores nesta obra.

Produção Editorial
Editora Alta Books

Diretor Editorial
Anderson Vieira
anderson.vieira@altabooks.com.br

Editor
José Rugeri
j.rugeri@altabooks.com.br

Gerência Comercial
Claudio Lima
claudio@altabooks.com.br

Gerência Marketing
Andrea Guatiello
marketing@altabooks.com.br

Coordenação Comercial
Thiago Biaggi

Coordenação de Eventos
Viviane Paiva
comercial@altabooks.com.br

Coordenação ADM/Finc.
Solange Souza

Direitos Autorais
Raquel Porto
rights@altabooks.com.br

Produtor Editorial
Thales Silva

Produtores Editoriais
Illysabelle Trajano
Larissa Lima
Maria de Lourdes Borges
Paulo Gomes
Thiê Alves

Equipe Comercial
Adriana Baricelli
Daiana Costa
Fillipe Amorim
Heber Garcia
Kaique Luiz
Maira Conceição
Victor Hugo Morais

Equipe Editorial
Beatriz de Assis
Brenda Rodrigues
Caroline David
Gabriela Paiva
Henrique Waldez
Marcelli Ferreira
Mariana Portugal

Marketing Editorial
Jessica Nogueira
Livia Carvalho
Marcelo Santos
Pedro Guimarães
Thiago Brito

Atuaram na edição desta obra:

Tradução
Michaela Korytowski

Copidesque
Eveline Machado

Revisão Gramatical
Alessandro Thomé
Paola Gousing

Diagramação
Luisa Maria Gomes

Capa
Marcelli Ferreira

Editora afiliada à:

Rua Viúva Cláudio, 291 – Bairro Industrial do Jacaré
CEP: 20.970-031 – Rio de Janeiro (RJ)
Tels.: (21) 3278-8069 / 3278-8419
www.altabooks.com.br – altabooks@altabooks.com.br
Ouvidoria: ouvidoria@altabooks.com.br

Para Sandy, Jennifer e Scott,
nossos cônjuges e melhores coaches.

SUMÁRIO

AGRADECIMENTOS ix

SOBRE OS AUTORES xv

1. **A essência da ajuda** 1
   Como realmente ajudar os outros a aprender e crescer

2. **Conversas que inspiram** 13
   Descobrindo o que mais importa

3. **Coaching com compaixão** 29
   Inspirando mudanças sustentáveis e desejadas

4. **Despertar o desejo de mudança** 55
   Perguntas que despertam alegria, gratidão e curiosidade

5. **Sobreviver e prosperar** 79
   A batalha em seu cérebro

6. **O poder da visão pessoal** 103
   Sonhos, não apenas metas

7. **Cultivar um relacionamento ressonante** 129
Escute além do que você ouve

8. **Criar uma cultura de coaching ou apoio** 155
Caminhos para transformar as organizações

9. **Reconhecer momentos de coaching** 177
Agarre a oportunidade

10. **O chamado da compaixão** 193
Um convite para sonhar

NOTAS 201
ÍNDICE 229

AGRADECIMENTOS

Agradecemos profundamente o apoio e o incentivo de nossos colegas do Departamento de Comportamento Organizacional da Case Western Reserve University. Gostaríamos de agradecer especificamente nossa chefe de departamento, professora Diana Bilimoria, e os professores pesquisadores Diane Bergeron, Susan Case, Corinne Coen, Harlow Cohen, David Cooperrider, Ron Fry, Chris Laszlo, Tracey Messer e John Paul Stephens. Não teríamos trabalhado sem o apoio regular e positivo de nossa administradora do departamento, Lila Robinson, e de Patricia Petty, diretora assistente do programa MPOD.

Ao longo dos anos, muitos estudantes de doutorado em Comportamento Organizacional participaram de nosso Grupo de Estudo de Coaching, que acabou se transformando no Grupo de Estudo de Mudança Intencional, especialmente a saber: Emily Amdurer, Estelle Archibold, Alim Beveridge, Kevin Cavanagh, Gareth Craze, Udayan Dhar, Darren Good, Anita Howard, Jennifer Nash, Angela Passarelli, Brigette Rapisarda, Kylie Rochford, Tiffany Schroeder Kriz, Scott Taylor, Njoke Thomas, Mandy-Varley e Doc Warr.

Annie McKee, que era estudante de doutorado e membro de nossos grupos de estudo lá no começo, continua sendo uma inspiração para nós. Ela escreve frequentemente com Richard e também chefia grupos de coaching no Curso de Doutorado Executivo PennCLO da Graduate School of Education na Universidade da Pensilvânia. Tivemos outros estudantes de doutorado que pesquisaram sobre visão pessoal, inteligência emocional e qualidade dos relacionamentos, sendo uma grande ajuda para nós. Eles são Manoj Babu, Jodi Berg, Amanda Blake, Kathleen Buse, Masud Khawaja, Loren Dyck, Linda Pittenger, Joanne Quinn e John Schaffner.

Agradecimentos

Fomos inspirados por novas ideias, pesquisas e melhores métodos para o coaching de nossos colegas do Laboratório de Pesquisa de Coaching da Weatherhead School of Management, a saber: professores Tony Jack, Angela Passarelli, Scott Taylor e Kylie Rochford, e nossos estudantes de doutorado que mantêm o Laboratório de Pesquisa de Coaching e seus estudos avançando: Gareth Craze, Kevin Cavanagh, Udayan Dhar, Jessi Hinz, Mercedes McBride-Walker, Mai Trinh, Mandy Varley e Maria Volkova. Também somos gratos aos membros organizacionais do Laboratório de Pesquisa de Coaching que participaram conosco em pesquisas avançadas e práticas no campo de coaching. Queremos oferecer uma nota especial de apreciação ao Fifth Third Bank e à Erie Insurance, cujo suporte inicial como membros fundadores do Laboratório de Pesquisa de Coaching serviu como uma plataforma de lançamento essencial para toda a iniciativa. Também queremos agradecer aos membros organizacionais do passado e do presente, incluindo Crown Equipment, Dealer Tire, Ford, Lubrizol, Moen (Global Plumbing Group), J. M. Smucker Company, Sandia National Laboratories e Steris.

Gostaríamos de agradecer igualmente a nossos colegas dedicados da Weatherhead Executive Education, que foram nossos aliados no desafio de trazer o coaching para o mercado de trabalho. Eles são Chuck Black, Jennifer Carr, Kim Goldsberry, Mindy Kannard, Aparna Malhotra, Charlene McGrue, Ericka McPherson, Lori Neiswander, Sharon Norris, Jennifer O' Connor-Neskey, Lyndy Rutkowski, Laniece Washington, Laura Weber Smith, Michelle Wilson, nossa nova diretora-executiva, Chris Kush, e nossa ex-reitora associada, Denise Douglas. Por último, mas não menos importante, não poderíamos ter feito este trabalho de coaching sem os coaches incrivelmente talentosos e comprometidos em nosso grupo de coaching da Weatherhead Executive Education. Somos gratos por sua parceria constante e seus serviços.

Muitas das histórias deste livro vieram de nossas décadas ensinando na graduação, pós-graduação e em cursos de educação executiva na Weatherhead School of Management, da Case Western Reserve University. Embora listar cada um deles aqui seja impossível, queremos expressar nosso mais profundo agradecimento a nossos alunos do passado e do presente por sua abertura para um aprendizado vitalício. Com nossas conversas, dentro e fora da sala de aula, vocês têm nos ajudado a refinar nossas teorias, modelos, pesquisas e palpites. Vocês têm nos ajudado a aprender, crescer e mudar como educadores, palestrantes e colegas.

Colegas e amigos de todo o mundo têm sido mais do que um apoio à medida que desenvolvemos nossa abordagem de coaching e realizamos pesquisas empolgantes. Desde 2000, da ESADE em Barcelona, esse grupo inclui os professores Joan Manuel Batista, Marc Correa, Rob Emmerling, Laura Guillen, Ricard Serlavos e os ex-alunos de doutorado Basak Conboy, Amy Leverton, Leticia Mosteo, Roy Mouwad, Alaide Sipadas e Ferran Valesco. Também inclui nossos amigos e colegas da Università Ca' Foscari, em Veneza: professores Fabrizio Gerli, Sara Bonesso, Anna Commacho e Laura Cortelazzo.

Ao longo deste livro e na lista de publicações citadas nas notas finais, você encontrará outros colegas cuja coautoria e diálogo contínuo ajudaram nossas pesquisas e ideias a continuar se desenvolvendo. Pessoas que têm nos ajudado a aprender incluem Kathy Kram, Nancy Blaize e Terry Maltbia; Carol Kauffman, Margaret Moore e Susan David, fundadores do Institute of Coaching no McLean Hospital, afiliado ao Harvard Medical School; Dan Goleman, que ensinou Richard a escrever para pessoas normais e tem sido um amigo e um cocriador de ideias desde 1969; Annie McKee e Fran Johnston; Cary Cherniss, Poppy McLeod, Vanessa Druskat e Helen Riess.

Estamos profundamente gratos à equipe de editores da Harvard Business Review Press, especialmente Jeff Kehoe, que acreditou neste trabalho desde a primeira leitura de nossa proposta. Também queremos estender nossos agradecimentos especiais a Lucy McCauley, por seu incentivo, atenção e dedicação especial a este livro. Sua lógica perspicaz e suas palavras mágicas ajudaram a transformar nossos pensamentos em um texto fluido e elegante.

Richard gostaria de agradecer a seu filho, Mark Scott, pelas décadas de paciência com seu pai distraído e por persuadi-lo com paciência a uma escrita mais clara e melhor. Ele também gostaria de agradecer à família Michael Horvitz pelo generoso apoio a sua cátedra, que ofereceu o suporte muito necessário para todos os estudos de imagens de ressonância magnética e muitos outros estudos de coaching que conduzimos e continuamos conduzindo.

Agradecimentos

Acima de tudo, Richard gostaria de reconhecer e agradecer ao professor David A. Kolb por seu aconselhamento, orientação, amizade e coleguismo nos últimos 53 anos. O professor Kolb trouxe Richard da aeronáutica e da astronáutica para o campo da psicologia, inspirando-o e ajudando-o a encontrar o caminho desde 1967 com uma série de pesquisas de estudo sobre a ajuda, que continua a ter impacto até os dias atuais. O professor Kolb levou Richard para o curso de Ph.D. em psicologia em Harvard e o apresentou a outras pessoas que se tornaram amigos e mentores, assim como os professores David McClelland, Edgar Schein, Dave Berlew, Fritz Steele, Bob Rosenthal, Robert Freed Bales e muitos outros. Este livro e a pesquisa por trás dele começaram na primavera em 1967, com o primeiro estudo empírico sobre ajuda e, então, com um livro que não foi publicado. Mas as ideias e as paixões permaneceram.

Melvin gostaria de agradecer a sua família próxima e estendida, principalmente a sua mãe, Mary, e a seu falecido pai, Melvin Sr., que ofereceram a ele um lar amoroso cheio de alegria, compaixão, apoio e incentivo que sempre o fez sentir confiante para buscar seus sonhos; sua esposa com quem está casado há 31 anos, Jennifer, uma parceira amorosa que o torna uma pessoa melhor e com quem construiu uma vida maravilhosa e mais gratificante do que ele poderia imaginar; e a seus dois filhos, Ryan e Evan, que servem não apenas como fontes constantes de orgulho em tudo o que fazem, mas também como fonte de admiração, e eles continuam crescendo e se tornando jovens impressionantes, trilhando seus próprios caminhos de vida especiais por meio do esforço.

Ellen gostaria de agradecer a sua família por encorajá-la a experimentar o que significa ajudar outras pessoas e ser ajudada de maneiras significativas e amorosas. Ela gostaria de homenagear a mãe, Mary EllenBrooks, e seu falecido pai, Thomas Brooks, por serem seus primeiros coaches e mostrarem a ela o que amor e sacrifício incondicionais realmente significam. Ela também gostaria de agradecer a seu marido, Scott, por seu espírito generoso, pela compaixão que ele tem por ela e todas as pessoas ao redor dele, e por sua habilidade de fazê-la continuar sorrindo nos inevitáveis altos e baixos da vida. Ela também gostaria de agradecer a seus filhos, Maureen e Thomas, que a mantêm firme e trazem alegria para sua vida com suas mentes fortes e curiosas e seus corações amorosos e abertos. Também gostaria de agradecer a sua família estendida e a seus amigos por todas as formas de apoio.

Finalmente, Melvin e Ellen gostariam de agradecer a Richard, que não é apenas um colega e coautor inspirador, mas também um mentor e amigo incrível. Ele serve como modelo de quão significativa e alegre pode ser a vida de quem ajuda as pessoas a mudar!

Richard Boyatzis
Richard.Boyatzis@case.edu

Melvin Smith
Melvin.Smith@case.edu

Ellen Van Oosten
Ellen.VanOosten@case.edu

SOBRE OS AUTORES

RICHARD BOYATZIS é professor emérito da Case Western Reserve University, professor nos departamentos de Comportamento Organizacional, Psicologia e Ciência Cognitiva, e professor HR Horvitz de Negócios de Famílias na Weatherhead School of Management da Case Western Reserve University. Além disso, é professor adjunto no departamento de Recursos Humanos na Escola de Negócios ESADE, em Barcelona. Boyatzis tem bacharelado em astronáutica e aeronáutica no MIT (Instituto de Tecnologia em Massachusetts), MA e Ph.D. em psicologia social pela Universidade Harvard. Usando sua comprovada Teoria de Mudança Intencional (ICT) e a Teoria da Complexidade, ele estuda a mudança desejada sustentável em todos os níveis de esforços humanos, desde o nível individual até o de equipes, empresas, comunidades e países. Desde 1967, sua pesquisa foca especificamente o apoio e o coaching. Boyatzis foi considerado o nono pensador internacional mais influente pela *HR Magazine* nos anos de 2012 e 2014. Ele é autor de mais de 200 artigos sobre liderança, competências de inteligências social e emocional, inteligência emocional, desenvolvimento de competências, coaching, neurociência e educação gerencial. Seu massivo curso online aberto (MOOC), Inspiring Leadership Through Emotional Intelligence [Inspirando Liderança Através de Inteligência Emocional, em tradução livre], tem mais de 780 mil estudantes de quase todo o mundo inscritos através do Coursera. Seus nove livros incluem *The Competent Manager* [O Gerente Competente, em tradução livre], o best-seller internacional *Primal Leadership* [O poder da inteligência emocional: como liderar com sensibilidade e eficiência] (com Daniel Goleman e Annie McKee) e *Resonant Leadership* [Liderança Ressonante, em tradução livre] (com Annie McKee). Ele é membro da Association of Psychological Science e da Society of Industrial Organizational Psychology.

MELVIN SMITH é professor no departamento de Comportamento Organizacional e diretor do corpo docente de Educação Executiva na Weatherhead School of Management da Case Western Reserve University (com Ellen van Oosten). Atualmente, é também presidente do conselho da Graduate School Alliance for Education in Coaching (GSAEC). A pesquisa e o ensino de Melvin focam a liderança e a inteligência emocional no local de trabalho, assim como em relacionamentos de troca social, rede social, desenvolvimento e uso de capital humano e social nas organizações. Seus trabalhos têm sido publicados em revistas como *Academy of Management Learning & Education*, *Frontiers in Psychology*, *Journal of Applied Behavioral Science*, *Journal of Management Development*, *Leadership Excellence* e *Organizational Dynamics*. Smith é coach certificado pelo conselho (BCC) e palestrante muito procurado. Com frequência, ele oferece atendimento em educação e treinamento para várias organizações americanas, além de trabalhar com executivos no Canadá, Dubai, Índia, Nova Zelândia, Escócia, Espanha e Trinidade. Smith fez seu Ph.D. em Gestão de Comportamento Organizacional e Recursos Humanos da Escola de Negócios Joseph M. Katz, da Universidade de Pittsburgh. Também é graduado em Administração e Contabilidade Geral, pela Universidade Purdue, e tem MBA em Marketing, pela Universidade Clark Atlanta. Antes de concluir seu trabalho de doutorado na Universidade de Pittsburgh, ele passou mais de quinze anos em uma série de cargos de desenvolvimento gerencial e organizacional em vendas/marketing em várias empresas dentre as 500 maiores da revista *Fortune*, incluindo IBM, Pepsi-Cola e H. J. Heinz.

ELLEN VAN OOSTEN é professora adjunta no Departamento de Comportamento Organizacional e diretora do corpo docente de Educação Executiva na Weatherhead School of Management da Case Western Reserve University (com Melvin Smith). Também é diretora do laboratório de pesquisa de coaching, que fundou com Richard Boyatzis e Melvin Smith em 2014 para pesquisas avançadas no campo de coaching. Seus interesses de pesquisa incluem coaching, desenvolvimento de liderança, inteligência emocional e mudança positiva. Ela publicou artigos especializados e profissionais que cobrem assuntos como coaching para mudar, resultado de coaching, visão de liderança e desenvolvimento de liderança nas empresas. Seus trabalhos foram publicados em *Consulting Psychology Journal: Practice and Research*, *Frontiers in Psychology*, *Journal of Applied Behavioral Science*, *Journal of Management Development*, *Leadership Excellence* e *Organizational Dynamics*.

Como orientadora, van Oosten ensina em MBA, MBA executivo e Masters of Engineering Management e em cursos de graduação na Case Western Reserve University, e regularmente faz workshops para cliente de Educação Executiva. Ela dirige o curso de certificação de coaching da Weatherhead e é uma coach executiva muito procurada. Tem os títulos de Board Certified Coach e Associate Certified Coach (ACC), e tem Ph.D. em comportamento organizacional e MBA na Weatherhead School of Management. Ela também é graduada em engenharia elétrica pela Universidade de Dayton. Antes de se juntar ao corpo docente da Weatherhead, passou dezoito anos trabalhando com empresas para desenvolver talentos de liderança e teve vários cargos de chefia na Weatherhead, incluindo reitora assistente de Educação Executiva e diretora-executiva de Programas Customizados.

ajudando pessoas a mudar

CAPÍTULO 1

A essência da ajuda

Como realmente ajudar os outros a aprender e crescer

Após terminar as suturas finais, Greg Lakin agradeceu à equipe da sala de cirurgia por mais um trabalho bem-sucedido. Ele tirou a máscara cirúrgica e se sentiu satisfeito por o procedimento ter dado certo. Mas, ao mesmo tempo, percebeu que aquela sensação de alegria que costumava sentir no seu trabalho como cirurgião plástico não existia mais. E ele pensou: *Quando, e como, eu perdi todo aquele entusiasmo?*

Então decidiu pedir a ajuda de um coach. Greg era perfeccionista desde criança, tinha conseguido um sucesso após o outro em sua jornada para se tornar cirurgião. Quando começou a fazer o coaching, contou que essa busca por sucesso era parcialmente alimentada pelo sentimento constante de precisar provar algo para si mesmo. No entanto, no meio do caminho, Greg perdeu de vista suas verdadeiras paixões e aspirações na vida. Ele queria, por exemplo, ter uma vida mais equilibrada, com tempo para viagens e voltar a correr. Também expressou a vontade de voltar para o sul da Flórida, onde havia crescido, assim poderia ficar mais perto da família e dos amigos de infância. No entanto, seu trabalho atual fazia com que ele trabalhasse de setenta a oitenta horas por semana, sobrando pouco tempo para outras coisas pelas quais também se interessava.

Assimilando tudo o que o Greg dizia, o coach pediu que ele passasse um tempo refletindo e articulando sobre os detalhes de sua visão pessoal — e tentasse separar seus desejos sinceros dos deveres e das obrigações de sua vida. Assim que ele se permitiu fazer isso, uma luz se acendeu. Greg descobriu o que realmente queria e experimentou a energia positiva e a motivação que vêm quando se tem tanta clareza. Trabalhando com seu coach, Greg começou a mudar sua vida de formas que ele nunca podia imaginar apenas alguns meses antes. Daremos uma olhada mais a fundo na história do Greg no Capítulo 2, mas, por ora, podemos afirmar que sua vida, tanto profissional quanto pessoal, mudou para melhor de uma maneira significativa.

Como realmente ajudar as outras pessoas

Por Greg ter decidido explorar totalmente sua *visão pessoal*, e buscá-la ativamente, ele acabou alcançando uma vida profissional mais equilibrada e conseguiu ficar próximo da família e dos amigos, como ele tanto desejava. E redescobriu a alegria em sua vida. Quando se trata de dar coaching para outras pessoas, nossas pesquisas mostram que é crucial explorar e expressar uma visão pessoal do indivíduo. Mais do que resolver problemas imediatos e tentar ajudar alguém a alcançar metas fixadas ou satisfazer determinados padrões, trazer à tona sonhos e esperanças pessoais é a chave para liberar emoções positivas e uma motivação intrínseca, impulsionando a pessoa para uma mudança real e duradoura.

Porém orientar outras pessoas para que alcancem os desejos do coração não é só para coaches. Para onde quer que você olhe, vê exemplos de pessoas ajudando outras a aprender ou se transformar. Na realidade, quando nos perguntam sobre quais pessoas mais nos influenciaram em nossa vida, muitos de nós pensamos primeiro em nossos pais, treinadores esportivos ou professores — talvez uma professora como Kyle Schwartz.

Quando Kyle começou a lecionar para o terceiro ano, ela desconfiou que havia muito mais para saber sobre seus alunos do que revelavam os formulários de dados pessoais ou as notas de seus exames padronizados. Para se sentir uma professora verdadeiramente competente, ela decidiu que de alguma forma deveria aprender sobre o que os alunos estavam pensando, o que realmente importava para *eles*.[1] Ela pediu que eles completassem a seguinte frase: "Eu gostaria que minha professora soubesse..."

E veja o que Kyle aprendeu:

"Eu gostaria que minha professora soubesse que meu registro de livros para a leitura não está assinado, porque minha mãe muitas vezes não está por perto."

"Eu gostaria que minha professora soubesse que eu amo animais e faria qualquer coisa por eles. Eu adoraria trabalhar na MSPCA (Sociedade de Massachusetts para a Prevenção da Crueldade contra os Animais), assim eu poderia ajudar animais a serem adotados."

"Eu gostaria que minha professora soubesse que meus pais e eu moramos em um abrigo."[2]

E a lista prosseguia, com cada resposta mais reveladora e comovente que a outra. No mínimo, as respostas dos alunos despertaram a compaixão de Kyle. E, ainda mais, deram as informações de que ela precisava para ajudá-los como professora. Agora, ela sabia o que mais importava para suas crianças e tinha pouco a ver com os planos de aula diários e padronizados das turmas do terceiro ano.

A pergunta de Kyle para seus estudantes viralizou no Twitter e se espalhou para as salas de aula das escolas primárias ao redor do mundo. Ficou claro que as pessoas estavam com muita vontade de encontrar meios eficazes de entender e ajudar outras pessoas. A pergunta é simples, mas, mesmo assim, não é feita por quem aparentemente quer ajudar outras pessoas. Como professores, gerentes, colegas, pais e treinadores de todos os tipos, ficamos preocupados com nossos deveres e nossas agendas, e nos esquecemos de fazer perguntas básicas e reveladoras, perguntas que nos dirão algo importante sobre as pessoas que queremos ajudar. Ou talvez não fazemos tais perguntas porque temos medo das respostas, dos problemas e das emoções que talvez possam emergir. Às vezes, é mais fácil ignorá-las ou rejeitá-las, para impedir nossa percepção ou sensibilidade em relação às pessoas. Simplesmente seguimos em frente, indiferentes às necessidades e aos desejos das pessoas que estão fora do alcance de nossas agendas e de nossos planos de aula.

Assim, como ilustrava a história de Greg Lakin, essas "perturbações" — as mágoas e as aflições das pessoas, seus sonhos e desejos mais profundos — permanecem. Tais perturbações continuam a afetar nossos estudantes, clientes, pacientes, subordinados, parceiros e filhos em um nível muito profundo, no qual ocorrem mudanças e aprendizados verdadeiros. Em resposta à pergunta de Kyle Schwartz, seus alunos não disseram apenas o que os incomodava, mas também quais eram as aspirações e visões deles mesmos.

Como vemos, esse foi o meio que Kyle utilizou para explorar a possibilidade de crescimento e transformação daquelas crianças. Em vez de colocar o foco *nela mesma* como professora e no que precisava ensinar aos alunos do terceiro ano, ela focou os alunos, os *aprendizes*. Isso possibilitou que construísse relacionamentos melhores e mais significativos com os alunos e entre eles. Ela foi capaz de construir uma comunidade com o propósito comum ou compartilhado de ouvir e cuidar uns dos outros.

As duas histórias que acabamos de ler surgem de dois contextos bem diferentes, mas são sobre ajudar as pessoas a aprender, crescer e mudar, e este é o foco do livro. O fato é que todo mundo precisa de ajuda, não apenas crianças do terceiro ano ou cirurgiões que estão passando por uma crise na carreira. Todos nós precisamos de ajuda para fazer grandes transformações em nossa vida e em nosso trabalho e para aprender coisas novas.

Este livro mostrará como ajudar as pessoas com mais eficácia. Observe que, embora nosso foco como autores, pesquisadores e educadores esteja voltado para a profissão de coaching (executivo, carreira, vida, equipes e parceiros), pretendemos que este livro atinja diferentes públicos, ou seja, qualquer pessoa que deseja ajudar outras pessoas — gerentes, mentores, conselheiros, terapeutas, clérigos, professores, pais, técnicos esportivos, parceiros, amigos — encontrará aqui um guia importante, incluindo uma série de exercícios práticos para desenvolver suas habilidades de ajuda.

Especificamente, descreveremos neste livro o que nossa pesquisa mostrou que ajuda as pessoas de forma mais profunda e sustentável. Como Greg Lakin e Kyle Schwartz aprenderam, a melhor maneira de ajudar outras pessoas a aprender, crescer e mudar é ajudando-as a se aproximarem de seu eu ideal, seus sonhos e visão de futuro ideal.

Coaching com compaixão

Baseamos este livro na premissa de que, quando feito eficazmente, o coaching e todo tipo de ajuda criam três mudanças específicas em pessoas que procuram apoio. Primeira, elas encontrarão ou reafirmarão e expressarão sua visão pessoal, incluindo sonhos, paixões, propósitos e valores. Segunda, experimentarão mudanças no comportamento, pensamentos e/ou sentimentos que as aproximarão da realização de sua visão pessoal. E terceira, construirão ou manterão o que chamamos de *relacionamento ressonante* com o coach ou profissionais de apoio e, idealmente, com outras pessoas apoiadoras em suas vidas.

Mas como chegar lá? Como sairemos do princípio de ter boas intenções de ajudar alguém para realmente cumprir a promessa dos três tipos de mudanças que acabamos de mencionar? Nem sempre é um processo intuitivo ou óbvio. Com frequência, quando tentamos ajudar as pessoas, focamos em corrigir o problema. Afinal, costumamos ser mais experientes e podemos ver o que as pessoas deveriam fazer para viver uma vida melhor, ser mais produtivas ou aprender mais. Sabemos o que é melhor para elas. Ou nos vimos na situação da pessoa e projetamos nela o que nós certa vez já fizemos ou faríamos. Às vezes as pessoas nos procuram em busca de uma solução para um problema. Como apoiadores ou profissionais de apoio, ouvimos procurando aliviar um sintoma, então trabalhamos com elas em algo que está distante de seus desejos e de suas necessidades mais profundos.

Isso é um erro. Em nossa tentativa de aconselhar alguém que procura ajuda, muitos de nós naturalmente temos uma abordagem centrada no problema, focando as lacunas entre onde elas estão e onde achamos que deveriam ou poderiam estar. Estamos tentando *consertá-las*. Isso não funciona bem para motivar o aprendizado sustentável, a mudança ou a adaptação. Pode, às vezes, levar a uma ação corretiva rápida, mas, quando as pessoas reagem, com frequência fazem isso por um senso de obrigação e falta a motivação interna necessária para manifestar a transformação que desejam. Ou elas sentem a necessidade de fazer alguma coisa, mesmo que não seja uma solução sustentável. *Estas* são as perguntas-chave: o esforço é sustentável? É duradouro? A pessoa tem o comprometimento profundo necessário para continuar o esforço pela mudança ou pelo aprendizado?

Claro que há momentos em que as pessoas têm problemas sérios que precisam ser resolvidos. Mas nossa pesquisa mostra que, quando o contexto é uma carência ou uma deficiência que precisa ser trabalhada, a energia e o esforço necessários para sustentar a mudança costumam estar ausentes. Inversamente, quando o contexto é uma visão ou um sonho de longo prazo, pessoas obtêm energia dessa visão e são capazes de sustentar seus esforços por mudança, mesmo durante tempos difíceis.

Quando um coach ou outro tipo de profissional de apoio consegue produzir tal contexto, chamamos isso de *coaching com compaixão* — coaching com um verdadeiro senso de cuidado e preocupação, focando a outra pessoa, dando apoio e encorajamento, facilitando a descoberta e a busca dos sonhos e das paixões dessa pessoa. Foi exatamente o que Kyle Schwartz fez quando se comunicou com seus alunos e perguntou o que eles queriam dizer para *ela*. Neste livro, contrastamos essa abordagem com o que descrevemos como *coaching por conformidade* — em que, em vez de ajudar uma pessoa a expressar e realizar um futuro desejado, o coach tenta facilitar os movimentos dela em direção a um objetivo externamente definido. Hoje, coaching por conformidade é a abordagem padrão em muitos tipos de ajuda, como o coaching para atletas, ensino, educação dos filhos e na relação médico/paciente. Isso ocorre especialmente no coaching de negócios e, com frequência, no coach executivo, em que um coach é contratado explicitamente a fim de guiar um executivo ou colaborador para encontrar um critério específico de sucesso dentro da empresa.

Em algumas situações, o coaching por conformidade pode ser eficaz em ajudar algumas pessoas a alcançarem um objetivo bem específico e predeterminado, tal como ganhar uma promoção para certa função. Mas nossas pesquisas mostram que esse coaching raramente induz mudanças sustentáveis nas pessoas nem as ajuda a alcançarem seu pleno potencial, e menos ainda atingi-los. O coaching com compaixão, por outro lado, faz exatamente isso: ajuda as pessoas a descobrirem como gostariam de crescer e mudar, e oferece a elas um processo e apoio para fazerem e sustentarem essas mudanças. Um de nossos estudantes explicou da seguinte forma: "Todos aqueles que eram figuras importantes em minha vida plantaram sementes de inspiração e ideias, então me deram a liberdade de tomar direções que seriam melhores para mim, sempre me apoiando e encorajando minhas escolhas."

Afirmamos que isso é o que os grandes coaches fazem. Grandes coaches e os melhores professores, gerentes, parceiros e amigos nos envolvem em conversas que nos inspiram. Eles fazem com que a gente queira crescer, desenvolver e mudar de maneiras significativas, e nos ajudam a fazer isso. Eles nos ajudam a buscar uma visão pessoal, em vez de meramente viver uma vida cheia de deveres e obrigações.

A pesquisa: por que o coaching com compaixão funciona

Para fazer com que as mudanças perdurem, nossa pesquisa mostra que essas têm que ser intencionais e motivadas internamente, não impostas. É por isso que o coaching com compaixão começa com uma pessoa expressando seu *eu ideal* ou visão de si mesmo — como Greg Lakin fez quando percebeu que queria uma vida mais equilibrada, conectada com sua família e velhos amigos. Isso fixou Greg, tanto emocional quanto psicologicamente, no que a gente chama de *atrator emocional positivo* (AEP), que o abriu para novas possibilidades e para a empolgação que pode vir com a mudança. Nos capítulos a seguir, compararemos o AEP com o atrator emocional negativo (AEN) — geralmente desencadeado por *deveres* ou ordens externas — e mostraremos como um ajuda e o outro inibe o processo de mudança duradoura.

Mesmo assim, o AEP e o AEN são necessários para o crescimento — é só uma questão de obter a "dosagem" e sequência corretas a fim de ser eficaz, em vez de inibir. Neste livro, também explicaremos como o AEP age como ponto de virada que ajuda a pessoa a seguir de uma fase para a outra em um processo importante de desenvolvimento guiado pela Teoria de Mudança Intencional (TMI), explicada no Capítulo 3. Também compartilharemos aqui muitas outras descobertas de nossa pesquisa. Falaremos sobre como o processo de coaching sempre deve começar com a visão pessoal do indivíduo, e como o próprio processo de coaching precisa ser abrangente, abordando a vida do indivíduo como um todo, não somente alguns aspectos distintos.

Um aviso importante: acreditamos que, para o coach ou qualquer um ajudar outra pessoa, primeiramente tem de se sentir inspirado. Sem o reconhecimento de nossas próprias motivações e sentimentos, podemos fazer muito pouco para nos conectar verdadeiramente com outra pessoa de modo proveitoso. Ou seja, os coaches — sejam eles professores, pais, médicos, enfermeiras, clérigos, sejam coaches executivos profissionais — devem entender suas próprias emoções e desenvolver uma visão pessoal. Essa é a base para um relacionamento autêntico entre o profissional de apoio e a pessoa que está sendo ajudada ou orientada. Portanto, pretendemos que os exercícios incluídos neste livro não sejam só para o coachee (cliente), mas também para o coach.

Tudo o que escrevemos é baseado em uma pesquisa profunda que conduzimos pessoalmente — individualmente e como equipe — nos últimos cinquenta anos. Isso faz parte do que distingue este livro de tantos outros sobre ajuda, gestão, liderança ou coaching: é baseado em evidências. A pesquisa começou em 1967, com estudos sobre como os adultos ajudam uns aos outros a se desenvolverem ou não. Uma pesquisa longitudinal (que acompanha as pessoas durante os anos) sobre mudanças de comportamento em áreas, desde gestão até vícios, foi realizada em empresas, órgãos do governo, empresas sem fins lucrativos, cursos de pós-graduação e hospitais ao redor do mundo. Essas pesquisas foram seguidas por quase vinte anos de estudos de hormônios e neuroimagem. Mencionamos nossa própria pesquisa, assim como estudos realizados por nossos estudantes de doutorado e colegas. Além do mais, cada um de nós é coach e educador, então nossas histórias inspiram-se em nossas próprias experiências pessoais e profissionais de coaching.

Como pesquisadores e autores, nós três trabalhamos juntos na Case Western University e lecionamos juntos no Coach Cerficate Program (Programa de Certificação de Coach) na Weatherhead School of Management. Ademais, juntos lançamos muitas iniciativas de coaching. O Coaching Research Lab (CRL ou Laboratório de Pesquisa de Coaching) foi montado em 2014 e reúne acadêmicos e profissionais para promover pesquisas sobre coaching. Nosso curso aberto, compacto e online (MOOC) "Conversations That Inspire: Coaching Learning, Leadership, and Change" [Conversas que Inspiram: Aprendizado de Coaching, Liderança e Mudanças, em tradução livre] começou em 2015. O curso foca uma abordagem de coaching baseada na compaixão e atraiu mais de 140 mil participantes. Um curso anterior sobre inspirar líderes por meio de inteligência emocional e que introduziu muitas dessas ideias atraiu mais de 800 mil participantes de quase todos os países do mundo.

Nossos estudos deixam tudo claro — especificamente, os estudos comportamentais, hormonais e de neuroimagem mostram o impacto diferencial de fazer coach com as pessoas em torno de seus sonhos e suas visões (coaching com compaixão) versus coaching visando a um objetivo externo (coaching por conformidade). Além disso, vimos em nossos próprios estudantes o quanto o coaching com compaixão pode ser eficaz. Esse tipo de coaching, em conjunto com um curso de quatro meses de desenvolvimento de liderança, resulta em melhoras significativas, assim como foi observado, nas competências emocionais e de inteligência social que os estudantes optaram por desenvolver para dar suporte a suas visões pessoais. Juntos, fornecem uma base lógica e científica para o desenvolvimento de como fazer coach com eficácia e ajudar os outros a manifestarem mudanças desejadas e sustentáveis.

Um guia para este livro

Conforme for lendo este livro, você se aprofundará em cada tópico explorado neste capítulo introdutório, obtendo ideias e habilidades práticas ao longo do caminho para ajudá-lo com mais eficiência a fazer coach ou a ajudar os outros em muitos contextos. Ao longo do livro, damos destaque a lições específicas (*pontos-chave do aprendizado*), estudos de pesquisas relevantes (*pesquisas em destaque*) e propiciamos referências e mais detalhes nas notas finais. Para os leitores mais práticos, oferecemos exercícios específicos e comprovados no final de quase todos os capítulos (*reflexão e exercícios práticos*). Queremos fomentar a reflexão como aprendizado ativo e emocional, e não apenas conhecimento. Também promovemos guias de conversações no final de quase todos os capítulos, que incluem perguntas sobre esses assuntos para você refletir com amigos e colegas. Os benefícios deste livro vêm parcialmente de reflexões sobre ideias e técnicas e, como nossos estudos de neuroimagem mostraram, de conversar sobre essas reflexões e experiências com outras pessoas. Discutir ideias com os outros é o que as torna vivas e mais acessíveis, e os guias de conversação são um meio útil para que isso aconteça. Embora escrevamos este livro para que você possa lê-lo de uma maneira que goste dele do início ao fim, também pode usá-lo como um guia de referência, indo diretamente para alguns capítulos ou pontos de aprendizado-chave, exercícios e outros itens destacados.

Em suma, o livro segue assim: o Capítulo 2 explora os usos, as definições de coaching e outros meios que as pessoas costumam usar para ajudar umas às outras. Como mostram os exemplos que oferecemos de casos de coaching reais, no âmago de qualquer processo de ajuda existe um conjunto de experiências dentro do relacionamento entre a pessoa que está sendo ajudada e quem está ajudando. O Capítulo 3 mergulha mais fundo em como fazer coaching com compaixão *versus* coaching por conformidade. Nossa abordagem começa com a percepção de que as pessoas podem mudar quando querem. Então descreveremos as cinco descobertas na Teoria de Mudança Intencional como modelo de mudança desejada e sustentável.

No Capítulo 4, explicamos o que aprendemos dos estudos recentes de ciência do cérebro que podem nos deixar mais aptos a ajudar os outros de forma mais sustentável. Especificamente, focamos como aumentar os atratores emocionais positivos *versus* negativos (AEP e AEN, respectivamente) em nosso cérebro para criar um estado emocional mais receptivo e motivado. No Capítulo 5, aprofundamos a ciência do AEP e do AEN, mostrando que, enquanto precisamos dos atratores emocionais negativos para sobreviver, é o atrator emocional positivo que permite que as pessoas prosperem e cresçam. Veremos como invocar com eficiência o positivo e criar o equilíbrio apropriado entre o positivo e o negativo, dando início, assim, a um crescimento e mudança duradouros.

No Capítulo 6, exploramos a fundo a visão pessoal. Nossas pesquisas mostram que a descoberta e o desenvolvimento dessa visão são a maneira neurológica e emocional mais poderosa de mobilizar o atrator emocional positivo. A visão pessoal é a imagem que a pessoa faz dela em um futuro próximo. Não são os objetivos nem as estratégias. Não é uma previsão do que é provável. É um sonho!

Com o Capítulo 7, começamos focando como construir relacionamentos ressonantes e aprender a fazer as perguntas certas para os outros, enquanto ouvimos para responder, para despertar aprendizado e mudança.

Tanto a maneira quanto o tempo certo das perguntas podem inspirar o AEP e a mudança, ou o oposto. Perder momentos-chave e fazer perguntas fora da sequência podem transformar uma possível conversa motivadora em um interrogatório de culpa induzido. O Capítulo 8 explora como empresas podem adotar a cultura de coaching mudando suas normas, por exemplo: (1) encorajando coaching entre os colaboradores, (2) usando coaches profissionais internos e externos, e (3) desenvolvendo gestores para serem coaches em suas unidades e outras áreas.

No Capítulo 9, mostramos como aproveitar os momentos em que as pessoas estão prontas para serem ajudadas, o que chamamos de *momentos de coaching*, e oferecemos um guia prático para criar um espaço seguro de reflexão e abertura. Nesse capítulo, também analisamos alguns casos difíceis em coaching e mostramos como as técnicas de coaching com compaixão podem ajudar. Finalmente, com o Capítulo 10 terminamos o livro com um pedido inspirador, fazendo com que você retorne a um exercício oferecido no Capítulo 2, no qual pedimos para refletir sobre quem o ajudou a ser tornar você mesmo. Após ler o livro e aprender maneiras de ajudar outras pessoas a se desenvolver, perguntamos: "Na lista de *quem* você estará?" Afinal, conectar-se com as pessoas enquanto elas buscam seus sonhos pode ser o melhor e mais duradouro presente na vida. É seu legado!

Uma mensagem de esperança

Com este livro, então, apresentamos uma mensagem de esperança. A forma de inspirar e engajar as pessoas para aprender e mudar de uma maneira sustentável não é difícil, embora às vezes possa ser inesperada. Discutimos como estimular uma pessoa a explorar novas ideias no contexto de sua visão pessoal e sonhos enquanto resolve problemas específicos. Exploraremos o que coaches e orientadores eficazes fazem para ajudar as pessoas nas mudanças desejadas e sustentáveis na vida. Analisaremos não apenas abordagens de ajuda e coaching eficazes, mas também como é e, talvez o mais importante, qual é a *sensação* de estar em uma relação de coaching significativa da perspectiva dos dois, do coach e do coachee. É por isso que usamos a palavra *coach* neste livro como abordagem e de um jeito maior do que apenas a de *ser* um título que alguns ostentam ou um papel que alguém representa.

Acreditamos que as ideias e as práticas neste livro ajudarão a mudar a maneira como coaches, líderes, gerentes, conselheiros, terapeutas, professores, pais, clérigos, médicos, enfermeiras, dentistas, assistentes sociais e outros abordam as conversas com seus clientes, pacientes ou estudantes.

E, mais ainda, queremos inspirar mais pesquisas sobre coaching e ajuda. Queremos incentivar modificações e ajustes em centenas de programas de coach e treinamento de gerentes, formação médica e de enfermagem, e qualquer outro programa voltado para o desenvolvimento de indivíduos nas profissões que ajudam a ensinar uma maneira diferente de inspirar aprendizado e mudança.

Talvez muitos de nós, nestes tempos recentes de conversas polarizadas, presentes em tantas áreas de nossa vida, queiramos ajudar as pessoas a desenvolver as habilidades para ouvir com empatia umas às outras. Queremos que as pessoas sejam abertas para aprender umas com as outras. Esperamos poder ajudá-las a expandir seu foco para fora delas mesmas e que se abram para novas ideias. Focando os outros e ajudando verdadeiramente, podemos caminhar em direção a um futuro melhor para nossas famílias, equipes, empresas e comunidades. Com este livro, oferecemos uma maneira de explorar os desejos das pessoas de aprender e mudar, motivar elas mesmas e aos outros, e liderar com mais compaixão.

Então vamos começar.

CAPÍTULO 2

Conversas que inspiram
Descobrindo o que mais importa

Emily Sinclair era a mais nova das três filhas de uma família de grandes jogadoras de futebol. Sua mãe jogou futebol no ensino médio e na faculdade, assim como suas duas irmãs mais velhas. Seguindo os passos da família, Emily começou seu primeiro ano no ensino médio como jogadora de destaque no time de futebol. Logo, no entanto, o treinador percebeu que, embora ela tivesse grandes habilidades, não mostrava aquela paixão pelo jogo que ele tinha visto em outros grandes jogadores que havia treinado durante anos. Ele também percebeu algo mais em Emily: ela tinha uma graciosa e incomum passada conforme corria campo adentro. Para sua surpresa, ela parecia adorar os exercícios de correr de que as outras meninas tinham pavor durante os treinos.

Um dia, seguindo sua intuição, o técnico chamou Emily depois dos treinos. "Emily, por que você joga futebol?", ele perguntou.

Ela pareceu perplexa e respondeu: "Porque todo mundo em minha família joga futebol e porque eu sou muito boa nisso."

Então o treinador perguntou: "Mas você ama o que faz?" Ele podia ver a mente dela trabalhando enquanto processava a pergunta.

Com um olhar triste, ela fez um sinal negativo com a cabeça. "Não. Não amo", e continuou: "Jogar futebol era muito divertido quando eu era mais nova, mas agora sinto como sendo algo que *tenho* de fazer. Todo mundo espera que eu seja como minha mãe e minhas irmãs. E eu não quero decepcioná-las."

Foi quando ele percebeu que seu trabalho como técnico de Emily tinha, de uma forma importante, acabado de começar. Em vez de continuar tentando com que ela se encaixasse para ser uma jogadora de futebol, ele perguntou quais eram seus interesses verdadeiros e não ficou surpreso quando soube que ela tinha paixão por corridas. Emily disse que correr era algo que não exigia nenhum esforço dela. Enquanto corria longas distâncias, ela se sentia relaxada e livre de todas as preocupações e questões em sua vida. Após muitas outras conversas com Emily e uma conversa inicialmente difícil com sua família, o técnico e sua família deram a bênção para que Emily deixasse o time de futebol e fosse para as pistas de corrida no semestre da primavera. Em seu primeiro ano, Emily foi a corredora número um do time de meninas de cross-country e, como veterana, levou a equipe às finais estaduais.

Embora perdesse uma de suas melhores jogadoras, o técnico sabia que ele estava fazendo a coisa certa seguindo sua intuição sobre Emily. No processo, ele a ajudou a encontrar sua verdadeira paixão.

É isso que os grandes coaches fazem. É o que os grandes gestores e grandes professores fazem, e outros que sabem como ajudar as pessoas a encontrar e fazer o que amam. Eles nos envolvem em conversas que nos inspiram. Fazem com que queiramos desenvolver e mudar, e nos ajudam a fazer tais coisas. Neste capítulo, exploraremos como ajudar pessoas, inspirando-as a crescer e mudar. Chamamos isso de *coaching com compaixão*. E qual é o objetivo? Estabelecer uma *relação ressonante* entre o coach e a pessoa que está sendo orientada, o que é crucial para criar uma transformação sustentável. E mais, neste capítulo e durante todo o livro, pediremos a você, como pessoa que deseja ajudar outros, para aprender sobre si mesmo, suas emoções e motivações. É um passo fundamental que todos precisam dar antes de tentar auxiliar os outros a mudar, e oferecemos um exercício neste capítulo que o ajudará a começar esse processo.

Mas, antes, definiremos o que significa *coaching*.

O que é coaching?

Neste livro, conversaremos efetivamente sobre coaching como profissão (coaches executivos e semelhantes), como parte de nossa vida diária e em nossos papéis de gestores, professores, doutores, clérigos, pais e amigos. Nossa definição, como a da maioria, converge em coaching como sendo um "relacionamento facilitador ou de ajuda com o propósito de alcançar algum tipo de mudança, aprendizado ou um novo nível de desempenho individual ou organizacional".[1] Uma definição alternativa e útil vem da International Coaching Federation (ICF ou Federação Internacional de Coaching): "Coaching é uma parceria com uma pessoa ou um grupo em um processo criativo e de pensamentos instigantes que os inspiram a maximizar seus potenciais pessoais e profissionais."[2]

Diferente de um mentor, que é uma relação que às vezes pode durar décadas, o coaching costuma acontecer em um curto período de tempo e tem um foco mais específico. Em nosso trabalho, focamos um processo de coaching *diádico* explícito, que significa que há um contrato mútuo, formal ou informal, entre o coach e o coachee (cliente) que estão participando de um processo de desenvolvimento. Por vezes, o coaching pode ocorrer em sessões predeterminadas, também pode acontecer a caminho de uma reunião, durante o almoço ou em outros lugares menos formais. Perceba que, embora o número de profissionais que atualmente estão usando o título de "coach" esteja crescendo drasticamente no mundo todo, coaching, no significado da palavra, também pode ser um conselheiro formal ou informal, um chefe ou um colega.[3]

A conversa do coaching

O coaching, quando conduzido de uma forma eficaz, é essencialmente sobre ajudar a outra pessoa a mudar, aprender ou crescer de algum modo. É sobre ajudar as pessoas a descobrirem o que pode ser possível e desejado em suas vidas, e então ajudá-las a descobrirem como alcançar isso.

Como Emily Sinclair, a maioria de nós tem alguém em nossa vida que conversa conosco sobre nosso futuro ou que nos influencia positivamente. Em nossos cursos de pós-graduação, programas educacionais para executivos e nossas "Conversas que Inspiram", pedimos que os participantes se lembrem das pessoas que realmente mais as ajudaram na vida. Uma pes-

Pessoas que mais me ajudaram

"As pessoas que mais me ajudaram a crescer como pessoa acreditaram em meu potencial e inspiraram minha criatividade e desejo de aprender. Elas me desafiavam e, quando eu aceitava o desafio, os resultados surpreendiam até a mim mesmo. Outras características comuns no comportamento dessas pessoas era a real preocupação com meu bem-estar e o envolvimento emocional que tinham com meu sucesso."

—Stanley (Canadá)

"Essas pessoas não apenas viam a inspiração, mas também a nutriam. Elas trazem à tona o nosso melhor, permitindo-nos florescer. Sentir minha 'inspiração' reconhecida também me fez sentir fortalecida de uma maneira que eu nunca tinha sentido antes."

—Angela (EUA)

"Todas aquelas pessoas que foram figuras importantes em minha vida plantaram sementes de inspiração e ideias, então me deram a liberdade de escolher as direções que funcionavam melhor para mim, enquanto me davam suporte o tempo todo e encorajavam minhas escolhas. Elas me deram uma grande segurança.

—Beverly (EUA)

soa se referiu ao vôdrasto cego, que a amava incondicionalmente e incutiu nela a paixão por aprender. Para outra pessoa, era um amigo que a fazia sentir aceita, não importava que tipo de problema estivesse encarando ou qual objetivo maluco tivesse em mente. Ela sempre sabia que não seria julgada, mas que receberia total suporte e encorajamento.

Muitos participantes se referiam às pessoas que os ouviam ativamente. Comentavam sobre coaches e outras pessoas que faziam perguntas reflexivas que os ajudavam a analisar e os permitiam que se aprofundassem em seus processos de reflexão, e também sobre aquelas pessoas que — com seus cuidados, preocupações e *insights* — ajudaram-nos a trabalhar suas emoções conflituosas. Com frequência, esses apoiadores os guiaram para

"Elas me valorizavam como pessoa de um jeito que eu nunca tinha me visto, desencadeando pensamentos, oportunidades e possibilidades completamente novos, o que gerava muita energia e me conduzia a novas mudanças que eu nunca teria buscado sem esse empurrão."

—Arjun (Índia)

"Essas pessoas acreditaram em mim, não me julgaram e mostraram compaixão. Elas não deixaram de me dizer coisas que talvez eu não gostasse de ouvir, mas eu sempre me sentia respeitado. Outro padrão comum é que elas não queriam impor suas opiniões. Ao contrário, encorajavam-me para que eu encontrasse as respostas necessárias dentro de mim."

—Kwabena (Gana)

"Acho que o padrão individual mais importante que está evidente em todas essas pessoas é que elas me inspiraram a fazer algo — elas não me deram apenas instruções para o que eu talvez devesse fazer."

—Malcom (Reino Unido)

desenvolver um plano de ação realista, enquanto os ajudaram a se sentirem compreendidos e apoiados da maneira correta.

Gestores em outros cursos, treinamentos e MOOCs descreveram pessoas que os motivaram e inspiraram a buscar seus sonhos e alcançar muito mais do que achavam que fosse possível. Eles escreveram sobre pessoas que os ajudaram a crescer focando seus pontos fortes e os incutindo com confiança e capacidade. Também descreveram indivíduos que não tinham medo de dar um feedback honesto, mesmo quando era difícil ouvir. Nesses casos, o feedback (quando eficaz) era dado com bondade e compaixão, na intenção de fortalecê-los, e não de deixá-los arrasados (para ver mais citações específicas de nossos participantes do MOOC, consulte a seção separada "Pessoas que mais me ajudaram").

Um número pertinente de temas surge desses testemunhos. Pessoas que influenciam outras (1) servem de fonte de inspiração, (2) mostram preocupação e cuidado reais, (3) dão suporte e encorajamento, e (4) facilitam a descoberta e a busca de sonhos e paixões das pessoas que estão fazendo coaching ou tentando ajudar. Coletivamente, esses comportamentos representam o que chamamos de *coaching com compaixão*, que introduzimos no Capítulo 1 e explicaremos a respeito no Capítulo 3. Faremos uma comparação com a abordagem que podemos descrever como *coaching por conformidade*, em que o coach tenta facilitar o movimento da pessoa em direção a algum objetivo definido externamente (em vez de ajudá-la a expressar e realizar seu futuro desejado). Embora mais comum, o coaching por conformidade raramente leva as pessoas a mudanças sustentáveis e dificilmente resulta em fazer com que elas se empenhem, e menos ainda com que atinjam todo o seu potencial. O coaching com compaixão, por outro lado, faz exatamente isso, já que ajuda as pessoas a descobrirem os caminhos que elas mais gostariam de desenvolver e mudar na vida, e oferece apoio no processo e facilitação para fazer e sustentar essas mudanças.

Temos documentado evidências da eficácia do coaching com compaixão por meio de nossos estudos longitudinais que foram conduzidos tanto pelos estudantes de MBA quanto por companheiros de profissão na Case Western Reserve University.

Quando os estudantes de pós-graduação passaram a ter um coach para treinar o coaching com compaixão como parte fundamental do curso de desenvolvimento de liderança durante um semestre, eles tiveram melhoras significativas e radicais nas competências de inteligências emocional e social (comportamento visto pelos outros) que escolheram desenvolver em apoio a sua visão pessoal (veja a pesquisa em destaque adiante para obter mais detalhes sobre esses estudos)[4]. Para ser mais específico, o coaching com compaixão nesse contexto é trabalhar com pessoas para que elas construam visões pessoais poderosas, avaliem-se em todos os aspectos por meios de feedbacks, desenvolvam um plano de aprendizado e pratiquem coaching com outras pessoas para treinar novos comportamentos (mais sobre esse assunto ficará claro nos capítulos seguintes).

Pesquisa em destaque

Richard Boyatzis, trabalhando durante muitos anos com diferentes colegas, realizou 39 estudos longitudinais publicados em 16 artigos e capítulos de livros revisados por especialistas.[5] Os estudos acompanharam um curso de pós-graduação baseado em coaching com compaixão, juntamente com a Teoria de Mudança Intencional (que veremos em detalhes no Capítulo 3). As descobertas mostraram que as competências de inteligências social e emocional (IES) podem ser desenvolvidas radicalmente em adultos (alunos de MBA entre 25 e 35 anos, assim como companheiros de trabalho com uma idade média de 49 anos), e essas melhoras duram entre 5 e 7 anos. Especificamente, as descobertas mostraram um aumento de 61% de IES durante 1 a 2 anos depois de ingressarem no programa de MBA para estudantes de tempo integral. Alunos de MBA de meio período melhoraram um pouco menos, 54%, de 3 a 5 anos depois de fazerem o curso. Duas das turmas de MBA de meio período mostraram uma melhora sustentável de 54% após 2 anos de formados, que foi de 5 a 7 anos depois que ingressaram no programa e fizeram o curso. Isso contrasta com os resultados de estudos de 8 programas de MBA acima da média, mostrando cerca de 2% de melhora de 1 a 2 anos (que suspeitamos que cairia com o passar do tempo) e programas de treinamento de empresas e do governo mostrando uma melhora de 11% que ocorreu entre 3 e 18 meses após o treinamento (o que novamente suspeitamos que cairia bastante com o passar do tempo).[6]

Redescobrindo a alegria perdida

Recordemos a história de Greg Lakin, o cirurgião plástico do Capítulo 1. Quando ele percebeu que estava infeliz, procurou um coach que estivesse apto a lhe oferecer suporte incondicional por meio de seu processo de crescimento e mudança. Muitos de nós temos em nossa vida a sensação de estarmos desconectados de quem realmente somos. Nesse momento, Greg procurou ajuda; no caso dele, de um coach que fez parte de um grande programa de desenvolvimento de liderança.

Nem sempre era fácil, afinal de contas, Greg havia buscado uma carreira de sucesso, conseguindo com pouca idade o posto de chefe de Cirurgia Plástica e Reconstrutiva e diretor do Centro Universitário do Hospital Rainbow Babies & Children's em Cleveland, Ohio. Quando Greg começou a trabalhar com seu coach, percebeu que essas conquistas eram parte de sua trajetória, iniciada na infância, de um desejo insaciável de ter sucesso. Além de estudar em uma das melhores escolas do país, que prepara os alunos para entrarem nas melhores universidades, era atleta de destaque no time principal e em três esportes, e também era reconhecido como um dos melhores alunos. Sua busca por sucesso continuou durante a graduação na Duke University, na faculdade de medicina no exterior, seguida por sua residência em cirurgia plástica e, finalmente, por bolsas na Universidade da Pensilvânia em pesquisas craniofacial e na UCLA (Universidade da Califórnia em Los Angeles) em cirurgia de craniofacial.

Apesar de todas as conquistas, a alegria havia desaparecido para Greg. Por meio de conversas profundas com o coach, ele começou a descobrir quais eram seus sonhos e visões mais sinceras na vida. Ele entendeu que, enquanto se concentrava em se tornar "uma pessoa de sucesso", perdeu de vista suas verdadeiras paixões e aspirações na vida — coisas como correr e morar perto da família e dos amigos, e no lugar onde havia crescido, no sul da Flórida. Como poderia encontrar tempo para buscar essas coisas se seu trabalho atual ocupava de setenta a oitenta horas por semana?

A coach do Greg pediu que ele passasse um tempo refletindo e, mais tarde, expressando e explorando vários aspectos de sua visão pessoal — e tentasse separar suas vontades e desejos profundos dos *deveres* e *obrigações* de sua vida. Logo Greg começou a ter uma clareza maior, que restaurou sua energia positiva e motivação. Ele analisou o convite que recebeu de um consultório de cirurgia plástica e dermatologia em sua cidade natal, Fort Lauderdale, que precisava de outro cirurgião plástico. Embora não estivesse cogitando um novo trabalho, Greg rapidamente percebeu que esse era o cargo ideal. Com o tempo, ele se juntou a um consultório de sucesso que o trouxe de volta para sua cidade natal, onde estava rodeado pela família e pelos amigos próximos da infância. Em vez de trabalhar setenta, oitenta horas por semana, o que já fazia há anos, Greg fazia cirurgias apenas um dia por semana e com uma remuneração bem maior.

Finalmente, Greg teve o equilíbrio que tanto buscou. Não aconteceu da noite para o dia, mas foi um processo muito mais rápido e satisfatório do que ele achava que seria possível. Ele compartilhou com sua coach o que achou do processo, e disse: "Devo estar sonhando. Recebi uma proposta para meu emprego ideal, ganhando bem mais dinheiro e trabalhando menos horas, em minha bela cidade natal de Fort Lauderdale. O que pode ser melhor que isso?"

Ressonância e a relação de coaching

Se o foco da coach fosse que Greg cumprisse algum padrão externo, ela poderia ter direcionado-o para que encontrasse meios de trabalhar com mais eficácia, em vez de reduzir suas horas. Ou poderia ter ajudado Greg a se posicionar mais efetivamente em sua próxima promoção no hospital. Mas, para a sorte dele, a coach entendeu como se faz coaching com compaixão e o ajudou a identificar e avançar em direção a seu *eu ideal*, seus mais profundos sonhos e esperanças. Fazendo isso, os dois desenvolveram um *relacionamento ressonante*, que é fundamentado em emoções positivas e conexão verdadeira. Esse relacionamento ajudou Greg a fazer mudanças que seriam sustentáveis e abrangentes, em vez de mudanças focadas em resolver um problema em particular.

Ajudando as pessoas a identificar e buscar seus sonhos, os coaches verdadeiros e eficientes, profissionais de apoio e outros apoiadores desenvolvem e mantêm relacionamentos ressonantes com as pessoas que eles orientam. Esses relacionamentos são caracterizados por (1) um tom emocional positivo no geral e (2) uma conexão verdadeira e autêntica com a pessoa que está sendo orientada. Há uma sensação de fluxo no relacionamento, com o coach sintonizado com a pessoa que pretende ajudar.

Em seu livro de 2005 *Resonant Leadership* [Liderança Ressonante, em tradução livre], Richard Boyatzis e Annie McKee discutem esses dois elementos como *caminhos para a renovação*.

Eles sugerem que, quando os líderes vivenciam o mindfulness, a esperança e a compaixão, isso pode ajudá-los a se recuperarem dos efeitos do estresse crônico associado quando se tem um papel de liderança. Como se confirmou, esses caminhos de renovação também são caminhos para a criação de relacionamentos de coaching envolventes. Quando uma relação ressonante é criada, o coach e o coachee ficam sintonizados conforme trabalham no mesmo comprimento de onda emocional. Os benefícios da redução do estresse e da melhoria da qualidade de vida causados pelo mindfulness, pela esperança e pela compaixão fluem perfeitamente entre o coach e o coachee em um modelo simbiótico, assim como aconteceu entre Claire Scott Miller e Neil Thompson.

O poder das conexões significativas

Quando o avião de Claire Scott Miller estava prestes a pousar no aeroporto de Heathrow, em Londres, ela se sentiu ansiosa e agitada, pois logo se encontraria pela primeira vez e cara a cara com um executivo com quem havia, nos últimos três anos, desenvolvido um relacionamento gratificante de coaching, todo feito por conversas ao telefone.

Quando ela começou a fazer coaching com Neil Thompson, ele era diretor de Desenvolvimento de Negócios Estratégicos de uma líder global com sede na Escócia, que fazia transferências fluidas integradas e fornecia soluções de energia e controle para setores da economia, petróleo e gás, energias renováveis, fabricantes de equipamentos originais, Marinha e Defesa. Claire havia sido contratada para ajudar Neil a alcançar a alta direção da empresa. Desde o começo, ela teve um cuidado maior em fazer uma conexão significativa, e isso implicou ir além de entender os objetivos e as metas profissionais de Neil. Ela também explorou os sonhos e as aspirações que ele tinha para sua família e sua vida fora do trabalho. Após experimentar resultados positivos em seu relacionamento de coaching com Claire, Neil solicitou uma prorrogação de um ano na conclusão do contrato inicial de coaching e fez o mesmo no ano seguinte. Na época em que Neil foi promovido a diretor comercial, Claire havia se tornado uma apoiadora confiável, ajudando-o em sua busca permanente das aspirações pessoais e profissionais.

Agora, devido à qualidade do relacionamento que Claire havia estabelecido, ela estava prestes a encontrar Neil pessoalmente. Após visitar a família em Londres, ela e seu marido viajaram até Edimburgo para assistirem ao Festival Internacional de Edimburgo e ao Royal Edinburgh Military Tattoo (festival de bandas marciais). Neil estava de férias em Glasgow aquela semana, mas tirou um tempo das férias para viajar com a família (incluindo um bebê de seis meses) para Edimburgo e passar algum tempo com Claire e a família dela. Embora essa fosse a primeira vez que se encontravam pessoalmente, a conversa foi agradável e fluida, quase como se estivessem entre amigos de longa data.

Evidentemente, o trabalho de Claire como coach tinha sido um sucesso. Ela procurou estabelecer um relacionamento ressonante com Neil e o ajudou a expressar e buscar seus sonhos. Nesse processo, Claire construiu um relacionamento de qualidade baseado em cuidado e preocupações verdadeiras — elementos essenciais para o coaching com compaixão. Ela fez isso fazendo perguntas significativas para Neil e se conectando atentamente com ele através das respostas. Mas também estava disposta, até certo ponto, a revelar informações sobre si mesma, às vezes compartilhando coisas sobre ela mesma para ajudar no desenvolvimento de Neil e no relacionamento de coaching deles. As coisas que Claire compartilhou e sua disposição em demonstrar vulnerabilidade também serviram de modelo para Neil, deixando-o mais confortável e à vontade para compartilhar informações que se tornaram úteis em seu próprio desenvolvimento.[7]

O tipo de relacionamento ressonante que Claire estabeleceu enquanto coach de Neil costuma envolver pelo menos três elementos: (1) experiência de mindfulness, (2) despertar da esperança e (3) demonstração de compaixão.

Quando os coaches têm mindfulness, estão totalmente presentes com a pessoa que estão orientando, permanecendo naquele momento com a consciência plena e atenta. Eles estão completamente sintonizados com a pessoa, no que ela está falando e também no que está sentindo. Coaches com mindfulness também são muito autoconscientes, compreendendo o que pensam e sentem pessoalmente a qualquer momento, e são cuidadosos para não projetarem seus próprios pensamentos e sentimentos nas pessoas com quem estão fazendo o coaching. Isso leva a conexões autênticas e verdadeiras em que a pessoa que está sendo orientada, com frequência, sente como se estivesse tendo uma conversa confortável e relaxada com um amigo próximo.

Grandes coaches também despertam um senso profundo de significado e esperança. Às vezes, eles reacendem o que as pessoas sentiram alguma vez na vida, mas que acabaram perdendo com o decorrer do tempo. Para que as pessoas se tornem seus futuros "eus" ideais, precisam entender o que lhes dá significado e propósito na vida e sentir que, sim, é possível conseguir. Desse modo, um coach eficaz propõe perguntas que convidam à reflexão e descobrem o que é mais importante e significativo para aquela pessoa. Mas, mesmo com um profundo senso de significado e propósito, raramente as pessoas seguem adiante, a não ser que também sintam esperança. Portanto, os coaches eficazes ajudam a criar um senso de esperança, incutindo confiança de que o futuro ideal que elas visualizam é, de fato, alcançado com esforços intencionais e focados.

Por fim, os coaches eficazes demonstram que se importam com os outros. Isso vai além de um senso geral de empatia ou de um entendimento simples do que a pessoa está sentindo. Em vez disso, esses coaches se importam profundamente e estão dispostos a agir sobre essa preocupação, oferecendo orientação e apoio necessários para ajudar as pessoas a alcançarem seus sonhos. Novamente, é a essência do coaching com compaixão.

Basicamente, os coaches eficazes inspiram os outros. Após uma conversa com um coach, as pessoas devem se sentir recarregadas, empolgadas e cheias de vontade de buscar seus sonhos. Mas não são somente as pessoas que recebem o coach que se sentirão recarregadas. Após as conversas, os coaches eficazes também se sentirão inspirados.

Esse fenômeno, chamado de *contágio emocional*, é uma troca tácita que pode ocorrer entre pessoas em menos de um segundo, em certas situações. Acontece em níveis diferentes, incluindo no nível de redes neurais. Explicaremos esse fenômeno em mais detalhes no Capítulo 4, mas, por agora, diremos que o contágio emocional permite que o coach e o coachee literalmente afetem e contagiem um ao outro com sentimentos de esperança, compaixão, mindfulness e possibilidades empolgantes na vida e no trabalho.[8]

Quem te ajudou?

No começo deste capítulo, compartilhamos algumas respostas de nossos participantes do curso MOOC. Agora é a sua vez. Independentemente do tipo de relacionamento, muitos de nós poderíamos nos lembrar de conversas em que alguém tenha nos inspirado a descobrir o que realmente nos importa ou o que queremos de nossa vida, conversas que despertaram reflexões profundas e que, no final, levaram-nos a tomar decisões que moldaram nosso futuro.

Como indicamos no Capítulo 1, fazer os exercícios deste livro é importante para você que deseja apoiar outras pessoas. Essa é chave para ajudá-lo a aprender como identificar suas próprias motivações, emoções e aspirações e, portanto, criar relacionamentos ressonantes com as pessoas a que deseja ajudar. Fazer esses exercícios irá ajudá-lo a acender a chama que há dentro de você em torno de suas paixões e sonhos de um futuro ideal. Essa chama interna criará uma emoção positiva. À medida que você vai dando coach às pessoas, isso será simplesmente como acender um fósforo — de tão contagiante que é a natureza das emoções.

Então, pense em um momento de sua vida em que alguém o ajudou de uma maneira que o fez realmente pensar, um momento em que alguém acendeu aquela chama que há dentro de você em torno de suas paixões e isso fez com que mudasse a trajetória de sua vida. Talvez tenha sido um técnico esportivo ou um professor do ensino médio, um dos seus pais ou outro parente, um gerente ou mentor no trabalho. Talvez um amigo próximo. Pense em como eles fizeram você se sentir. Cheio de esperanças? Motivado? Cheio de ideias e possibilidades? Provavelmente eles também demonstraram verdadeiro cuidado e preocupação com você. Talvez o tenham ajudado a perceber e apreciar quem você é quando dá seu melhor. Talvez o tenham ajudado a visualizar um futuro que seria empolgante e estimulante. Provavelmente ofereceram seu apoio incondicional para ajudá-lo a conseguir qualquer que fosse seu desejo.

É importante diferenciar as pessoas que te ajudaram das pessoas que talvez *tentaram* te ajudar, mas de alguma forma não conseguiram. Em vez de te encherem de esperança, elas deixaram você se sentindo sem coragem, inadequado ou forçado a fazer o que elas queriam, não o que você queria.

Agora, complete a reflexão e o exercício prático no final deste capítulo. Mais adiante neste livro, retornaremos a ele.

No Capítulo 3, veremos mais profundamente o coach com compaixão (*versus* conformidade) e exploraremos as cinco descobertas da Teoria de Mudança Intencional (TMI), essencial para fazer mudanças sustentáveis e desejadas.

Pontos-chave do aprendizado

1. Grandes coaches inspiram, encorajam e apoiam outras pessoas a buscarem seus sonhos e alcançarem seus potenciais máximos. Chamamos isso de coaching com compaixão. E comparamos com o coaching por conformidade, em que o coach tenta direcionar a pessoa a algum objetivo externamente definido.

2. Dar coaching para outras pessoas para que verdadeiramente alcancem mudanças sustentáveis e desejadas requer o desenvolvimento de um relacionamento ressonante com elas. Tal relacionamento é caracterizado por uma autêntica conexão com compaixão e um tom emocional positivo.

Reflexão e exercícios práticos

Reflita sobre seu passado e pense em alguém que mais o ajudou a crescer como pessoa, que o motivou, inspirou e ajudou a alcançar o que você tem hoje na vida. Pense sobre toda a sua vida, não apenas no trabalho.

Separe as fases de sua vida em eras ou estágios distintos. Seriam períodos de tempo aproximados que indicam grandes mudanças na vida ou ritos de passagem. Para muitas pessoas, poderia ser da seguinte maneira:

Fase da vida 1: Infância até a pré-adolescência (0 aos 14 anos)
Fase da vida 2: Ensino médio (15 aos 18 anos)
Fase da vida 3: Faculdade, serviço militar ou primeiro emprego (19 aos 24 anos)
Fase da vida 4: Começo de uma carreira (25 aos 35 anos)

Depois, acrescente uma fase adicional para cada bloco de aproximadamente dez anos até chegar a sua idade atual (observe que essas fases listadas antes devem ser usadas apenas como guia e podem ser modificadas de acordo com sua própria formação, sua bagagem cultural, sua educação, seu histórico de trabalho, e assim por diante).

Crie uma tabela com três colunas, com um cabeçalho em cada coluna, e escreva da direita para a esquerda no cabeçalho: fase da vida, nome da pessoa ou iniciais, notas. Um por um, escreva nas colunas: primeiro, a fase da vida em questão; segundo, o nome ou as iniciais da(s) pessoa(s) que mais o inspirou(ram) em cada fase da sua vida; terceiro, pense sobre ocasiões específicas em que essa pessoa o ajudou, comente o que ela disse ou fez na ocasião e como isso fez você se sentir após refletir a respeito (não necessariamente na época). Por último, o que você aprendeu e levou para si dessas ocasiões?

Assim que completar a tabela, dedique um tempo para analisar as respostas. Existem semelhanças ou diferenças em como as pessoas o inspiraram ou motivaram nas diferentes fases de sua vida ou dentro da mesma fase? Qual é a natureza dessas diferenças ou semelhanças? Existem padrões ou temas? Escreva um parágrafo curto (de 300 palavras ou menos), abaixo da tabela, expressando os padrões particulares que você observou e a importância que acredita que eles tiveram em tornar você a pessoa que é e a pessoa que deseja ser.

CAPÍTULO 3

Coaching com compaixão

Inspirando mudanças sustentáveis e desejadas

Pessoas tendem a mudar seus comportamentos *quando* querem mudanças e do jeito que querem mudar. Sem um desejo interno de mudança do comportamento, quaisquer diferenças perceptíveis costumam ser efêmeras. Vemos isso acontecer várias vezes em nossas observações de gerentes que orientam funcionários a mudarem seus comportamentos para se adaptarem às expectativas das empresas ou de técnicos esportivos que orientam jogadores a mostrarem mais comprometimento nos jogos apenas treinando mais e estudando as jogadas em vídeos. Também vemos na forma como os médicos orientam seus pacientes a modificarem seus estilos de vida para melhorar sua própria saúde e como coaches de carreira orientam seus clientes para oportunidades específicas baseados somente no histórico de trabalho do cliente e em suas habilidades.

Todos esses exemplos descrevem uma visão comum de coaching: uma atividade em que, baseado em experiência, expertise ou autoridade, você aconselha pessoas para que façam o que devem fazer e da forma como devem fazer. Embora possa haver um momento e lugar para isso, é improvável que esse tipo de *coaching por conformidade* leve a mudanças comportamentais sustentáveis. Dê uma olhada na taxa de fracasso estimada em 60% a 70% dos programas de mudanças organizacionais que se baseiam, em última análise, no comportamento individual.[1] Ou veja como quase 50% dos pacientes que têm alguma doença crônica não obedecem a seus tratamentos prescritos.[2] Ser simplesmente informado de que precisamos mudar não significa que isso nos ajudará a modificar sustentavelmente nosso comportamento.

Neste capítulo, exploraremos em detalhes as diferenças entre coaching por conformidade e coaching com compaixão. Também apresentaremos um processo de cinco etapas, centrado no coaching com compaixão, que foi provado ser a chave para criar mudanças desejadas e sustentáveis. Começaremos com uma história que nos mostra como um dos autores deste livro vivenciou em primeira mão o poder do coaching com compaixão *versus* o por conformidade.

Desvendando o poder da paixão

Após quase quinze anos trabalhando com gerência de vendas e marketing, Melvin decidiu retornar aos estudos em tempo integral para ter Ph.D. em gerência de recursos humanos e comportamento organizacional. Ele estava empolgado com a possibilidade de dar aulas em universidades, além de estar se interessando em treinamento e consultoria corporativos. Porém logo percebeu que os cursos de Ph.D. mais conceituados preferiam admitir estudantes interessados em pesquisas, não em ensinar ou dar consultoria. Portanto, em sua inscrição, ele seguiu o conselho de um professor que conhecia e se apresentou como alguém claramente interessado em pesquisas e que também se interessava pela aplicação prática dessa pesquisa por meio do ensino e da consultoria. Sua estratégia foi um sucesso, e ele foi aceito no curso de doutorado na Universidade de Pittsburgh, onde teve grande desempenho e aperfeiçoou suas habilidades em pesquisa, posicionando-se como um acadêmico promissor.

Após conseguir seu doutorado, Melvin conquistou uma posição temporária (tenure-track position) de professor na Case Western Reserve University, consolidando sua transição para uma carreira acadêmica. Durante o primeiro ano no corpo docente, ele fez o que era necessário para buscar e consolidar seu programa de pesquisas. No segundo ano, resolveu também dar aulas em alguns cursos para executivos, além de suas responsabilidades com as aulas na universidade. Logo, percebeu que estava dedicando cada vez mais de seu tempo e de sua atenção dando aulas, o que ele adorava. Ele amava inspirar as pessoas a aplicarem e usarem o conhecimento de suas pesquisas e de seus colegas. O entusiasmo que os estudantes e os executivos sentiam era contagiante e vibrante. No entanto, ele começou a deixar de lado seu programa de pesquisa.

Durante esse período, Melvin recebeu um coaching informal do chefe do departamento e de outras pessoas de que ele deveria focar muito mais em dar continuidade a sua pesquisa, já que precisava mostrar progresso nela diante de sua iminente avaliação de terceiro ano. Ele sabia que era importante e deveria estar se dedicando a isso, então começou a mudar seu comportamento. Ele fez progressos nos principais projetos da pesquisa e reuniu informações consideráveis para sua avaliação do terceiro ano, enunciando seu programa de pesquisa e demonstrando progresso. Foi aprovado em sua avaliação do terceiro ano, mas advertido sobre a quantidade de tempo que passava fazendo atividades não ligadas à pesquisa. Caso ele quisesse conseguir a efetivação no cargo, dar aulas, aconselhar estudantes de doutorado e trabalhar com a educação de executivos, deveria ser algo secundário.

Embora ele tenha agradecido pelo conselho, Melvin não deixou de querer continuar a dar aulas em cursos de graduação ou para executivos. Além de gostar de ajudar as pessoas a aprender, descobriu também que era muito bom fazendo isso. Então, ele se encontrou diante de um grande dilema: fazer o que deveria fazer ou o que seu coração dizia que ele realmente amava fazer. E não conseguia se decidir.

No quarto ano, Melvin teve a chance de receber formalmente um coach dentro de um programa subvencionado em seu departamento.[3] Como já tinha conversado com um coach anteriormente, previu que a atual focaria no que ele precisava fazer para conseguir a promoção e a efetivação no cargo, mas logo percebeu que sua coach não estava buscando nada predefinido ou que já estivesse dentro de um programa. Simplesmente estava ali para ajudá-lo a expressar o que ele queria fazer, o que ele queria ser no futuro — como *ele* se via— e ajudá-lo a descobrir como caminhar nessa direção.

Levou pouco tempo para que a coach identificasse a ansiedade que Melvin vinha enfrentando havia algum tempo. Por um lado, ele expressava o desejo de focar os próximos anos em sua pesquisa e ser efetivado no cargo. Mas, por outro lado, queria continuar, senão expandir, o trabalho que vinha fazendo na formação de executivos. Ele também expressou o desejo de aproveitar as várias oportunidades de dar palestras remuneradas que agora vinha recebendo regularmente. Tinha a esperança de que seria possível "fazer tudo". Entretanto, logo percebeu que, para fazer tudo, teria de adiar as aulas e as palestras remuneradas até conseguir a efetivação no cargo, o que levaria cinco anos para acontecer, já que o processo de efetivação nessa faculdade leva nove anos. Enquanto dizia para si mesmo que a pesquisa e dar aulas eram importantes, continuava se sentindo frustrado por não estar se dedicando nem a uma coisa nem a outra.

Embora tivesse sido mais fácil orientar Melvin em direção ao que a universidade e seu departamento o encorajavam, a coach o desafiou a identificar qual caminho seu coração dizia para seguir. Ela pediu que ele fizesse um exercício hipotético.

"Se você tivesse de fazer uma opção forçadamente", ela disse, "e, escolhendo essa opção, tivesse de esquecer completamente a outra? Diante desse cenário, qual você escolheria?" Observando a dificuldade de Melvin em se decidir, ela disse: "E se escolhesse uma delas e hipoteticamente a experimentasse — como se fosse um casaco— por um tempo para ver como se sente? Se você não gostar, tire-a e experimente a outra um pouco, e então falaremos sobre isso mais tarde."

Melvin "experimentou" primeiro a pesquisa e o caminho para a efetivação. Imaginou como seria se não desse mais aulas para executivos nem palestras. Começou a colocar toda sua energia física e mental no projeto de pesquisa. Ele se colocou nessa situação por um tempo, mas logo percebeu que não gostava do jeito como se sentia. Os pensamentos de ficar naquela situação por tanto tempo eram, na verdade, incômodos. Ele sentia que estava deixando de lado algo de que realmente queria fazer parte.

Naquele momento, como sua coach havia sugerido, Melvin mudou sua atitude mental para a formação de executivos e palestras. Quase imediatamente, sentiu uma diferença. Embora o pensamento de não fazer mais pesquisas não fosse ideal, ele se surpreendeu, já que era muito melhor dando aulas, então sentiu um verdadeiro entusiasmo sobre as várias atividades e oportunidades que ele conseguiria adquirir com essa opção.

Não havia dúvidas sobre o que seu coração lhe dizia. "É isto!", ele pensou.

No próximo encontro com a coach, Melvin compartilhou seu novo insight, e o restante de suas sessões de coaching focaram os passos que o levariam a sua verdadeira paixão e à visão ideal de seu futuro. Rapidamente, ele se sentiu confortável com o fato de que estava escolhendo basicamente dar aulas e palestras à medida que as oportunidades se apresentavam. Mas, se fizesse isso, significaria menos tempo para pesquisas — seria menos provável conseguir a efetivação —, e ele percebeu que poderia viver assim. As pesquisas eram algo forçado, que ele sentia que *tinha* de fazer, em vez de algo que, no fundo, queria fazer. Sua coach o ajudou a ver isso.

Nos meses seguintes, Melvin estava muito mais feliz do que havia estado nos meses anteriores. Aquela ansiedade, com que vinha lutando durante tanto tempo, tinha acabado. Ele estava buscando aquilo que realmente seu coração queria fazer e estava confortável com onde quer que isso o estivesse levando. Então, inesperadamente, ele foi convidado para um novo cargo que estava sendo criado na universidade: diretor de Educação Executiva. Se aceitasse o trabalho, teria um papel importante no crescimento da escola de negócios e no curso de formação de executivos. O único senão era que o cargo não tinha efetivação: para aceitar o trabalho, ele teria de deixar a cargo temporário.

Se não fosse pelo coaching que recebeu e pelas descobertas que fez de seu futuro ideal, Melvin nem teria considerado a possibilidade do cargo. Porém, como se provou, ele acabou aceitando o posto, no qual está satisfeito há mais de doze anos. Ele diz para todo mundo que foi uma das melhores decisões de carreira que já tomou e que não teria encontrado nenhum trabalho que fosse tão a cara dele. Essa escolha, além de permitir que aceitasse dar palestras e treinamentos ao redor do mundo, também permitiu que continuasse dando aulas em cursos de graduação da faculdade, o que ele adora, e que permanecesse envolvido com as pesquisas e os projetos literários que o interessavam verdadeiramente.

Se a coach do Melvim tivesse focado em direcioná-lo para a "conformidade", em vez de compassivamente o ajudado a identificar e buscar sua visão de futuro, imagine como o resultado seria diferente. Por sorte, a coach o guiou essencialmente pelas cinco etapas, ou *descobertas*, do que chamamos de mudança intencional.

Um modelo para mudança intencional

Um método comprovado de coaching com compaixão, de uma forma que leve a mudanças sustentáveis desejadas, é guiar o indivíduo no modelo de mudança intencional de Boyatzis (veja a Figura 3-1). A Teoria de Mudança Intencional (ICT) é baseada no entendimento de que as mudanças significativas de comportamento não acontecem de forma linear. Não começam em um ponto de partida específico e progridem suavemente até a mudança desejada estar completa. Em vez disso, essas mudanças comportamentais tendem a ocorrer em surtos descontínuos, que Boyatzis descreve como *descobertas*. Cinco dessas descobertas devem acontecer para que uma pessoa possa ter uma mudança sustentável e desejada em seu comportamento.[4]

FIGURA 3-1

Teoria de Mudança Intencional de Boyatzis em níveis fractais ou múltiplos

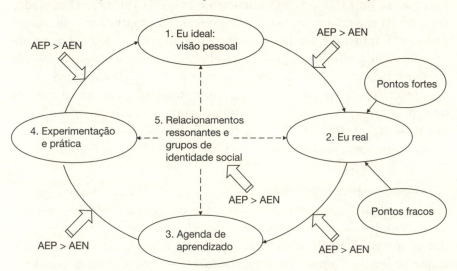

Fonte: Adaptado de R. E. Boyatzis, "Leadership Development from a Complexity Perspective", *Consulting Psychology Journal: Practice and Research* 60, nº 4 (2008), 298-313; R. E. Boyatzis e K. V. Cavanagh, "Leading Change: Developing Emotional, Social, and Cognitive Competencies in Managers during an MBA Program", em *Emotional Intelligence in Education: Integrating Research into Practice*, org. K. V. Keefer, J. D. A. Parker e D. H. Saklofske (York: Springer, 2018), 403-426; R. E. Boyatzis, "Coaching through Intentional Change Theory", em *Professional Coaching: Principles and Practice*, org. Susan English, Janice Sabatine e Phillip Brownell (Nova York: Springer, 2018), 221-230.

Descoberta 1: Seu eu ideal

Ajudar as pessoas na primeira dessas descobertas começa com uma exploração e expressão de seu *eu ideal*, respondendo a perguntas como "Quem eu realmente quero ser?" e "O que eu realmente quero fazer com minha vida?"[5] Perceba que não se trata apenas de planejar uma carreira. É algo muito mais abrangente. Trata-se de ajudar as pessoas a visualizarem seus futuros ideais, em todos os aspectos da vida, levando em consideração, mas não se limitando, a vida atual e o estágio da carreira. O apoiador ou o coach encoraja as pessoas a utilizarem seu próprio senso de autoeficácia e a aproveitar sentimentos de otimismo e esperança sobre aquilo que pode ser possível. As pessoas também são encorajadas a refletirem sobre os valores essenciais, sua identidade real e o que elas veem como seus propósitos e vocações na vida. Como resultado, elas serão capazes de expressar uma visão pessoal do futuro e/ou uma *visão compartilhada*, que pode incluir suas famílias, seu grupo de trabalho ou uma causa social maior (mais sobre isso a seguir e no Capítulo 6). (Veja na Figura 3-2 um modelo de eu ideal.)

Quando estiver orientando pessoas em direção à descoberta de seu eu ideal, verifique se elas estão se conectando com o que *realmente* querem ser e no que *realmente* querem fazer. Com frequência, as pessoas pensam que estão expressando um eu ideal quando, na verdade, estão descrevendo o que podemos chamar de *eu "obrigatório"* — quem pensam que deveriam ser ou o que os outros pensam que elas deveriam fazer com a vida. Vimos isso na história do Melvin: quando ele estava buscando o que achava que deveria fazer (mais pesquisas para conseguir a efetivação no cargo), em vez de o que realmente desejava (mais aulas e palestras), a energia e o entusiasmo necessários para uma mudança de comportamento sustentável simplesmente estavam ausentes.

FIGURA 3-2
Componentes do eu ideal

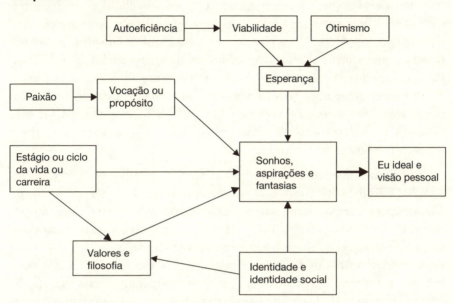

Fonte: Adaptado de R. E. Boyatzis e K. Akrivou, "The Ideal Self as the Driver of Intentional Change", *Journal of Management Development* 25, nº 7 (2006): 624-642.

Ajudar as pessoas a verdadeiramente descobrir seu eu ideal envolve mais do que guiá-las em uma série de exercícios cognitivos ou mentais. Em vez disso, é sobre facilitar um processo (com frequência usando exercícios ou reflexões que descreveremos aqui e no livro inteiro) que levará a uma experiência emocional, que sentem como se uma chama tivesse sido acesa dentro delas em torno de suas paixões. É dessa forma que você e elas saberão que realmente exploraram quem elas são em seu melhor e sobre o que importa mais profundamente.

Um meio eficaz de ajudar as pessoas a explorar completamente seu eu ideal é fazer com que montem uma declaração de visão pessoal. Sabemos que, quando as empresas criam declarações de visão claras e convincentes, e essas são compartilhadas pelos membros, o resultado pode ser positivo e poderoso. As declarações podem motivar, envolver, inspirar e dar um senso de propósito e direção. Acreditamos que uma declaração de visão pessoal para a vida pode ser igualmente importante. O princípio "as chances de conseguir seu objetivo aumentam drasticamente quando você o tem como alvo" parece óbvio. Mas também é válida a pergunta: passar pela vida sem uma declaração de visão pessoal não seria o mesmo que atirar em um alvo sem estar mirando nele?

Em alguns de nossos programas e cursos, mostramos o vídeo Celebrate What's Right with the World [Comemore o que Está Dando Certo no Mundo, em tradução livre], narrado pelo fotojornalista e treinador corporativo DeWitt Jones.[6] Nele, Jones enfatiza a importância de ter uma visão pessoal. Ele encoraja as pessoas que assistem ao vídeo a reduzirem sua visão pessoal a uma declaração de seis palavras que possam memorizar e que as inspirem a cada dia. Como coach, essa é uma das coisas mais poderosas que você pode fazer para ajudar as pessoas a realizarem mudanças sustentáveis e significativas: ajudá-las a encontrar a paixão e o entusiasmo associado à identificação de seu eu ideal e à expressão de uma declaração de visão pessoal.

Descoberta 2: Seu eu verdadeiro

Aplicar coaching nas pessoas sobre a segunda descoberta do processo intencional de mudança envolve ajudá-las a descobrir uma visão precisa do que é *seu eu verdadeiro*. Não se trata apenas de avaliar pontos fortes e fracos, mas de ajudá-las a identificar de modo abrangente e autêntico quem elas são em comparação com quem gostariam de ser, como expressado em suas visões pessoais.

Um papel importante do coach durante essa descoberta é orientá-las a identificar as áreas da vida em que seu eu ideal e seu eu verdadeiro já estão alinhados. Essas áreas são seus pontos fortes, que podem mais tarde serem aproveitados em seus processos de mudança. Em seguida, o coach deve orientá-las a identificar quaisquer áreas na vida em que o eu verdadeiro *não* está atualmente alinhado com o eu ideal. Isso representa lacunas que devem ser preenchidas com esforços de mudança comportamental direcionados.

Um coach também deve ajudar as pessoas a reconhecerem que seu eu verdadeiro abrange mais do que a forma como se veem — as pessoas também devem ponderar como os outros as veem. Algumas dirão que como os outros as enxergam está enraizado na percepção e que não necessariamente reflete quem realmente são. Mas a verdade é que as percepções que as outras pessoas têm da gente essencialmente representam como nós nos mostramos para o mundo, e isso é um aspecto importante de quem somos. Assim, para ajudar as pessoas a aprimorarem sua autoconsciência e desenvolver uma visão mais abrangente de seu verdadeiro eu, o coach deve sugerir que periodicamente procurem feedback de outras pessoas. Em outras palavras, independentemente de suas intenções, como as outras pessoas as veem?

Quando ouvimos falar de autoconsciência, sobretudo referente à liderança, o foco é sempre a autoconsciência interna das pessoas, ou seja, as próprias visões de seus pontos fortes e fracos, assim como de seus valores e aspirações. Embora importante, esse foco negligencia outro aspecto crítico da autoconsciência: como as pessoas são vistas pelos outros. Sem precisamente saberem como os outros as veem, suas visões de seu eu verdadeiro estão incompletas.

Uma maneira de aprimorar a autoconsciência é receber o feedback multidirecional (também conhecido como feedback de 360°). Esse processo possibilita que a pessoa se autoavalie em vários comportamentos, enquanto são avaliadas por outras pessoas de diversos relacionamentos e/ou contextos. A visão tradicional é a de que comparar sua própria avaliação com aquela das outras pessoas é um meio de medir o grau de sua autoconsciência. Nosso amigo e colega Scott Taylor da Babson College, que tem feito um trabalho considerável na área de autoconsciência de líderes, propõe que, na verdade, o melhor indicador de autoconsciência é o *prognóstico* de como as pessoas se veem, comparado com como os outros na *verdade* as veem.[7] Portanto, um bom coach ajudará as pessoas, que estão recebendo coaching, a ganhar um nível maior de autoconsciência e, assim, um senso melhor de seu eu verdadeiro, ajudando-as a desenvolver suas capacidades de "sintonizar" e interpretar com eficiência como as outras pessoas as estão percebendo. Dessa forma, podem avaliar regularmente quanto de suas *intenções* refletem o *impacto* real que causam nos outros.

Nem todo mundo tem recursos ou a oportunidade de participar de um processo de feedback multidirecional, mas existem outros meios de se chegar a esse mesmo objetivo. Primeiro, um coach ou outro apoiador pode pedir que a pessoa avalie honestamente quais são as coisas que ela tende a fazer bem (ou que seja muito boa em fazer) e o que tende a não fazer tão bem (ou que não seja muito boa fazendo). Pesquisas sugerem que essa autoavaliação pode ser tendenciosa, mas ainda é uma parte importante do processo. Em seguida, seguindo o conselho de Scott Taylor, o coach deve fazer com que as pessoas prevejam como os outros as avaliariam em comportamentos de interesse. Finalmente, a pessoa poderá buscar feedbacks informais para ver até que ponto seus prognósticos de como são notadas pelos outros correspondem às percepções reais dos outros.

Pedir que as pessoas façam um "balanço pessoal" é outra forma de ajudá-las a captar um panorama de seu verdadeiro eu, e isso pode ser feito em qualquer momento ou hora, tendo ou não participado de um processo de feedback formal. Assim, elas podem colocar em categorias quais são seus pontos fortes e fracos de curto e longo prazos (ou suas oportunidades de desenvolvimento). Podem comparar isso com seu eu ideal e sua declaração de visão pessoal para determinar onde se alinham e onde há lacunas. Uma vez que reconheçam e tenham conhecimento dos pontos fortes e lacunas entre seu eu ideal e eu verdadeiro, elas estarão prontas para seguir em frente com o processo de mudança.[8]

O feedback que Melvin recebeu no início como membro do corpo docente sugeriu que ele era um bom professor, tinha habilidades para apoiar pessoas e era um bom palestrante, e ele reconheceu essas características como pontos fortes que poderia desenvolver e aproveitar ainda mais para se tornar um educador eficaz e palestrante solicitado. Melvin também recebeu um feedback de que a produtividade de seu programa de pesquisas estava muito baixa. Na época, ele estava desenvolvendo um número relativamente limitado de projetos de pesquisa, que avançavam, na melhor das hipóteses, em um ritmo moderado. Se tivesse visto esse feedback em um sentido absoluto e, como resultado, tomado um caminho de desenvolvimento tradicional, provavelmente teria focado mais atenção em preencher as lacunas representadas por uma importante oportunidade de desenvolvimento identificada — nesse caso, a produtividade de sua pesquisa. Depois de interagir com a coach para esclarecer sua visão pessoal, ficou claro que ele deveria direcionar sua energia para trabalhar com os pontos fortes identificados, que diretamente apoiariam os aspectos profissionais mais importante de sua visão. Isso não significou ignorar o feedback sobre a produtividade de sua pesquisa. Ele apenas colocou tudo em perspectiva, decidindo explorar primeiro a energia emocional positiva que sentia usando seus pontos fortes para buscar sua visão pessoal.

Essa é uma consideração importante quando usamos o balanço pessoal. Com frequência, as pessoas voltarão imediatamente suas atenções para os pontos fracos e começarão a pensar em maneiras de lidar com eles. Mas um coach com compaixão irá ajudá-las a enxergar como fazer para que seus esforços de mudança sejam bem-sucedidos, mas *primeiro* devem tomar conhecimento e aproveitar seus pontos fortes. Somente após isso é que devem lidar com quaisquer pontos fracos identificados, focando, essencialmente, aqueles que as ajudem a fazer progresso em direção a suas visões pessoais.

Descoberta 3: A agenda do aprendizado

O terceiro passo do processo de mudança intencional é criar uma agenda de aprendizado. O coach ou outro apoiador primeiro pede que as pessoas revisitem os pontos fortes encontrados em suas descobertas anteriores e, então, pensem sobre os meios possíveis de eles poderem ser utilizados para preencher qualquer lacuna relevante. O segredo é pensar nas tentativas mais empolgantes em termos de mudança de comportamento para ajudar as pessoas a se aproximarem de seu eu ideal. É diferente de um plano de melhora de desempenho, em que elas focam enfrentar todos os seus pontos fracos. Isso começa a parecer um trabalho e pode, na verdade, inibir o processo de mudança.

Em vez disso, o coach pode ajudar as pessoas a reconhecerem que, se continuarem a fazer o que sempre fizeram, continuarão sendo o que sempre foram. Para que mudem, elas terão de fazer algumas coisas de formas diferentes. Essa era a ansiedade desconfortável que Melvin estava vivenciando — um dilema entre dar aulas ou fazer de sua pesquisa sua prioridade. Embora ele sentisse essa ansiedade, continuava a ter os mesmos comportamentos de não estar totalmente comprometido nem com um nem com outro. Era como se esperasse que aquela ansiedade desaparecesse magicamente com o tempo.

Sentir a sensação de qual caminho é mais empolgante é outra forma de perceber que você está no caminho certo, indo em direção a seus propósitos e suas visões, em vez de estar fazendo algo que gostariam que você fizesse. Por exemplo, quando Melvin recebeu a oportunidade de planejar uma nova experiência de aprendizado, com workshops ou cursos, ele aceitou. Se fosse uma escolha entre planejar uma nova experiência de aprendizado e a pesquisa, ele sempre escolheria primeiro a experiência de aprendizado. Era o que mais o atraía. Era um atrator positivo que tinha um poder maior sobre ele do que a pesquisa.

Fazer algo diferente também é a essência da primeira metade da quarta descoberta (que descreveremos daqui a pouco). Envolve experimentar e praticar novos comportamentos. Embora se expresse como uma descoberta própria, esses esforços práticos e de experimentação são, na verdade, planejados durante a criação da agenda de aprendizado. Na verdade, a terceira descoberta envolve planejar o que deve ser feito. Já a quarta envolve botar o plano em ação.

Descoberta 4: Experimentar e praticar novos comportamentos

É a quarta descoberta no processo de mudança intencional em que o coach encoraja o indivíduo a experimentar continuamente novos comportamentos e novas ações, mesmo que nem sempre levem a um resultado planejado. Esforços de experimentações às vezes não dão certo, e tudo bem. Essa é a natureza dos experimentos. Se algo não acontece como o desejado, o coach deve encorajar a pessoa a tentar novamente ou tentar algo novo.

A coach de Melvin pediu que ele focasse um dos dois caminhos profissionais (dar aulas/palestras *versus* pesquisas). Ela o desafiou a escolher apenas um, deixando claro que o outro ficaria de lado. Como já vimos antes, Melvin completou o experimento e entendeu, e embora não gostasse de eliminar as pesquisas e os estudos completamente, ele sentiu um vazio quando imaginou que teria de focar seu trabalho apenas nisso. Ele percebeu que *não* sentia aquele vazio quando se imaginava exclusivamente dando aulas e palestras. Na verdade, ele se sentia energizado, e isso foi o que provou ser o passo decisivo em direção à mudança sustentável desejada por Melvin.

Para desencadear a quarta descoberta, o segredo é continuar experimentando até encontrar algo que funcione. Então, o coach pode ajudar a pessoa a mudar seus esforços de experimentação para a prática real, que é o que trata a segunda metade da quarta descoberta. Nesse momento, é extremamente importante praticar e, então, praticar ainda mais. Mas muitas pessoas desistem antes, praticando apenas até o ponto em que se sentem confortáveis com o novo comportamento. Isso é suficiente para uma mudança temporária, mas não funciona sistematicamente quando estamos acelerados, esgotados, com raiva, com horas de sono atrasadas ou sob estresse, e não estamos pensando claramente. É nessa hora que estamos propensos a voltar aos velhos comportamentos. Porém, se continuarmos a tentar, até sairmos da zona de conforto para o ponto de domínio, poderemos mudar nossos comportamento de uma forma verdadeira e sustentável.

Para Melvin, isso significou dizer "não" para os pedidos que envolviam projetos de pesquisas de longo prazo que consumiam muito tempo e fora de sua área de pesquisa principal. Antes, ele quase sempre dizia "sim" para essas oportunidades, porque sentia que isso o ajudaria no fluxo da pesquisa. Porém, assim que ficou claro seu foco recém-articulado, ele teve de desenvolver novos hábitos, tornando-se mais disciplinado com seu próprio tempo e como respondia aos pedidos, aceitando apenas o que mais interessasse a ele.

Muitos pesquisadores e escritores apresentam opiniões de quanto tempo você deve praticar um novo comportamento para alcançar o ponto de domínio. Em seu livro de 1960 *Psicocibernética,* Maxwell Maltz sugere que leva pelo menos 21 dias para se formar um novo hábito.[9] Stephen Covey e muitos outros, posteriormente, concordam que os hábitos podem ser formados em 21 dias de práticas repetidas.[10] Malcom Gladwell, em seu best-seller de 2008 *Fora de série,* sugere que o domínio exige em torno de 10 mil horas de prática.[11] Phillippa Lally e seus colegas da University College London estudaram o assunto e descobriram que há, na verdade, uma variação considerável em quanto tempo uma pessoa leva para formar um hábito, com o resultado de seus estudos mostrando uma variação de 18 a 254 dias.[12]

Independentemente da quantidade de tempo específico, coaches e outros apoiadores devem encorajar as pessoas a praticarem os comportamentos que elas esperam consolidar. Pessoas em processo de coach devem praticar o comportamento até que não tenham mais que pensar em como fazê-lo, até se tornar seu novo padrão.

Descoberta 5: Relacionamentos ressonantes e grupos de identidade social

Na aplicação do coaching para a quinta descoberta final do processo de mudança intencional, um apoiador ou coach ajuda as pessoas a reconhecerem que precisam de uma assistência contínua vinda de uma rede de relacionamentos de apoio e confiança com os outros. Fazer uma mudança de comportamento significativa pode ser difícil, e é ainda mais difícil quando feita sozinho. Esforços de mudança terão mais sucesso se integrados com o que chamamos de *relacionamentos ressonantes,* baseados em uma conexão verdadeira e autêntica, que tem um tom emocional positivo em geral. Embora a conexão com o coach ou o apoiador deva ser uma dessas relações, as pessoas também devem ter outras pessoas com quem possam contar com apoio, encorajamento e, às vezes, responsabilização. É do que elas precisam conforme passam por cada descoberta do processo de mudança intencional. Sempre nos referimos a esse tipo de rede como "conselho de administração pessoal". Com relacionamentos de apoio e confiança, juntamente com a formação de grupos de identidade social (mais sobre isso no Capítulo 8), as pessoas se favorecem de um grupo ao redor delas que se importam e ajudam. Esses relacionamentos mantêm vivo o processo de mudança.

Note que essa rede de relacionamentos de apoio e confiança nem sempre inclui pessoas próximas do dia a dia. Na verdade, às vezes as pessoas mais próximas de nós talvez não nos deem o apoio para a mudança específica que queremos fazer. Isso não significa que elas se tornaram menos importantes em nossa vida, mas que talvez não sejam as pessoas a quem você pediria ajuda nesse esforço particular de mudança. Assim como nosso amigo e colega Daniel Goleman disse em seus livros e estudos, alguns escritos com Richard Boyatzis, embora as inteligências social e emocional sejam necessárias em cada estágio do coaching, estabelecer e manter um relacionamento ressonante talvez seja o mais crucial.[13]

Foi o que aconteceu no caso de Melvin quando ele decidiu fazer uma mudança de carreira e vida significativa, deixando o mundo corporativo para adquirir um Ph.D. e, depois, seguir uma carreira acadêmica. Sua esposa foi o relacionamento mais importante e próximo, mas ela não estava nem um pouco empolgada com a possibilidade de mudança que ele estava contemplando, nem tinha experiência pessoal e conhecimento das etapas pelas quais ele teria de passar para fazer aquilo acontecer. Ele, por sua vez, precisava identificar em sua rede de contatos outras pessoas que pudessem dar apoio e suporte relevantes. Melvin entrou em contato com uma antiga colega de classe que recentemente havia deixado a carreira em marketing para adquirir seu Ph.D. Ele também procurou outras pessoas que fizeram a mesma mudança na carreira, incluindo pessoas casadas e que tinham filhos, com quem ele poderia compartilhar alguns problemas específicos de equilibrar as obrigações com a família enquanto fazia uma transição de emprego corporativo para uma carreira acadêmica. Enquanto a esposa de Melvin continuava sendo o relacionamento principal de sua vida, apoiando-o em outras áreas, ele também tinha sua rede ampla de relacionamentos confiáveis e de apoio que o ajudava a facilitar seu esforço de mudança de carreira. Cada um desses relacionamentos ofereceu uma perspectiva e desempenhou um papel singular ao ajudá-lo com seu desejo de mudança.

Essas redes de relacionamentos de confiança e apoio também podem nos ajudar a seguir adiante, caso desviemos do caminho ou percamos nossa energia e nosso foco em relação a nossos esforços de mudança desejada. Por exemplo, um alto executivo em uma das principais instituições financeiras dos EUA, para quem oferecemos formação de liderança e coaching executivo, contou-nos que via sua rede identificada como "parceiros de responsabilidade". Ele pedia às pessoas não apenas para encorajá-lo, mas também para que o apoiassem em seus esforços de uma mudança, cobrando dele responsabilidade a fim de trabalhasse nas mudanças que gostaria de fazer.

O coach e esses outros relacionamentos ressonantes servem para muitos propósitos. Além de apoiarem, outra função é a que chamamos de *teste de realidade*. Isso significa ajudar as pessoas a ir além de seus pontos cegos. David Dunning, da Universidade de Cornell, que estuda o processo de autoilusão, documentou muitas vezes como as pessoas tendem a não saber o que elas não sabem.[14] Especificamente, sem realizar um teste de realidade de outras perspectivas, as pessoas com frequência criam uma desinformação ilusória sobre sua própria capacidade e seu conhecimento, e os dos outros.

Como funciona o coaching com compaixão

Por quase três décadas, temos treinado coaches com uma abordagem baseada na Teoria de Mudança Intencional, que inclui o coaching com compaixão. Várias vezes, vimos pessoas fazendo mudanças sustentáveis e profundas após passarem por esse processo. Mas como e por que funciona? O que torna algumas pessoas mais propensas a fazerem mudanças sustentáveis na vida quando são orientadas a isso?

Uma série de respostas vem à mente. Por exemplo, quando usamos uma abordagem com compaixão para ajudar as pessoas a caminharem em direção a uma imagem ideal autodefinida sobre seus futuros, nossas pesquisas mostram que elas ficarão mais propensas a mudar de uma forma sustentável, muito mais do que quando ouvem ou sentem que precisam mudar (claro que também é possível que as pessoas façam uma mudança sustentável quando exigido, desde que também sintam um desejo verdadeiro e interno de fazer tal mudança). A chave aqui é que o *desejo* por motivação de mudança deve ser mais forte do que a obrigação *ou* a motivação.

Relembrando Emily Sinclair, a jogadora de futebol que descrevemos no Capítulo 2, ela sentia que tinha de colocar sua atenção e seu esforço total em desenvolver suas habilidades como jogadora de futebol. Mas acabou ficando claro para o técnico dela que faltava algo naquele esforço. Quando ela mudou o foco para as corridas, que era algo que, no fundo, queria fazer, seus esforços sustentáveis para se desenvolver como corredora e o resultado obtido estavam em um nível inegavelmente maior. Melvin sentiu que ele tinha de passar mais tempo focando seu projeto de pesquisa. No entanto, seu chefe de departamento e outros na faculdade viam com clareza que ele continuava gastando seu tempo em atividades que o afastavam da pesquisa. Quando ele formalmente mudou o foco para as aulas e as palestras, que descobriu ser o que seu coração estava dizendo que ele queria fazer, floresceu nesse espaço. A verdade é que as pessoas, na maioria das vezes, mudam de forma sustentável como querem mudar, e não do jeito como as outras pessoas acreditam que devem mudar.

Porém, há algo mais acontecendo aqui. Há um conjunto de processos neurológicos, hormonais e emocionais como base do que acontece quando uma pessoa faz uma mudança sustentável que é determinada por um desejo interno verdadeiro. E são processos diferentes das mudanças tentadas quando alguém está meramente reagindo a uma expectativa de fora. Falaremos mais sobre isso e com mais detalhes nos capítulos a seguir. Por ora, perceba que todos os tipos de coaches e apoiadores têm um grande papel (reconhecidamente ou não) em ativar os estados neurológicos, hormonais e emocionais, e isso tem um impacto significativo na capacidade da pessoa de mudar ou até mesmo realizar algo.

Quando o coaching é por conformidade, mesmo que bem-intencionado, com frequência o coach provoca uma reação defensiva da pessoa que está sendo orientada. As pessoas tendem a experimentar isso como uma reação de estresse acompanhada de emoções negativas e ativação do sistema nervoso simpático, que, por sua vez, ativa uma série de processos hormonais que essencialmente *bloqueiam* a capacidade de aprender ou mudar. Nesse momento, as pessoas são lançadas na zona do atrator emocional negativo (AEN), sobre o qual falaremos mais no Capítulo 4. Por enquanto, podemos dizer que, nesse estado, as pessoas estão no modo de sobrevivência. Sua criatividade e abertura para novas ideias estão totalmente reduzidas, e a probabilidade de fazer ou sustentar uma mudança de comportamento é extremamente baixa.

Pense em uma criança na Liga de Beisebol Juvenil, jogando na terceira base no último ataque de um jogo decisivo. Quando ela comete um erro de arremesso para a primeira base, o técnico berra e grita, dizendo o quão estúpida foi e quanto aquilo custará para a equipe, e questiona como ela pôde estragar tudo em uma jogada tão simples. De repente, o horror que a criança sentiu por ter cometido aquele erro é multiplicado por dez. O nível de estresse dela vai às alturas. Agora ela está apavorada, com o coração batendo acelerado, quase saindo pela boca, e respirando rápido. A única coisa em que consegue pensar é sobre a gravidade de seu erro, e ela reza para que a próxima bola não seja para ela. Mas claro que é. Agora ela está tão paralisada com medo do "coaching" corretivo que acabou de receber, que perde uma bola fácil de rebater, cometendo outro erro.

Com frequência, é o que acontece com o coaching por conformidade. Embora pensemos que estamos ajudando as pessoas a melhorarem seus desempenhos, na realidade estamos apenas sustentando ou ativando uma reação de estresse. O que provoca o AEN, ativa o sistema nervoso simpático e, na verdade, as deixa fisicamente menos capazes de aprender, desenvolver ou ter uma mudança de comportamento favorável.

O coaching com compaixão gera uma reação diferente. Com uma visão de futuro desejado e foco nos pontos fortes, em vez de pontos fracos, emoções positivas são estimuladas, não as negativas.

A energia e a empolgação em torno desse atrator emocional positivo (AEP) ativam o sistema nervoso parassimpático, que desencadeia um conjunto de reações fisiológicas que deixam a pessoa em um estado mais tranquilo e aberto. A criatividade flui. Novos caminhos neurais se formam no cérebro e, dessa forma, abrem caminhos para novos aprendizados e mudanças comportamentais sustentáveis ocorrerem.

Voltamos a nosso jogador da Liga de Beisebol Juvenil, agora com um técnico diferente. Ao ver que o garoto cometeu um arremesso errado em um jogo tão importante, o técnico pede um rápido intervalo. Vai até o jogador da terceira base e diz que está tudo bem. Ele o lembra para respirar fundo, relaxar e se preparar para a próxima rebatida. O técnico reforça o fato de que ele é (aquele jogador) um dos melhores da liga na terceira base e diz que ele já fez aquela jogada uma centena de vezes. A única coisa que precisa fazer é pensar em seus movimentos e se ver fazendo um bom arremesso, assim como já fez em 99% das vezes. Depois daquele apoio e da tranquilidade, o jogador agora está calmo, mais relaxado e pronto para a próxima jogada.

Agora, quando a bola vem em sua direção, não é uma bola rotineira, fácil de rebater; é uma difícil. Ele não terá tempo de agarrar a bola com a mão da luva e arremessar para a primeira base. Ele tem de ser criativo. Pensando rápido, ele agarra a bola com a mão sem a luva, firma os pés, eleva os ombros e faz um bonito arremesso final no alvo para a primeira base. Como o técnico o ajudou a refletir sobre seus pontos fortes e visualizar um resultado positivo, evocando o AEP (atrator emocional positivo) e ativando seu sistema nervoso parassimpático, foi possível que ele ficasse mais relaxado e pensasse mais clara e criativamente.

Embora diversos estudos tenham explorado qual estilo de coaching ajuda mais as pessoas, a diferença que estamos discutindo é mais profunda do que o estilo comportamental.[15] Por exemplo, nossa colega Carol Kauffman defende o uso da flexibilidade ao integrar várias abordagens de terapias comportamentais e psicanalíticas para aplicar o coaching.[16] A principal diferença é que estamos examinando o que o *indivíduo sente*, não apenas a intenção do coach.

Como já dissemos, coletamos evidências empíricas consideráveis que apoiam a eficácia do coaching com compaixão em despertar mudanças desejadas e sustentáveis nas pessoas.[17] Também reunimos ao longo do tempo muitas evidências circunstanciais do poder dessa abordagem em ajudar as pessoas a fazerem mudanças significativas na vida.

Por muitos anos, recolhemos respostas de gerentes, executivos e profissionais avançados sobre as reflexões e os exercícios práticos do Capítulo 2. Quando essas pessoas compartilharam suas reflexões sobre as pessoas que mais as ajudaram na vida, estavam cheias de reações emocionais que traziam conforto. Se carinhosos ou desafiadores, aqueles momentos tiveram um impacto duradouro em grande parte por causa do cuidado verdadeiro e da preocupação que aquelas pessoas demonstravam. Quando codificamos essas reflexões compartilhadas para quais aspectos do processo de mudança intencional estavam basicamente envolvidas, descobrimos que aproximadamente 80% dos momentos de que as pessoas se recordam envolvem alguém que as ajudou a explorar seus sonhos, suas aspirações, seus valores básicos e/ou seus pontos fortes. Principalmente, esse alguém ajudou essas pessoas a descobrir seu eu ideal ou valorizou suas capacidades próprias.

De modo oposto, quando pedimos para que se recordem das pessoas que *tentaram* ajudá-las, mas não necessariamente tiveram sucesso, descobrimos que quase a metade das ocorrências de lembrança envolve alguém dando um feedback em áreas que elas precisavam melhorar. Em outras palavras, focavam seus pontos fracos e suas lacunas.[18] Dadas essas observações, não é surpresa que tantas pessoas falhem ao mudar de forma sustentável. Com frequência, as pessoas que tentavam ajudar involuntariamente ativavam uma reação do estresse, colocando-as no atrator emocional negativo e as tornando menos capazes fisicamente de fazer uma mudança.

Para ser um coach eficaz ou ter uma carreira de sucesso e ajudar qualquer pessoa, você não pode evitar o papel crítico que as emoções têm nos esforços de mudança das pessoas. Os coaches precisam se tornar experts em reconhecer e habilmente gerenciar o fluxo emocional do processo de coaching. Isso requer estar sintonizado com a pessoa que recebe o processo de coaching, criando um senso de sincronia que permite a você, como coach, interpretar e influenciar as emoções dessa pessoa. E mais, dado o papel do contágio emocional, ser capaz de gerenciar com eficiência o tom emocional de uma discussão de coaching também requer ter consciência de suas próprias emoções e reconhecer o impacto que elas podem ter nas pessoas que estão em processo de coaching. Falaremos mais sobre isso no Capítulo 7.

Neste capítulo, além das reflexões e dos exercícios práticos, apresentamos guias de conversação. Assim como os exercícios, os guias são desenvolvidos para que você reflita sobre os assuntos discutidos no capítulo. Já que conversas significativas estão no centro do processo de ajuda, encorajamos você a encontrar outras pessoas com quem possa ter conversas sobre esses assuntos. Os guias de conversação foram desenvolvidos para ajudá-lo a começar essas mudanças. Você também pode achar interessante falar com outras pessoas sobre as reflexões e os exercícios práticos. Quanto mais falar sobre esses assuntos com outras pessoas, melhor!

No Capítulo 4, continuaremos explorando o AEP e AEN, e aprofundaremos como o cérebro afeta o processo de coaching.

Pontos-chave do aprendizado

1. O coaching com compaixão começa ajudando uma pessoa a explorar e expressar de maneira clara seu eu ideal e uma visão pessoal para seu futuro. Isso, com frequência, significa trazer à tona a diferença entre seu eu "ideal" e eu "obrigatório".

2. Para ajudar as pessoas a desenvolverem sua autoconsciência, verifique se elas estão avaliando seus pontos fortes e fracos no contexto de suas declarações de visão pessoal primeiro. Uma ferramenta útil para que isso aconteça é o balanço pessoal, que orienta as pessoas a avaliarem suas habilidades (pontos fortes) e suas desvantagens (lacunas ou pontos fracos). Para despertar a energia para a mudança, os coaches devem encorajar as pessoas a focarem duas ou três vezes mais a atenção em seus pontos fortes do que nos pontos fracos.

3. Em vez de criar planos de melhora no desempenho, em que a pessoa foca suas falhas, a agenda de aprendizado foca as mudanças de comportamento que as deixam mais empolgadas, mudanças que as ajudam a chegar perto de seu eu ideal.

4. Os coaches devem encorajar as pessoas a praticarem novos comportamentos que estejam além da zona de conforto. Somente uma prática constante leva ao domínio.

5. Em vez de confiar apenas em seus coaches como apoiadores, as pessoas precisam desenvolver uma rede de relacionamentos de apoio e confiança para ajudá-las em seus esforços de mudança.

6. Os coaches precisam estar atentos e gerenciar bem o tom emocional das conversas de coaching.

Reflexão e exercícios práticos

1. Pensando no decorrer de sua vida, quais foram as situações e eventos em que você agiu "de seu jeito" e não sentiu que estava apenas reagindo aos outros ou fazendo o que os outros queriam que fizesse? Houve momentos em que você sentiu uma verdadeira autonomia para buscar seus próprios sonhos e aspirações? Houve uma mudança na filosofia de vida, valores pessoais ou perspectiva geral que precedeu a esse acontecimento? Como você se sentiu nessa época?

2. Houve momentos no passado em que você sentiu uma desconexão entre a pessoa que gostaria de ser e a pessoa que era? Você já comprometeu seriamente seus valores para agradar aos outros? Você já comprometeu seriamente seus próprios valores ou ideais só para ser prático e conveniente? Como se sentiu nesses momentos?

3. Pense em um coach ou alguém que trouxe à tona seu melhor. Como você se sentiu em relação ao que fazia e por que fazia?

4. Pense em um coach ou alguém que tentou fazer com que você fizesse algo que realmente não queria fazer. Como se sentiu? Você mudou na direção solicitada? Em caso positivo, quanto tempo durou?

Guia de conversação

1. Quando em sua vida você tentou aplicar coach ou ajudar alguém a mudar seu comportamento, mas de uma forma que você queria que a pessoa mudasse? Como isso foi recebido? Quanto a pessoa mudou? Até que ponto essa mudança no comportamento foi sustentável?

2. Quando você teve conversas visando ajudar as pessoas a descobrir e a buscar algo que elas realmente estavam empolgadas para fazer? Como essas conversas fluíram? Até que ponto essas pessoas fizeram progressos sustentáveis em direção às mudanças desejadas?

3. Qual o tipo de coaching você observa com mais frequência em sua empresa — coaching com compaixão ou coaching por conformidade? Por que acha que esse tipo de coaching existe na empresa? Qual o impacto coletivo disso na empresa?

CAPÍTULO 4

Despertar o desejo de mudança

Perguntas que despertam alegria, gratidão e curiosidade

Quando Aaron Banay (não é o nome real) estava no terceiro ano do jardim da infância, sua professora pediu que todo mundo desenhasse uma casa. Na Figura 4-1, você pode ver o desenho típico feito por outras crianças da classe e o desenho de Aaron (todos os desenhos foram colocados em preto e branco para a reprodução).

Mais tarde, a professora pediu que todos desenhassem um avião. Na Figura 4-2, mostramos o desenho de um aluno típico da sala de aula e o desenho de Aaron.

Após olhar os desenhos de Aaron, a professora resolveu conversar com o diretor da escola. Embora Aaron tivesse um sorriso simpático e boas maneiras com os outros, os dois educadores determinaram que os desenhos — bem como uma pequena resistência que Aaron tinha às orientações da professora em sala de aula e a aparência de ele se manter um pouco afastados dos outros — eram possíveis evidências de problemas emocionais, dificuldades em casa ou de aprendizado. Eles acreditavam que um psicólogo clínico talvez interpretasse esses desenhos como uma visão de mundo fora da realidade.

FIGURA 4-1
Casa

Da maioria das crianças   Do Aaron

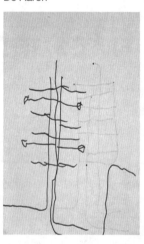

FIGURA 4-2
Avião

Da maioria das crianças   Do Aaron

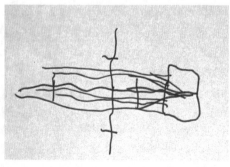

Despertar o desejo de mudança 57

Depois de uma série de reuniões, chamaram os pais de Aaron para um encontro especial. A professora e o diretor mostraram para Joseph e Allison Banay (não são os nomes reais) os desenhos do filho e expressaram preocupação. Então afirmaram aos pais de Aaron que o filho deles deveria ser colocado em um programa de necessidades especiais disponível em seu município. Joseph e Allison ficaram confusos e com raiva. Eles explicaram que a vida em casa ia bem e Aaron não indicava nenhum problema emocional. Mas a professora disse que estava preocupada que ele talvez não conseguisse manter o ritmo na escola, e isso atrasaria os outros alunos.

O que ela não contou é que estava tentando fazer com que Aaron escrevesse com a mão direita, e ele resistia. Como resultado, parou de dar a ele a mesma atenção que dava aos outros, e ele estava se sentindo isolado. Joseph e Allison não sabiam disso naquele momento. Porém a professora e o diretor despertaram o medo dos pais, que é o de haver algo muito errado com seu filho, e eles se sentiram na defensiva. Os pais sabiam que Aaron era o mais novo da sala de aula, mas também sabiam que ele era curioso, simpático e uma criança entusiasmada em casa. Eles argumentaram que Aaron deveria ter uma nova chance, mas a professora e o diretor insistiram que o menino deveria se inscrever em uma classe especial.

Joseph e Allison deixaram a reunião sentindo-se tristes e intimidados com uma decisão que poderia afetar o desenvolvimento e o futuro do filho deles. Será que estavam na defensiva e fechados a uma possibilidade importante? Ou a professora e o diretor estavam fechados para uma interpretação diferente?

Quando seus pais voltaram para casa, Aaron viu que eles estavam segurando seus dois desenhos. Seu rosto se iluminou e ele perguntou para eles o que acharam. Seus pais, claro, estavam tentando entender o que havia acabado de acontecer. Foi então que Joseph, consultor interno de uma grande empresa, decidiu perguntar para Aaron o que *ele* achava de seus próprios desenhos.

Então se sentaram com menino e disseram para ele que adoravam seus desenhos, e, com um sorriso encorajador, Joseph perguntou para seu filho o que ele via e por que desenhava daquele jeito. Aaron, entusiasmado, apontou para as linhas na casa e no avião e disse: "Você não pode construir um prédio sem encanamentos e rede elétrica, e não pode fazer um avião sem os sistemas hidráulico e elétrico. Se eu desenhasse a parte de fora primeiro, vocês nunca veriam todas as coisas importantes que existem dentro."

Sua mãe e seu pai ficaram abismados. Fizeram-lhe uma pergunta simples — "O que você vê?" — e descobriram que seu filho era um arquiteto ou engenheiro em desenvolvimento com uma complexa visão de uma casa e de um avião, mais complexa do que a típica visão de um menino de 5 anos de idade. Ele não tinha dificuldade de aprendizado, não era uma criança com distúrbios emocionais. Em vez disso, ele mostrou a genialidade analítica de uma criança superdotada.

Depois do ocorrido, é fácil analisar esse momento da vida dos Banays e dizer: "Claro, os especialistas em educação estavam com a mente fechada." Mas, em uma reunião carregada emocionalmente, que despertou emoções negativas em todos os presentes, os "especialistas" acreditavam que estavam corretos, e os pais de Aaron estavam sendo aquele tipo de pais que não aceitam e afirmam veementes que seu filho é especial, esperto e sensível. Isso levou Joseph à tarefa relativamente simples de fazer a pergunta certa para Aaron e poder descobrir uma verdade distinta, uma avaliação radicalmente diferente da situação e do que precisava ser feito para ajudar o filho a crescer e a se desenvolver. Infelizmente, levou mais dois anos para que os especialistas em educação do sistema escolar mudassem de opinião e colocassem Aaron novamente em uma classe regular com seus amigos. Àquela altura, a professora e o diretor provavelmente atrasaram o desenvolvimento de Aaron, colocando-o em uma classe para necessidades especiais, apenas baseados em suas próprias suposições de que ele era um problema.

A nossa afirmação é a de que, para ajudar outras pessoas, temos de *focá-las*, e não as nossas visões de como achamos que as coisas devem ser. Nós temos de entender as outras pessoas e, para isso, temos de conversar com elas e descobrir suas visões do mundo, suas situações e como se sentem. É verdade, para ajudar ou orientar qualquer pessoa com eficiência, temos de descobrir o que ela está *sentindo*, assim como *pensando*. Infelizmente, o que a outra pessoa está pensando é sempre presumido, sobretudo por pessoas que desempenham o papel profissional de ajudar.

É um desafio central. Como coaches e apoiadores, na verdade *somos* com frequência mais experientes e, talvez, mais conhecedores. Mas nosso erro está em pensar, e presumir sempre, que podemos ver o que a pessoa deve fazer para ter uma vida melhor, ser mais produtiva ou aprender mais. Essa é a armadilha em que os educadores da história do Aaron caíram. Na tentativa de *consertar* a situação de Aaron e a percepção de que seus pais tinham dele, ativaram uma reação negativa dos Banays, que viram a reunião como uma avaliação negativa de seu filho e uma imposição de algo que eles *deveriam* fazer. E, claro, não tinham certeza se deveriam concordar com a proposta recebida. Para eles, toda a conversa foi o que chamamos de *momento AEN* (atrator emocional negativo); o atrator emocional negativo foi ativado, colocando-os em um nível de alerta alto, impedindo suas capacidades de reagir (pelo menos naquele momento) de forma produtiva.

Neste capítulo, veremos como fazer as perguntas certas para criar os pontos de virada que podem levar a mudanças sustentáveis e como focar as coisas erradas basicamente bloqueia as mudanças. Exploraremos como despertar o atrator emocional positivo (AEP), para um crescimento máximo, e como o positivo pode ficar bloqueado nos indivíduos, às vezes pelas pessoas que estão tentando ajudá-los. Também apresentamos maneiras específicas de utilizar as emoções positivas que manterão tanto o coach quanto a pessoa que está em processo de coach em um estado receptivo ao crescimento e à mudança sustentável. Por fim, você descobrirá no final do capítulo um exercício para acompanhar suas emoções ao longo do tempo e procurar por padrões relacionados ao AEP e ao AEN.

Despertar o AEP (Atrator Emocional Positivo)

Um coach que faz perguntas instigantes ("O que você vê em seu desenho?", "O que é importante para você em sua vida") pode despertar o AEP das pessoas, ativando partes do cérebro que desencadeiam hormônios — o *sistema nervoso parassimpático* (SNP), que é associado a emoções, tais como, admiração, alegria, gratidão e curiosidade. Fazer a pergunta errada (focando coisas do tipo como "deve" ser um avião em um desenho ou o que é preciso fazer para ganhar uma promoção) desperta o AEN (atrator emocional negativo), ativando diferentes redes no cérebro e desencadeando hormônios que ativam o *sistema nervoso simpático* (SNS), e, assim, o medo e a ansiedade associados à reação humana de luta ou fuga. Na verdade, estudos mostram que apenas a antecipação de um fato negativo (isto é, pensar no que você "deve" fazer) pode despertar o AEN!

Não é surpresa que fazer as perguntas certas basicamente deixa as pessoas abertas ao que é possível na vida, incluindo as mudanças sustentáveis. No entanto, muitos coaches e outros apoiadores falham nesse ponto. Em vez disso, eles aplicam o coaching com conformidade do jeito que descrevemos na história de Aaron e em outras partes neste livro.

Quando aplicamos coaching com compaixão, começamos pedindo que a pessoa expresse seu *eu ideal* ou visão que tem de si mesmo. Isso a ancora no AEP, encorajando criatividade, abertura e produzindo uma experiência de empolgação que pode vir junto com a mudança. Como aprendemos no Capítulo 3 e detalharemos mais neste capítulo, o AEP basicamente atua como um ponto de virada que ajuda a pessoa a dar um passo após o outro nas cinco descobertas em nosso modelo para uma mudança intencional, finalmente levando-a a uma mudança desejada e sustentável.

No caso de Aaron, nenhum dos "especialistas" fez perguntas para entender o que ele pensou quando fez os desenhos. Então, ele foi mal interpretado — não porque não se comunicou ou fez algo inadequado, mas porque os educadores não pensaram em fazer a ele uma pergunta simples sobre qual era a perspectiva *dele*.

Da mesma forma, coaches e outros apoiadores ficam sempre preocupados com o que acham que a outra pessoa deve fazer e apelam para o coaching com conformidade. Pense em um médico que adverte um paciente para que pare de fumar ou um gerente que adverte um colaborador para que aprenda determinada habilidade que pode não interessar a ele. Mesmo que com a melhor intenção, essas tentativas costumam falhar, porque despertam a atitude defensiva na outra pessoa e o senso de obrigação, ou seja, o seu eu "obrigatório".

Em um contexto educacional, como era o da sala de aula de Aaron, isso é chamado de foco no ensino (o que os professores e os coordenadores precisam ensinar), em vez de foco no aprendizado (o que os alunos estão de fato aprendendo).[1] Em tal contexto, a educação é moldada como um sistema especialista, em que professores e coordenadores sabem mais sobre o processo do que alunos e pais. Historicamente, isso não vem funcionando bem na educação e, como reafirmamos neste livro, é inútil em qualquer tipo de situação de coaching.[2]

Claro que isso não significa que como coaches devemos apagar de nossa mente o que sabemos que pode ser bom para as pessoas que estamos tentando ajudar, mas significa que precisamos ter autocontrole emocional.[3] Em outras palavras: será que você, como coach, consegue guardar seu conselho, por tempo suficiente, até descobrir o que está na mente da pessoa que está tentando ajudar?

Joseph Banay não teria tido a chance de ouvir qual era a intenção de Aaron com seus desenhos se ele tivesse feito esta pergunta que é comum aos pais: "O que você estava pensando?" Ou outra, bem comum: "Por que você não fez um desenho igual ao das outras crianças de sua sala?" Essas perguntas são feitas frequentemente com a intenção de fazer as pessoas defenderem a si mesmas ou a suas ações. É óbvio que essas questões colocam imediatamente as pessoas na defensiva e no modo AEN. Elas induzem ao estresse na extremidade receptora.

No entanto, fazer outros tipos de perguntas, em especial perguntas abertas, pode trazer a pessoa para o AEP e a um estado mental aberto. Em círculos de pesquisas gerenciais, esse tipo de pergunta positiva ou aberta é conhecida como *mentalidade externa*, em contraste com a *mentalidade interna*. Ela te traz para fora de você mesmo. Com isso, vem um alívio para as preocupações relativas a seus problemas. E, além do alívio das preocupações consigo mesmo, aumenta sua habilidade de sondar o ambiente interpessoal a sua volta. Outro jeito de dizer isso é que, mesmo para as pessoas que estão recebendo coaching ou ajuda, focar predominantemente os outros ajuda a produzir mais mudança do que se concentrar predominantemente nelas mesmas. No Capítulo 5, explicaremos as bases neurológicas para isso acontecer.

Em seu livro magnífico *Helping* [Ajudando, em tradução livre], Ed Schein, professor emérito do MIT (Instituto de Tecnologia de Massachusetts) e líder nessa área há mais de sessenta anos, chama as perguntas que não têm uma resposta desejada implícita de "indagação humilde".[4] Examinando todas as formas de ajuda, que ele vê tão semelhantes entre si, Schein recomenda prestar atenção nas diferenças de estados inerentes em qualquer situação de ajuda formal ou informal e nas expectativas conscientes ou inconscientes de uma troca. Parte do objetivo da ajuda, ele diz, é ajudar a outra pessoa a recuperar algum estado, o que lhe dá confiança e proporciona "o máximo de informações possível para os dois". Um de seus princípios é o de que "tudo o que você diz ou faz é uma intervenção que determina o futuro do relacionamento". O melhor relacionamento é aquele que é justo e cheio de confiança mútua, e encoraja mais autoexploração e domínio do processo de aprendizado se nos envolvemos em indagações humildes, fazendo perguntas sem uma resposta inserida. Em nosso entendimento, esse tipo de indagação provavelmente ajudaria bem mais a levar a pessoa para o modo AEP do que as alternativas.

Um de nós recentemente assistiu a um diálogo em um programa de treinamento em uma indústria de porte médio. Durante uma discussão sobre um exercício de coaching, um gerente com grande potencial disse: "Não estamos acostumados a perguntar sobre os sentimentos dos outros." Talvez por ser algo muito pessoal ou íntimo, a cultura dessa empresa ignora como as emoções conduzem a motivação, o comprometimento e o humor das pessoas. Os líderes da empresa ignoram os perigos do contágio emocional que descrevemos no Capítulo 2, em que "líderes e gerentes contagiam os outros com seu humor e sentimentos sem compreender ou lidar com as consequências."

Lembremos a história de Kyle Schwartz (Capítulo 1), a professora que pediu a seus alunos que respondessem à afirmação: "Eu gostaria que minha professora soubesse..."[5] Esse é um grande exemplo de como fazer a pergunta certa. Das respostas dos alunos (por exemplo, "Eu gostaria que minha professora soubesse que minha família e eu moramos em um abrigo"), Schwartz aprendeu com o que seus alunos estavam lidando fora da sala de aula, o que a ajudou a entender como melhor ensiná-los. De sua parte, os alunos entenderam que a professora deles se importava com suas vidas e seus sentimentos, colocando-os em uma atitude mental positiva para aprenderem.

Focar as coisas erradas

Diferente da abertura positiva para aprender que ocorre quando fazemos as perguntas certas, as pessoas tendem a se fechar quando, em nossas interações, focamos as coisas erradas. Um dos autores deste livro (Richard) teve a experiência a seguir:

> Eu estava trabalhando em um artigo acadêmico em meu escritório quando minha esposa entrou. Ela caminhou em direção à janela que dá para a rua e perguntou se eu já tinha visto o imenso trator que a companhia de gás tinha trazido para instalar os novos canos. Sem me virar da tela do computador, eu disse com uma voz um tanto irritada: "Quê?" E minha esposa respondeu com uma voz calma: "Isso não foi muito agradável." Agora totalmente irritado, eu disse com voz alta: "Eu estou escrevendo sobre inteligência emocional. Não tenho tempo para esse tipo de coisa!" Então, minha esposa me olhou com descrença. Naquele momento, recostei-me na cadeira e gargalhei, percebendo o que ela já havia notado — o absurdo do que eu tinha acabado de falar para ela, com toda a sinceridade.

Na interação com a esposa, Richard estava claramente focando a coisa errada. Como poderia transmitir inteligência emocional para seus leitores se ele não conseguia praticar essas habilidades com a própria esposa? É um problema clássico de atenção.[6] Para termos as coisas resolvidas ou analisar uma situação, precisamos de foco, mas, ao focar uma coisa só, bloqueamos nossa capacidade de enxergar as outras a nosso redor. O simples ato de olhar para o norte significa que talvez não vejamos um pássaro voando para o sul. Focando a eficácia da produção interna da empresa, talvez não vejamos um novo produto que está sendo lançado por nossos concorrentes e que ameaçará uma de nossas principais linhas de produtos. Focando em ler/responder mais e-mails, talvez não vejamos que nossa filha está triste e precisa de um abraço.

Quando esse foco se torna nosso comportamento típico, ele vira um hábito, e hábitos são difíceis de parar ou até mesmo interromper. Embora não tenham a natureza viciante bioquímica de fumar um cigarro, beber café ou tomar umas cervejas após o trabalho, focar somente alguns aspectos de nossa vida (como trabalho ou um vício) e excluir os outros (como nossa saúde, cônjuges ou filhos) tende a restringir nosso campo de visão. Basicamente, tornamo-nos cegos àquilo que na verdade mais importa em determinada situação.

Coaching, assim como qualquer forma de ajuda, também é uma busca focada. Mas o que defendemos é o coaching que foca a *outra pessoa* (no contexto gerencial, o que foca o "subordinado" e, no contexto educacional, o que foca o "aluno"), e não o que foca alguma agenda externa (com ênfase em "gerenciar" ou "ensinar"). Portanto, os melhores coaches ajudam as pessoas, orientando-as em seu foco, ajudando-as a perceber o que estão sentindo, assim como a notar as pessoas que estão a seu redor e os aspectos que talvez tivessem deixado de perceber. Esse tipo de foco as ajuda a entrar em uma experiência ou um estado de AEN — o estado neurológico, hormonal e emocional em que somos mais abertos a novas ideias, outras pessoas, preocupações morais e capazes de sondar nosso ambiente para notar padrões ou temas. Essa abertura é essencial se aprenderemos ou adaptaremos novos comportamentos e atitudes.

Como já mostramos neste livro, a forma mais comum de tentar ajudar ou orientar alguém faz exatamente o contrário. Vemos isso acontecer todos os dias nas empresas em que trabalhamos. Como a maioria das culturas organizacionais tende a superenfatizar a parte analítica, o cérebro das pessoas nessas empresas constantemente opera em momentos AEN, levando a um estado de vários níveis de enfraquecimento emocional, perceptivo e cognitivo.

Tal foi o caso de Richard em nosso exemplo. Enquanto trabalhava em seu artigo acadêmico, ele mal notou quando sua esposa entrou no escritório. Seus olhos, ouvidos e todos os outros sentidos estavam fixados nas palavras em seu computador. Ao mesmo tempo, ele previa as análises negativas dos críticos acadêmicos e tentava descobrir como evitar ou minimizar sua fúria. Embora estivesse empolgado com os resultados, ele e seus parceiros de pesquisas estavam revelando como a inteligência emocional afeta a eficácia dos engenheiros.[7] Tudo isso estava dominando a mente de Richard, aumentando seu foco na tela do computador e reduzindo sua capacidade de notar qualquer outra coisa naquele ambiente. Em um sentido real, Richard naquele momento estava com a percepção enfraquecida e incapaz de interagir de forma positiva com alguém que amava profundamente. Por estar em um aparente estado de AEN, ele possivelmente estava menos criativo e não poderia usar sua típica habilidade cognitiva para editar seu artigo acadêmico.

Outra forma de focar errado é usar simpatia, em vez de empatia — sentir-se mal pela outra pessoa, em vez de tentar entendê-la. Como veremos no Capítulo 7, existem diversas formas de empatia. E empatia é apenas um único componente do que significa agir com compaixão. Segundo a citação do explorador David Livingstone, do século XIX: "A simpatia não substitui a ação." Simpatia excessiva por outra pessoa pode se tornar uma forma de permitir a negatividade e que a pessoa foque seus problemas, em vez de suas possibilidades.[8]

Despertar o AEP (Atrator Emocional Positivo)

Para focar a pessoa que você está ajudando, é preciso fazer perguntas para extrair o que ela está pensando e sentindo. Fazer a pergunta certa, na hora certa, pode fazer uma diferença enorme, como veremos na conversa a seguir.

Darryl Gresham ia muito bem para os padrões sociais. Ele tinha um emprego que adorava, como vice-presidente de tecnologia de informação em uma empresa de médio porte. O relacionamento com a filha era agradável e amável, e ele pagava a universidade e a pós-graduação dela. Embora Darryl tivesse uma namorada, ele tinha um relacionamento amigável com sua ex-esposa. Também participava ativamente da organização nacional da Promisse Keepers em sua igreja local. Comparado com a maioria de seus amigos de infância, ele estava vivendo um sonho. A vizinhança barra pesada em que foi criado em Cleveland não tinha feito muitos ex-alunos vice-presidentes na indústria — ao menos entre aqueles que sobreviveram à organização nacionalista negra e aos Panteras Negras.

Tendo alcançado esse estágio na vida em que se sentia um pouco inquieto, Darryl inscreveu-se em um programa de liderança. Um dos componentes do programa era a oportunidade de encontrar um coach para discutir suas aspirações do futuro, os resultados de um feedback de 360° sobre seu comportamento de inteligência emocional e, ao final, converter tudo isso em um plano de aprendizado detalhado para os próximos cinco a dez anos.[9] Cada executivo começava escrevendo um texto sobre sua visão pessoal, que o coach examinava antes do encontro para debater.

O coach de Darryl achou seu texto desafiador. Em vez de abranger os aspectos completos de sua vida, como solicitado (seus relacionamentos pessoais, sua família, comunidade, saúde espiritual e física e também o trabalho), Darryl focou seu texto inteiro em sua família e comunidade. Entre os executivos superdinâmicos que estavam no programa, a falta de menção sobre o trabalho e sua carreira futura eram algo totalmente incomum, então o coach mandou um e-mail para Darryl e, brincando, perguntou se ele tinha um fundo fiduciário lucrativo. Mas, em particular, o coach suspeitava de que havia alguma coisa impedindo Darryl de explorar seu futuro de carreira desejado. Talvez ele estivesse se sentindo paralisado ou tivesse sido atingido pela crise da meia-idade e perdido a empolgação que tinha em seus primeiros anos de trabalho.

Quando se encontraram, o coach pediu que Darryl descrevesse seus sonhos e sua visão sobre o trabalho. Darryl respondeu com um olhar vazio. Então, o coach perguntou sobre a visão de curto prazo de um futuro desejado. Após um longo silêncio, Darryl deu de ombros. Foi aí que o coach se lembrou de um exercício específico usado para estimular a reflexão sobre sonhos e visões, e perguntou: "Se você ganhasse na loteria, digamos US$80 milhões, como isso afetaria sua vida e seu trabalho?"

Darryl respondeu facilmente a essa pergunta. Ele disse que separaria um pouco do dinheiro para sua filha completar a faculdade e a pós, e criaria um fundo para sua ex-mulher.

"E o que você faria em relação a seu trabalho?", perguntou o coach.

Darryl não hesitou: "Eu dirigiria um caminhão pelo país." Darryl havia trabalhado para a Roadway Package Systems quando tinha quase 30 anos, daí sua adoração por dirigir caminhões pelo país.

Da perspectiva do coach, Darryl parecia estar descrevendo mais uma fantasia de fuga do que um sonho verdadeiro. O coach tinha certeza de que ainda não tinha alcançado o AEP de Darryl, o estado positivo importante que o deixaria mais aberto às visualizações de seu futuro desejado. Mas, como ficou claro mais tarde, Darryl, de fato, queria escapar de seu emprego, porque esse aspecto da vida dele tinha se tornado rotineiro e chato. E mais, ele sofria racismo no trabalho, que era um incômodo constante e algo sobre o qual era difícil de falar, até mesmo com o coach.

Conforme trabalhava com Darryl na sessão de coaching, o coach tentou uma série de exercícios específicos. Quando pediu que Darryl descrevesse sua "lista de desejos" e um "emprego fantasia", ambos despertaram uma expressão vazia. Darryl estava imobilizado. O coach tinha certeza de que esse era o território do AEN.

O coach decidiu abordar o assunto de um ângulo diferente. "Vamos sonhar um pouco", o coach disse. "Você acabou de ter uma grande semana. Chega a sua casa, serve-se um drink e se senta. Há um sorriso em

Despertar o desejo de mudança 67

seu rosto. Sente que fez coisas importantes e boas no trabalho naquela semana." O coach fez uma pausa e deixou Darryl entrar naquele sonho. Ele podia ver o rosto de Darryl ficar mais relaxado.

O coach perguntou: "O que você fez que foi tão gratificante?"

Darryl não titubeou: "Dei aulas para crianças do ensino médio em um bairro pobre e ensinei que os computadores podem ser instrumentos de liberdade." De repente, a atitude de Darryl mudou completamente. Seus olhos brilharam, ele se inclinou para a frente e começou a falar rápido, de um jeito que o coach nunca ouvira antes. Ele estava na zona do AEP. A clareza e a percepção da imagem do sonho estavam em erupção. A empolgação era contagiante — o coach podia ver e sentir que Darryl acabara de ter uma revelação. Possibilidades se abriam. Ele começou a falar como promoveria workshops à noite ou aos fins de semana nas escolas locais. Comentou sobre organizar estágios de TI para estudantes do ensino médio em empresas locais. Era como se uma represa estivesse aberta e ideias estivessem jorrando dela. A imagem de carreira e futuro dele mudou de "Estive lá, fiz aquilo" para "Uau! Não vejo a hora de começar!" Darryl agora tinha um sonho do que ele podia ser ou fazer. Até tinha algumas boas ideias sobre como conseguir chegar lá.

Mas, de repente, como o fogo que é apagado com uma mangueira de água, sua expressão se tornou negativa, e ele disse: "Mas eu não posso fazer isso." E o coach perguntou: "Por quê?" E Darryl respondeu que ele precisava do dinheiro que já ganhava para poder ajudar a filha, a ex-mulher e manter seu próprio estilo de vida. Ele até se desculpou por estar se sentindo daquele jeito.

O coach então perguntou por que ele pensou que aquela era uma decisão de tudo ou nada. Darryl virou a cabeça com uma expressão perplexa. O coach disse: "Você não tem de desistir de seu emprego durante o dia para fazer esse outro trabalho. Que tal começar uma vez por mês ou até mesmo um dia por semana? Você acha que consegue dar alguns workshops para aquela escola de ensino médio e, ao mesmo tempo, dar conta de todas as suas obrigações no trabalho?"

A atitude esperançosa de Darryl voltou. Ele sorriu e disse: "Claro!" E passou outros quinze minutos pensando em maneiras diferentes de tornar esse sonho real.

Meses mais tarde, Darryl encontrou o coach e contou que havia sido chamado para dar aulas em alguns cursos de TI em uma faculdade comunitária local. Ele agarrou a oportunidade e conseguiu dar aulas no tempo livre. Em comunicações mais tarde com o coach, ele descreveu várias mudanças, incluindo conseguir um trabalho perto de sua cidade natal para ajudar a mãe doente. O novo emprego foi na área de fusões e aquisições de empresas, mas ele aceitou com entusiasmo. Após alguns anos, ele recebeu uma promoção para logística global.

Embora ainda não tivesse conseguido oferecer workshops para o ensino médio, Darryl manteve seu sonho vivo aconselhando ativamente jovens que eram contratados para sua empresa em várias funções. Ele percebeu que muitos precisavam de habilidades práticas básicas, como administrar dinheiro, então Darryl organizou workshops na empresa para ensinar essas habilidades de carreira e vida. Tudo isso por fora de seu trabalho regular, mas com autorização da empresa. Outra mudança interessante que Darryl percebeu foi que o interesse dele se espalhou para todos os jovens e novos contratados em seu local de trabalho, independentemente de seu histórico socioeconômico e racial. Hoje, ele busca ensinar formalmente em faculdades comunitárias.

Vamos rever o processo: o primeiro desafio do coach era encontrar uma maneira de colocar Darryl no AEP. Enquanto ficasse preso no AEN, Darryl não poderia ver quais eram suas opções. Na verdade, seu cérebro trabalhava contra ele mesmo, ficando na defensiva e protegendo-o de pensamentos ou sonhos potencialmente prejudiciais. Mas, assim que o coach descobriu uma maneira de ajudar Darryl a despertar seu AEP, foi como se uma represa de concreto cognitivo e emocional tivesse estourado. Darryl ficou pronto e entusiasmado para seguir em frente em todos os aspectos de sua vida. Entrar no AEP e sentir que havia um caminho possível e cheio de esperança para viver seu sonho possibilitou que ele usasse seu talento para escolher o melhor jeito de chegar lá.

Foi dessa forma que o coach usou vários meios para despertar o AEP e, finalmente, encontrar um que funcionasse para Darryl naquele momento de sua vida. O mais importante: o coach teve de segurar o desejo de "consertar" Darryl, e isso exigiu paciência e humildade — e, às vezes, silenciar enquanto esperava Darryl organizar seus pensamentos e compartilhá-los (mostramos com maiores detalhes quais são as melhores perguntas para despertar o AEP no Capítulo 7). Foi assim que o coach ajudou a criar o ponto de virada do estado AEN que Darryl estava para o AEP. Uma vez que Darryl identificou quais eram seus passos, sentiu qual era sua paixão e se sentiu renovado, seguro, aberto e até mesmo curioso, ele pôde experimentar esses passos para analisar se eram viáveis, e pôde entrar e sair do AEN, mas sob seu próprio controle, porque tinha uma visão orientadora. Em outras palavras, antes mesmo de começar a formar um plano, Darryl precisou expressar seu sonho.

Dessa maneira, o AEP é uma experiência em que você se sente mais aberto a novas ideias e aos outros, mas também é um ponto de virada. Pode despertar um novo estágio no processo de mudança ou um novo passo no aumento da percepção. Um ponto de virada é tecnicamente uma mudança de fase, assim como o gelo mudando do estado sólido para o estado líquido de água corrente. A temperatura que o cubo de gelo começa a derreter é o ponto de virada.

Infelizmente, isso nem sempre acontece quando uma pessoa tenta ajudar outra.

Quando apoiadores bloqueiam as mudanças positivas

Com frequência, quando uma conversa de coaching começa, a pessoa que está sendo ajudada chega a um estado de frustração e, portanto, pode passar um tempo extravasando ou expressando falta de interesse, assim como vimos com Darryl Gresham. Nesses casos, é importante que o coach expresse empatia para que a outra pessoa saiba que está recebendo apoio. Mas muitos programas para treinamento de coach ensinam os apoiadores a irem longe demais, passando a validar os sentimentos das pessoas para que se tornem *facilitadores* do AEN. Permitir que alguém se afunde em seu próprio AEN não ajuda nem dá suporte. Em vez disso, a pessoa começará a se sentir mais estressada, nada menos, e se tornará cognitivamente mais enfraquecida e menos aberta a novas ideias para mudar e aprender.

Tome de exemplo o crescente problema da saúde pública, obesidade e seus problemas relacionados: resistência à insulina e diabetes tipo 2. Se você alguma vez teve suas taxas maiores que o normal, temos certeza de que já tentou fazer uma dieta. Você deve ter tentando várias vezes. Para a maioria das pessoas, perder peso por ter feito um regime traz alegria, mas, no decorrer dos meses ou dos anos, elas acabam ganhando de volta os quilos perdidos. Por quê? Os benefícios da maioria das dietas são de curta duração. Estudos mostram que, se você tentar perder peso, provavelmente recuperará cada quilo perdido. A dificuldade é que "perder peso" é um objetivo enquadrado negativamente. Tentar limitar ou mudar o que e quanto você come requer muito autocontrole, o que desencadeia o AEN, e isso é estressante. Não importa a quantidade de vezes que você repita "Eu preciso fazer isso", é difícil manter o esforço necessário para prosseguir com o plano.

Médicos e enfermeiras frequentemente não ajudam muito na busca da mudança de comportamento. Eles são vítimas fáceis de suas próprias intenções e do impulso de tentar dizer às pessoas o que elas devem fazer. Isso provoca mais AEN do que AEP, e o apoiador se torna um facilitador do comportamento inapropriado ou fraco, certamente menos desejado. Se alguma vez um médico lhe disse que você tinha uma condição de saúde que precisava de mudança de comportamento, é provável que você tenha saído do consultório preocupado, talvez frustrado. Diabetes tipo 2 tem uma aderência de tratamento abaixo de 50% nos Estados Unidos e ao redor do mundo.[11] Isso significa que as pessoas fazem metade das coisas que os médicos ou as enfermeiras mandam fazer. Como as pessoas podem ser tão bobas?

O culpado é o AEN. Uma vez no AEN, você está se esforçando em um estado mental de fechamento. Seu corpo quer se defender e você quer dizer: "Chega! Eu preciso daquele doce!" Naquele momento, na verdade, você não precisa de um doce. Em vez disso, para começar um processo de aprendizado ou mudança, é preciso entrar no AEP, e é difícil fazer isso sozinho. Por isso os coaches mais eficazes aprendem maneiras de ajudar as pessoas a entrarem no AEP, a sentirem esperança e começarem um processo de mudança. Dois médicos proeminentes, Jerome Groopman e Atul Gawande, escreveram sobre o papel da esperança nas áreas médicas. Mesmo em situações de tratamento paliativo, pode haver esperança, não necessariamente por uma cura milagrosa, mas por uma qualidade de vida melhor para os pacientes no tempo que lhes restam.[12]

Como provocar o atrator positivo

Como vimos no exemplo de Darryl Greshman, coaches e outras pessoas, como gerentes, pais e professores, podem usar vários métodos para ajudar as pessoas a experimentarem uma sensação de esperança e, desse modo, iniciarem um ponto de virada para o AEP. Isso inclui perguntar sobre os sonhos e as visões das pessoas, usar compaixão, contágio emocional, praticar mindfulness, provocar bom humor, andar na natureza e desenvolver um relacionamento ressonante de coaching.

Sonhos e visão pessoal

O primeiro modo de provocar o AEP é ajudar a pessoa a se sentir esperançosa sobre o futuro. Você pode fazer isso perguntando sobre seus sonhos e sua visão pessoal. Um estudo de imagem por ressonância magnética mostrou que passar trinta minutos em uma conversa sobre os sonhos e as visões das pessoas ativa regiões do cérebro associadas à imaginação de coisas novas e às atividades do SNP (o sistema nervoso parassimpático, descrito anteriormente neste capítulo, que é associado a emoções, tais como admiração, alegria, gratidão e curiosidade).[13]

Usar compaixão

Outra experiência poderosa que simula o AEP é receber ou expressar compaixão ou cuidado com o outro. Podemos experimentar isso ao ajudar pessoas menos afortunadas ou que precisam. Também podemos sentir compaixão quando somos gratos pela ajuda oferecida de outras pessoas. Como debatemos no Capítulo 2, refletir sobre as pessoas que o ajudaram em sua vida desperta gratidão e o AEP. Falar sobre esses relacionamentos com outras pessoas torna a experiência do AEP mais intensa. Estar em um relacionamento de amor é outra forma poderosa de manter compaixão em sua vida no dia a dia. Estimular compaixão nos permite cuidar das outras pessoas. O ato de cuidar nos afasta de nossa própria visão de mundo e nos coloca na experiência da outra pessoa, e isso vai além da empatia e de querer fazer algo pelo outro. Muitas vezes, as pessoas revelam que, quando se sentem cuidadas por outras, devolvem o sentimento e retribuem o cuidado.

Um das primeiras formas documentadas de despertar compaixão é ter um animal de estimação, como um cachorro, gato, cavalo ou macaco (isso não parece funcionar com peixe ou pássaro). Ao fazer um carinho neles, você pode provocar seu AEP.[15] Na verdade, começa quando você estimula o AEP do animalzinho de estimação e, por causa do contágio emocional em um nível inconsciente, isso se espalha rapidamente para você, a pessoa que estava fazendo o carinho, e volta para o animalzinho, e assim por diante, em um ciclo positivo de feedback.

Pesquisa em destaque

Pesquisas mostram que o estresse ativa o sistema nervoso simpático (SNS).[14] Isso é verdade, independentemente do tipo do estresse, irritante, mas moderado, ou grave. Quando estressado, seu corpo produz epinefrina e norepinefrina (adrenalina e noradrenalina) em dosagens que atuam como vasoconstritores, o que manda sangue dos vasos capilares e das extremidades para grandes grupos de músculos essenciais para a sobrevivência (epinefrina para os braços, norepinefrina para as pernas). Como resultado, sua pulsação e sua pressão arterial aumentam, e sua respiração fica mais rápida e ofegante. Você também produz corticoides, e o cortisol entra em seu sistema sanguíneo. Embora seja um anti-inflamatório natural, o cortisol diminui o funcionamento de seu sistema imunológico e inibe a formação do tecido do sistema nervoso. O estresse crônico e irritante (como trabalhar sob pressão ou ter um chefe tóxico) faz com que seu corpo se ative e se prepare para a defesa, mas também resulta em enfraquecimento emocional, da percepção e cognitivo.

Em contraste, pesquisas mostram que o sistema nervoso parassimpático (SNP) desencadeia processos de renovação, incluindo a estimulação do nervo vago e a produção de oxitocina (principalmente em mulheres) e vasopressina (principalmente em homens). Nesse nível de dosagem, são vasodilatadores. Sua circulação flui melhor e, como resultado, você se sente mais quente, sua pressão e pulso baixam, e sua respiração se acalma e fica mais profunda. Seu sistema imunológico fica com capacidade total. Sem experiências regulares e periódicas de renovação, o estresse crônico tornará seu trabalho e desempenho insustentáveis.

Um livro anterior de Richard Boyatzis e Annie McKee, *Resonant Leadership* [Liderança Ressonante, em tradução livre], conta a história de Mark Scott, um jovem executivo em um banco de financiamento imobiliário que queria ajudar o famoso time de futebol de sua ex-universidade — Universidade da Geórgia.[16] Ele procurou o técnico Richt com a ideia de construírem uma casa da organização Habitat for Humanity para uma família carente. E funcionou incrivelmente bem. A equipe então decidiu construir uma ou duas casas a cada ano, e a ideia se espalhou para outras equipes atléticas da universidade e até mesmo para outras universidades da região. O benefício não era meramente uma jogada de relações públicas, nem era somente o "desenvolvimento de equipe" fora do campo; em vez disso, deu chance aos jogadores de fazer algo bom para outras pessoas. Essa experiência de AEP por meio da compaixão ajudou os jogadores universitários a saírem de si mesmos e focarem outras pessoas — não membros da equipe, nem oponentes, e sim famílias de sua própria cidade que eles não conheciam antes do projeto Habitat.

Contágio emocional

Nosso cérebro é programado para captar as emoções das pessoas a nosso redor. No entanto, sentir emoções negativas pode estimular o SNS e deixar a pessoa na defensiva. Exceto por pessoas com autismo, isso é valido para todos os humanos. Uma pessoa pode até desenvolver técnicas para ignorar a mensagem, como Richard fez com o comentário de sua esposa sobre o trator no quintal. Mas os circuitos cerebrais ainda estão lá.

O aspecto surpreendente sobre ter os sentimentos profundos de outras pessoas não está no fato de que todos nós temos alguma forma do que chamamos de habilidade telepática. Está em quão rapidamente acontece. O psicólogo Joseph LeDoux documentou que leva em média 8 milissegundos para uma mensagem de ameaça ir de nossos cinco sentidos até a amígdala.[17] São oito milésimos de segundo. Está bem abaixo da consciência e do reconhecimento consciente, que costuma ser em média de 500 milissegundos, ou meio segundo.[18] Esse é um dos motivos de ser tão importante que os coaches estejam conscientes de suas próprias emoções e que a administrem antes de entrarem em qualquer situação em que esperam ajudar os outros. O contágio emocional é realmente um fenômeno!

Mark Scott estava usando o contágio emocional positivo para ajudar a equipe a desenvolver um senso de propósito e cuidado. Coaches e outros apoiadores fazem isso o tempo todo. Mas os próprios sentimentos do coach talvez transmitam um sentimento diferente de sua intenção. Se o coach ainda está chateado com uma discussão que teve com sua namorada, as emoções negativas podem infectar a pessoa que está recebendo o coach, independentemente do que estiverem conversando.

Mindfulness

Outra abordagem para o AEP por meio do mindfulness: estar sintonizado com você mesmo, com as pessoas a seu redor e com seu ambiente natural. É focar seu contexto. Décadas atrás, os conselhos para lidar com o estresse eram dar um tempo e "cheirar rosas". Hoje, pessoas que trabalham muito devem praticar meditação, rezar, fazer ioga ou exercícios físicos que sejam repetitivos, como correr. A chave é despertar o AEP usando essas técnicas para *se concentrar* (um aparte interessante: rezar funciona bem, mas parece que é importante que a pessoa esteja rezando para um Deus amoroso, e não para um vingativo).[19] Ter um aquário pode despertar o AEP, ou seja, olhar os peixes por algumas horas pode permitir que você crie um estado meditativo.

Bom humor

Há alguns anos, vimos muitas pesquisas mostrando que bom humor, alegria e risadas despertam o SNP e, por extensão, o AEP. Nosso amigo Fabio Sala mostrou em sua tese de Ph.D. que a forma de humor para possivelmente ter esse efeito positivo é o humor autodepreciativo, e não aquele que faz graça dos outros.[20]

Por exemplo, pense em quando você esteve em um evento com amigos ou família e se divertiram rindo todos juntos. Como você se sentiu quando saiu do evento?

Suspeitamos que o bom humor funciona porque nos lembra de nossas vulnerabilidades e de nossa humildade, diminuindo a intensidade da ameaça. Rindo e fazendo piada das coisas, nós as deixamos menos sérias. A estimulação do AEP pode nos permitir ver o contexto e o quadro geral, e não focar os momentos negativos.

Andar na natureza

A atividade mais recente que aparece para estimular o SNP (e, portanto, o AEP) é caminhar na natureza, talvez porque isso estimula o mindfulness.[21] O ato de caminhar na floresta (presumindo que você não esteja mandando mensagens ou checando o e-mail) expande nossa percepção e os sentidos sobre o mundo a nosso redor: a natureza, os animais, o clima. É um círculo expandido de consciência.

Uma relação de coaching/apoio ressonante

Além da vantagem de ajudar outra pessoa a entrar no AEP, as ações que convidam ou despertam o AEP também são aquelas características em relacionamentos duradouros, mais eficazes e ressonantes. Isso nos diz que a qualidade do relacionamento entre o coach ou outro apoiador e as pessoas que estão em processo de coaching é fundamental. Trabalhar com coaching não é como pedir ajuda a seu contador com os impostos. Em vez disso, coaching requer que as pessoas se sintam seguras e abertas às possibilidades.

Descobrimos que três qualidades de relacionamentos têm esse impacto duradouro em ajudar as pessoas a se tornarem motivadas, a aprenderem e a mudarem: visão, compaixão e energia relacional compartilhadas. Nossa amiga próxima e colega Kylie Rochford estudou várias qualidades de relacionamentos e descobriu que essas três são essenciais para as duas pessoas em um relacionamento (ou todas as pessoas em equipes ou a maioria das pessoas em empresas).[22] Visão nos traz esperança. Compaixão nos dá um senso de ser cuidado e cuidar do outro. Energia relacional nos dá estamina e perseverança (ou seja, garra).

Embora despertar o AEP possa ser inesperado quando você está focado em tentar ajudar alguém, essa é a maneira mais eficaz de ajudar a despertar a motivação das pessoas para aprender e mudar. No Capítulo 5, veremos a fundo os papéis do AEP e do AEN no cérebro, e compartilharemos *insights* de nossos estudos de neurociência por trás do coaching com AEP *versus* AEN. Também veremos o que acontece depois de despertar o AEP de alguém: apoiadores e coaches precisam prestar atenção nas dinâmicas do que surge na pessoa. É onde equilíbrio se torna um problema — entre o instinto humano de sobrevivência e o desejo humano de prosperar.

Pontos-chave do aprendizado

1. Fazer perguntas positivas desperta o AEP, ativando uma rede específica no cérebro que libera hormônios no sistema nervoso parassimpático (renovação). Fazer perguntas negativas ou que levem a uma reação defensiva desperta o AEN, ativando uma rede diferente no cérebro que desencadeia hormônios no sistema nervoso simpático (estresse).

2. O AEP tanto é um estágio de estar mais aberto a novas ideias quanto um ponto de virada no caminho da mudança desejada e sustentável. Coaching com compaixão (ou coaching com o AEP) serve aos dois propósitos.

3. O AEP está no despertar do SNP, sentir-se positivo e esperançoso. O AEN está no despertar do SNS, sentir-se negativo e na defensiva ou com medo.

4. As emoções são contagiosas, tanto as positivas quanto as negativas. O contágio se espalha em alta velocidade (muitas vezes, em milésimos de segundos) e está predominantemente abaixo da autoconsciência.

Reflexão e exercícios práticos

No decorrer da próxima semana, observe e anote suas próprias emoções pelo menos três vezes por dia (o ideal é que seja de manhã, ao meio-dia e à tarde). Anote o que está fazendo naquele momento do dia e como se sentiu. Evite citar detalhes, em vez disso, foque seu estado emocional — se você se sentiu feliz, com raiva, triste, empolgado ou de outro jeito, ou até mesmo se ficou incerto sobre seu estado emocional naquele momento do dia. No final da semana, o ideal é ter feito por volta de vinte anotações de estados emocionais. Analise e procure por padrões que apareçam. O que você percebeu sobre a proporção entre suas emoções positivas e negativas?

Guia de conversação

1. Debata com outras pessoas se você se encontra dominado por emoções negativas mais do que positivas. Às vezes, sente um peso vindo de um monólogo interno que tem a ver com as emoções negativas? Consegue neutralizá-las? O que te ajuda?

2. Compartilhe com os outros quanto tempo você passa em um estado emocionalmente positivo em sua vida social, profissional e organizacional. E o tempo que passa em um estado emocionalmente negativo?

3. Fale com outros sobre alguma vez em que você conseguiu levar uma pessoa de um estado emocional negativo para um positivo. Como conseguiu? Ou fez o contrário e levou a pessoa a um estado negativo?

4. Debata com outras pessoas o momento mais estressante de sua vida. Como estava sua relação com as pessoas a seu redor, no trabalho, em casa ou no lazer? Houve momentos em que levou seu trabalho para casa ou arrastou bagagem emocional e estresse de sua casa para o trabalho?

5. Compartilhe com as pessoas coisas especiais que você faz ou valores que tem e que o ajudam a reduzir o estresse e a estimular a renovação em sua vida.

6. Descreva para outras pessoas, no passado ou no presente, quando esteve mais focado nas tarefas. Ou seja, lembre-se de situações em que seus pensamentos foram dominados por soluções de problemas, tomadas de decisões e "tentativas fazer as coisas darem certo". As pessoas reclamaram de seu comportamento nessas situações? Quando você olha para aqueles momentos, houve algo que deixou escapar ou de que não gostou por causa de seu foco na tarefa?

CAPÍTULO 5

Sobreviver e prosperar
A batalha em seu cérebro

Sobreviver significa estar apto a *viver* para funcionar e trabalhar. Não é um simples processo biológico. Sobrevivência tem dimensões emocionais e até espirituais. No sentido mais primitivo, sobrevivência significa que, se nosso corpo continua a funcionar e a se manter — respirando, comendo, dormindo e assim por diante —, conseguimos passar para o dia seguinte. Muitos de nós concordaríamos que essa parece uma maneira de viver e de funcionar deprimente e chata, até mesmo depressiva. (Claro que isso supera a alternativa!) Em algumas situações de coaching, temos de começar com a simples sobrevivência, como mostraremos mais adiante neste capítulo.

No entanto, na maioria das situações, como humanos, desejamos não apenas sobreviver, mas também prosperar. Precisamos dos dois, do AEP e do AEN. Já as cobras, por outro lado, recorrem fortemente ao AEN para sua sobrevivência, embora acreditamos que o AEP, se tiver, tem um papel mínimo na vida delas.[1] Mas as pessoas são diferentes. Precisamos da ativação do AEP para nos sentir motivados a crescer ou mudar, e até mesmo para nos divertir. Como descrevemos no Capítulo 4, o AEP nos capacita para prosperar, desencadeando hormônios que aliviam o estresse e produzem sentimentos de segurança, esperança e até mesmo alegria. Também precisamos do AEN, porque ele nos ajuda a sobreviver, desencadeando a reação hormonal do estresse que é responsável por lutar e fazer uma fuga rápida ou por nos preparar para uma postura defensiva. O AEN também ajuda a aguçar nossos focos emocional e cognitivamente, e isso nos permite desenvolver tarefas com acuidades física e mental. Quando tentamos ajudar ou orientar as pessoas como coaches, gerentes ou outros tipos de apoiadores, nós as conduzimos aos dois (AEP e AEN) e para que encontrem, naquele período de vida e trabalho, o melhor equilíbrio entre eles.

O equilíbrio mais eficaz mudará ao longo do tempo e, dependendo da situação, o coach ou gerente deve monitorar as mudanças no ambiente e nas experiências da pessoa. O dilema é que, uma vez que a pessoa está no AEN, talvez não "veja" uma saída e, portanto, sinta-se presa. Isso bloqueia novos movimentos e qualquer ponto de virada espontâneo para o AEP. Novamente, o coach ou outro apoiador se torna decisivo para motivar a mudança, o aprendizado e o desenvolvimento, o que significa ajudar o coachee a aprender a circular entre o AEP e o AEN, enquanto fica principalmente no AEP.

Neste capítulo, examinaremos como o movimento de ida e volta pode alcançar o equilíbrio que ajuda as pessoas a buscarem mudanças desejadas sustentáveis. Por quê? O AEP é o um ponto de virada para ajudar as pessoas a caminharem em direção ao próximo estágio de mudança na Teoria de Mudança Intencional *e* a um estado psicofisiológico em que a pessoa está aberta a novas ideias, outras pessoas e emoções. Este capítulo também explora a fundo a ciência do cérebro que apoia essas ideias, incluindo insights de nossos estudos da neurociência por trás do coaching aplicado ao AEP *versus* AEN. E mais, veremos o que acontece após despertar o AEP das pessoas — coaches e apoiadores precisam prestar atenção à dinâmica do que vem à tona nas pessoas e ajudá-las a seguirem em frente. Aqui é onde o equilíbrio se torna um problema, entre o instinto humano de sobreviver e o desejo de prosperar.

Coaching para sobreviver

Às vezes, quando ajudamos alguém, talvez precisemos começar com a sobrevivência simples (explorando o AEN), assim como acontece quando uma pessoa tem um problema de saúde ou um ferimento que precisa de atenção médica, mas está evitando ter a ajuda necessária. Não há tempo para examinar as causas básicas ou ajudá-la a colocar o tal problema no contexto de uma visão de longo prazo. Ela precisa de ajuda agora. Mas, mesmo dar coaching a alguém para a sobrevivência, requer algum AEP.[2] Pense nisso. Mesmo quando a pessoa está apresentando sintomas ou tem ferimentos físicos, se o coach focar a tarefa de pedir ajuda médica como algo que ela *deve* ou precisa *fazer*, será um fiasco. Isso é fazer coaching com conformidade, que nós mostramos que desperta o AEN; se uma pessoa não tem atenção médica na hora certa, pode desencadear outros problemas físicos. Mesmo que o AEN seja necessário no início, ele tem de ser equilibrado com algum AEP para continuar a manter a pessoa otimista e motivada ou, nesse exemplo, aumentar as chances de ela tomar os remédios ou ir para uma reabilitação para se curar.[3]

Veja a situação em que Bob Shaffer se encontrou.[4] O trabalho de Bob como vice-presidente executivo e auditor chefe do Fifth Third Bank era desafiador e estimulante, e ele estava indo muitíssimo bem. Porém, logo após se matricular em um programa de liderança oferecido aos colaboradores, ele percebeu que gostaria de fazer algumas mudanças importantes. Interagindo, nesse programa, com um coaching da Case Western Reserve, Bob refletiu sobre o equilíbrio de sua vida — especificamente, seu equilíbrio entre mente, corpo, emoções e espírito, que afirmamos ser os quatro componentes-chave de qualquer processo de renovação.[5] Bob concluiu: "Eu estou em desequilíbrio com todos eles."

Quase vinte anos após jogar futebol na faculdade e ser o jogador em melhor forma física, Bob sentiu os efeitos da carreira, que exigia muita atenção e longas horas. Sua vida fora do trabalho também era cheia de atividades em família concentradas ao redor de sua esposa e três filhas. Exercícios físicos foram deixados para trás e trocados por compromissos profissionais e pessoais, e ele se viu com 45 quilos acima de seu peso ideal. Ele podia sentir como aquilo esgotava sua energia e ameaçava sua capacidade de sobreviver, como executivo e pessoa física. Embora fosse um problema de saúde e um sintoma de outros desafios que ele estava enfrentando, Bob sabia que em algum momento teria de criar coragem e motivação para perder peso ou arriscar a encurtar sua vida e sacrificar tempo e experiências com as pessoas que amava profundamente.

Esse era um despertar claro do AEN de Bob, o instinto de sobrevivência. Mas a coach sabia que devia despertar também o AEP para que Bob tivesse esperança de seguir em frente com as mudanças que ele sabia que tinha de fazer. Por isso, a coach começou a pedir que Bob desenvolvesse sua visão para uma vida ideal (e trabalho) do futuro, dali a dez, quinze anos. Como Bob descreveu, era a primeira vez em sua carreira em que lhe foi pedido para focar "não apenas minhas habilidades no trabalho, mas, o mais importante, meu desenvolvimento pessoal como líder. Foi a primeira vez que senti que não tinha problemas de falar sobre mim no ambiente de trabalho."

Embora Bob soubesse que queria uma vida mais equilibrada no geral, ele decidiu começar se comprometendo a melhorar sua saúde física. Ele tinha ouvido falar sobre um bom personal trainer com quem seu amigo tinha aulas e o chamou no dia seguinte. O personal, assim como a coach do Bob, perguntou o que ele queria alcançar. "Eu quero ter uma vida longa e saudável com minha mulher e minhas três filhas, e quero conduzir minhas filhas em seus casamentos", ele disse. Também adicionou: "Quero participar da corrida de 10 quilômetros local". A esposa de Bob era corredora e normalmente ele a esperava na linha de chegada. Agora, ele queria correr com ela. Ele disse: "Também quero ser um bom exemplo. Eu quero perder 45 quilos!"

Nesse momento, Bob havia se juntado a milhões de outras pessoas ao redor do mundo. O crescimento da obesidade e a evidência da diabetes tipo 2 são epidemias tanto em países desenvolvidos quanto naqueles em desenvolvimento. Mas, no caso de Bob, sua necessidade por sobreviver, era guiada por uma visão pessoal clara e pelo apoio de um personal trainer e um coach executivo. Isso mudou seu prognóstico. Bob prosseguiu, alcançando algumas etapas importantes no ano seguinte. Ele estava malhando seis dias por semana, perdeu 48 quilos e terminou com sucesso a corrida de 10 quilômetros com a esposa. Sua nova energia era evidente a seus colaboradores e parceiros no trabalho. Ele era uma pessoa realmente mudada, e isso transpareceu. Seu primeiro coach do programa da Case Western Reserve, que interagiu com ele durante um ano, e outro coach interno do Fifth Third Bank, que começou a trabalhar com ele mais tarde, foram suas principais fontes de apoio. Como ele mesmo disse: "Eu nunca tive, após um programa executivo, um acompanhamento no coaching. Isso realmente criou uma responsabilidade... levando à empolgação e à paixão que se tem no próprio workshop e sustentando-o." O coach de Bob enfatizou a ideia de ser intencional a mudança. Então, Bob escrevia regularmente em um papel quais eram suas intenções. "Acredito muito em ter uma visão pessoal e equilíbrio pessoal anotados", dizia, "e eu os examino e melhoro constantemente."

O poder sustentável de evocar o AEP e a visão de Bob são evidentes agora, sete anos depois: ele não recuperou os quilos perdidos, malha regularmente com a esposa e continua a ver seu personal três vezes por semana. Bob ainda fala sobre os momentos de insight com seu coach e como desenvolver uma visão pessoal foi um ponto de virada empolgante em sua vida. Sua transição no trabalho foi igualmente impressionante. Bob é agora diretor de Recursos Humanos no banco, um emprego que ele sente estar mais alinhado com seus interesses e paixões — algo que ele se sentiu mais confiante em buscar, uma vez que enfrentou seus problemas de saúde e pôde visualizar um futuro mais positivo e com esperança. Ele queria levar seu entusiasmo e aumentar o comprometimento de todo o banco. Nesse novo papel, conseguiu colocar o colaborador, não a conformidade, no centro de todas as suas atividades, e as pessoas ao redor dele reagiram positivamente. AEP gera AEP!

Fazer mudanças que requerem autocontrole é estressante e, com frequência, isso esgota nossa reserva interna de energia.[6] Mas, às vezes, elas precisam ser feitas. "Mudar é difícil, e mudanças sustentáveis nem sempre são uma experiência positiva", é o que diz nossa amiga e colega Anita Howard. Em seu trabalho como coaching e pesquisa sobre coaching, ela está convencida de que o AEN é decisivo para uma transformação e crescimento bem-sucedidos.[7] Seu pai era um ministro (da igreja) proeminente e chefe da sede de Washington da Conferência da Liderança Cristã do Sul, e sua igreja foi uma base de operação importante para os esforços de promover igualdade racial nos Estados Unidos. Em muitas ocasiões, líderes de movimentos de direitos civis, como Martin Luther King Jr, Ralph Abernathy, Andrew Young, Jesse Jackson, A. Phillip Randolph, Bayard Rustin, John

Lewis e outros se reuniam em vários locais do país para discutir estratégias. Anita foi convidada para ouvir essas reuniões desde os 13 anos. Ela se lembra da sensação que essas conversas transmitiam; por exemplo, quando eles estavam planejando a Marcha de 1963 em Washington. "O que eu aprendi", ela disse, "foi que essas pessoas estavam existencialmente presas em paisagens do AEN por causa das ameaças e dos perigos de ser negro na América de Jim Crow, mas eram capazes de lidar com a tarefa intimidadora da mudança social, porque sempre se inspiraram em valores e crenças essenciais. Crença em Deus, crença na Constituição norte-americana, crença no humanismo, crença em que todas as crianças merecem um mundo melhor, independentemente de sua raça ou tribo. Era isso que inspirava seus planos estratégicos, suas abordagens e métodos sem violência." Embora o AEN tivesse um papel-chave nas reuniões que Anita testemunhava, ela disse que era a visão compartilhada que proporcionava o contexto e a força predominante para as mudanças continuarem.

Para entender mais sobre o AEN e como o AEP se encaixam, vejamos o que realmente acontece no cérebro quando os dois mecanismos são despertados.

A batalha em seu cérebro

Alguns anos atrás, a indústria digital começou a falar sobre o conceito de *mindshare*: quanto (ou que parte) de seu cérebro, do cérebro consciente, você está dedicando a uma coisa em particular? Os desenvolvedores de softwares, aplicativos móveis e videogames, claro, queriam maximizar a parte da mente do consumidor que estava focada em seus produtos. Era outra maneira de perguntar: no que você está prestando atenção ou focando? E isso leva a algo maior: que as pessoas podem trazer o poder de sua atenção para focar algo específico.

A pergunta é: você está focando a coisa certa? É isso que os melhores coaches orientam as pessoas a perguntarem a si mesmas. Por trás dessa pergunta, existe uma crescente aplicação de pesquisas usando neuroimagem e neurociência para esclarecer como nosso cérebro, de fato, captura a coisa "certa". Nosso amigo e colega próximo Anthony Jack liderou uma equipe de pesquisadores em seu Laboratório do Cérebro, Mente e Consciência na Case Western Reserve para documentar mais detalhadamente como nosso cérebro usa duas redes dominantes de neurônios. Na verdade, ele acredita que é melhor se referir a essas duas redes como *rede analítica* (RA) (historicamente, a *rede de tarefas positivas*) e *rede empática* (RE) (historicamente, a *rede de modo padrão*).[8]

Veremos como essas duas redes se relacionam ao que já aprendemos sobre AEP e AEN: quando o AEP de uma pessoa é estimulado por algum tipo de experiência ou orientação positiva, sua rede empática foi ativada desde o começo. Quando o AEN é ativado, por feedbacks negativos ou experiências desencorajadoras, é a rede analítica que foi ativada no começo da experiência.

Mas há também um terceiro componente que se encaixa nesse sistema, que aprendemos no Capítulo 4: *sistema de renovação* (tecnicamente, sistema nervoso parassimpático, SNP) *versus reação de estresse* (tecnicamente, sistema nervoso simpático, SNS). Esses dois estados, na maioria das vezes, andam juntos, então o SNP está geralmente associado à rede empática e o SNS está associado à rede analítica. Porém nem sempre estão juntos. Por exemplo, alguém pode se encontrar em uma reação de estresse do tipo lutar ou fugir e experimentar a ativação da rede empática (RE) ou da rede analítica (RA), dependendo de a situação pedir um pensamento analítico ou sentimentos e pensamentos empáticos. Do mesmo modo, pode estar em um estado de renovação (SNP) e experimentar a ativação empática ou analítica. Em nosso trabalho, estamos mais preocupados com um alinhamento específico do estado interno das pessoas, ou seja, como podemos despertar o AEP em nós mesmos e nos outros, incitando sentimentos positivos (*versus* negativo) enquanto simultaneamente ativamos a rede empática (*versus* rede analítica)? Podemos pensar nesses alinhamentos em termos de equações:

$$AEP = RE + SNP + \text{sentimentos positivos}$$
$$AEN = RA + SNS + \text{sentimentos negativos}$$

Graficamente, você pode ver isso descrito na Figura 5-1. Nela, o estado psicofisiológico de estar no AEP é a linha cheia oval no quadrante superior esquerdo. Imagine isso em três dimensões: o quadrante superior esquerdo está saindo da página em sua direção. Essa linha oval também descreve como o AEP pode ser brando (perto do centro ou do ponto de virada) ou intenso (em direção à borda externa da linha oval). Do mesmo modo, estar no AEN "é o verso da página" em três dimensões e no quadrante inferior direito mostrado pela linha oval pontilhada. Está atrás da superfície da página se afastando de você. Essa oval também descreve como o AEN pode ser brando (perto do centro ou do ponto de virada) ou intenso (em direção à borda externa da oval).

FIGURA 5-1

Atratores emocionais positivo e negativo na Teoria de Mudança Intencional

Despertar o AEP no cérebro muitas vezes é um processo triplo: (1) incita sentimentos positivos versus negativos; (2) ativa a rede empática (RE) versus a rede analítica (RA); e (3) desperta o sistema nervoso parassimpático (SNP) versus sistema nervoso simpático (SNS) do corpo.

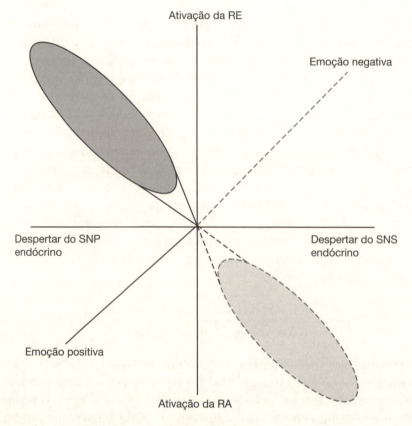

Fonte: Como mostrado em R. E. Boyatzis, K. Rochford e S. N. Taylor, "The Role of the Positive Emotional Attractor in Vision and Shared Vision: Toward Effective Leadership, Relationships, and Engagement", *Frontiers in Psychology* 6, artigo 670 (2015), doi:10.3389/fpsyg.2015.00670.

Como a pesquisa de Anthony Jack repetidamente mostrou, é importante que coaches entendam que as duas redes, analítica e empática, têm uma pequena parte em comum e são "antagônicas",[9] ou seja, elas se anulam. Se a rede analítica se ativa por qualquer razão, a rede empática da pessoa é anulada, pelo menos naquele determinado momento, e vice-versa. Então, em nosso exemplo no Capítulo 4 do momento embaraçoso que Richard teve com sua esposa, ele estava claramente na rede analítica, anulando sua rede empática (e impossibilitando-o de notar a esposa).

As duas redes têm papéis importantes, mas de modos radicalmente diferentes. Precisamos da rede analítica para resolver problemas, analisar coisas, tomar decisões e focar (isto é, limitar nossa percepção para direcionar a atenção para uma tarefa ou problema). Precisamos da rede empática para estarmos abertos a novas ideias e emoções e a outras pessoas, sondar o ambiente em busca de padrões ou tendências, assim como para as preocupações morais (ou seja, verdadeiramente entender a perspectiva das outras pessoas, não mais a atividade analítica de fazer julgamentos sobre o que está certo ou errado).

Por exemplo, quando um momento negativo e traumático acontece na vida (um desastre natural, um ataque cardíaco, ser despedido, seu cônjuge pedir o divórcio), às vezes chamamos isso de "toque de despertar".[10] Entretanto, na verdade, essas coisas tendem a despertar predominantemente nossa reação de estresse e nos empurra para o AEN, onde ficamos desmotivados para criar uma mudança, mesmo que seja muitíssimo necessária. Nossa mente reage na defensiva e começa a se fechar. Como descrevemos anteriormente, com frequência as pessoas (alguns coaches, mas também gerentes, pais, médicos e professores) tentam motivar os outros aumentando a pressão e dando um feedback negativo. No processo, elas causam ansiedade e estresse na outra pessoa, mas não costumam motivar mudanças ou aprendizado de uma maneira que dure além de um curto prazo.

No entanto, existem momentos em que o toque de despertar serve como uma força eletrizante para a mudança em algumas pessoas. Isso acontece quando uma experiência negativa não é apenas traumática, mas também resulta na pessoa fazendo um balanço de seus valores e se comprometendo com algo significativo e positivo na vida. Por exemplo, depois de um desastre natural, você pode ter o desejo de passar mais tempo com sua família. Pode perceber que responder a dúzias de e-mails ou trabalhar algumas horas a mais não trará mais significado a sua vida. Se a experiência despertar esse tipo de senso positivo de propósito ou lembrar de valores essenciais, então o toque de despertar ativou sua rede empática e converteu-se em um momento AEP, gerando uma visão positiva do futuro.

Pesquisa em destaque

A pesquisa citada nas notas finais de Anthony Jack e seus colegas mostra:

1. Quando as pessoas se envolvem com tarefas analíticas, como finanças, engenharia, TI ou problemas de física, elas ativam a rede analítica em seu cérebro. A rede analítica capacita a pessoa a focar, solucionar um problema, tomar uma decisão e uma ação, mas fecha a pessoa para perceber novas ideias, possibilidades e outras pessoas.

2. Quando as pessoas se envolvem com tarefas sociais e pensamentos empáticos, como ajudar outra pessoa, escutar efetivamente para entender, debater com outras pessoas ou pedem ajuda a alguém, ativam a rede empática em seu cérebro. A rede empática capacita a pessoa a estar mais aberta a novas ideias, pessoas, emoções, a sintonizar com outras pessoas e razões morais, mas também deixa as pessoas abertas a distrações e menos preparadas para agir de imediato.

3. As redes empática e analítica são, no todo, independentes e, em qualquer momento, elas se eliminam. Mas, como profissionais, gerentes e líderes, precisamos usar as duas, redes empática e analítica, para sermos mais eficazes. A chave é como fazemos um rodízio entre essas redes. Uma oscilação equilibrada entre as redes está associada a um alto QI, uma adaptação psicológica saudável e um desempenho superior.

Note que, como os dois domínios são importantes para nosso trabalho e comportamento de vida, mas também se eliminam um ao outro, acreditamos que coaches eficazes e outros apoiadores fazem um rodízio entre as redes empática e analítica.[11] Eles podem fazer isso rapidamente, provavelmente em menos de um segundo. O tempo de rodízio pode ser maior ou menor, dependendo da atividade envolvida. Também acreditamos que os melhores coaches são exímios em combinar uma situação específica com a rede no cérebro da pessoa que desejam ajudar, ativando a rede mais apropriada ou necessária naquela situação.

Por exemplo, os dois domínios foram relacionados a diferentes estilos de aprendizado.[12] Pessoas com preferência por uma concepção abstrata em seu processo de aprendizado podem estar ativando a rede analítica com mais frequência.[13] Em contraste, a preferência por experiências concretas em um estilo de aprendizado está associada à ativação do empático. Ainda não sabemos se a ativação mais frequente ou intensa da rede analítica é resultado de treinamentos, socialização, cultura organizacional ou disposição individual. Por exemplo, o momento entre Richard e sua esposa foi um de vários em que ele estava tão absorto na tarefa analítica, que ficou praticamente cego às pessoas a seu redor. Ele relaciona isso a seus anos de treinamento como cientista, primeiro na aeronáutica e astronáutica, mais tarde como pesquisador em psicologia — tudo contribui para sua "disposição para ser nerd e analítico", ele diz.

A maioria do trabalho feito nas empresas atuais, com ou sem fins lucrativos, parece focar a ativação do analítico por causa da ênfase em orçamentos, soluções de problemas, quadros informativos, indicadores e analises. Temos observado que a pessoa que repetidamente usa a rede analítica, e é boa nisso, acaba recebendo ainda mais tarefas analíticas. E não leva muito tempo para uma subcultura se desenvolver em um departamento. As pessoas que estão nesse grupo começam a ver a RA como a abordagem mais relevante e de mais ajuda para qualquer situação. Elas se fecham em um grupo de analíticos. Outra dimensão para essa preocupação com uma rede, nesse caso a analítica e os analíticos, é que pode levar algumas empresas a um tipo de objetivação das pessoas (ex.: referir-se às pessoas como "capital humano para ser utilizado ou maximizado").[14]

Como a RA inibe ou limita a abertura a novas ideias, a pessoa que está sendo orientada para seu AEN (ex.: ser orientada para atender certas exigências do emprego) talvez faça um elogio ao coach por educação. Em empresas, esse foco na RA, quando combinado com certo orgulho e corporativismo, pode evoluir para uma *negligência na competição*, em que mudanças-chave no setor são perdidas por causa da falta de atenção nos concorrentes.[16] Já no nível individual, isso se manifesta como uma relutância em mudar, adaptar e aprender.

Insights do estudo de neurociência do coaching

Richard Boyatzis e Anthony Jack, da Case Western Reserve University, decidiram verificar se eles poderiam explicar o mecanismo neural do AEP *versus* AEN por meio da experiência de coaching.[15] Eles queriam ver se as partes do cérebro e as redes que eles achavam que estavam mais "abertas" também ficavam ativadas em conversas com um coach que evocava experiências no AEP, contrastando com um coach que evoca experiências no AEN. Eles tinham dois coaches experientes em torno dos 35 anos aplicando coaching em estudantes do segundo ano da universidade (19 e 22 anos). Dez dos voluntários no estudo eram homens, e 10 eram mulheres.

Uma vez que concordaram em participar do estudo, os voluntários tinham uma conversa de coaching por trinta minutos com um dos dois coaches. E, no dia seguinte, conversavam com outro coach. Um usava a abordagem do AEP, e o outro, a abordagem do AEN. Qual coach fazia o AEP era determinado por uma tabela de números aleatórios para evitar qualquer distorção implícita. Da mesma forma, também era determinado por uma tabela de números aleatórios se o estudante faria o coaching com o AEP primeiro e depois o coaching com o AEN.

Durante o coaching com o AEP, uma pergunta era feita ao estudante: "Se sua vida fosse perfeita daqui há dez anos, como seria?" Então o coach fazia algumas perguntas esclarecedoras. Durante os trinta minutos do coaching com o AEN, quatro perguntas costumavam ser feitas: "Como você está indo nos cursos? Está fazendo todas as tarefas? Está fazendo todas as leituras? Tem tempo suficiente com seu instrutor?" Não eram perguntas particularmente negativas, e, de fato, muitos observaram que eram os tipos de perguntas que pais e professores fazem com frequência. Mas classificamos essas perguntas como sendo AEN porque costumam evocar sentimentos de culpa, inadequação e frustração nos estudantes.

Após cada sessão de coaching, os estudantes confirmavam que eles viam as pessoas que fizeram o coaching com o AEP como sendo "inspiradoras" e "cuidadosas". E viam o coach que fez a sessão com o AEN os fazer se sentirem culpados e autoconscientes. Três a cinco dias mais tarde, cada estudante apareceu no Laboratório do Cérebro, Mente e Consciência do professor Jack e foi colocado na máquina de imagem por ressonância magnética (um método que revela como partes diferentes do cérebro são ativadas). As atividades neurais foram escaneadas enquanto eles eram expostos a 96 vídeos curtos (de 8 a 2 segundos). Cada vídeo mostrava um dos coaches fazendo afirmações que eram inerentes ao AEP, ao AEN ou neutras. Por exemplo, uma afirmação do AEP era: "Caso você se forme na Case, terá as ferramentas para contribuir positivamente em sua empresa." Já uma afirmação do AEN era: "Geralmente, você tem pouco tempo para se divertir enquanto está aqui na Case." Agora uma afirmação neutra: "Você está aprendendo na Case."

Quando o coach que estava na sessão AEP fazia afirmações nos vídeos que eram positivas (AEP), várias regiões do cérebro associadas ao funcionamento da rede empática eram ativadas nos estudantes (por ex., núcleo accumbens, córtex orbitofrontal e córtex cingulado posterior). Quando as afirmações nos vídeos eram feitas pelo coach que estava na sessão do AEN e eram negativas (AEN), algumas regiões do cérebro associadas à rede analítica eram ativadas. Mas a descoberta mais profunda foi a de que o AEP estava fortemente associado à ativação do córtex visual lateral, uma área-chave no cérebro envolvida na imaginação das coisas. O que significa que o coaching com compaixão baseado no AEP, mesmo que por trinta minutos, ajudava a ativar áreas do cérebro com os benefícios de serem mais abertas a novas ideias, mudanças e aprendizado. Enquanto isso, trinta minutos de coaching com conformidade baseado no AEN tendiam a ativar áreas do cérebro que resultam em estreitamento, foco no pensamento e uma experiência defensiva.

Assim como precisamos do AEP e do AEN, também precisamos das duas redes neurais. Se passamos muito tempo no empático, podemos nos tornar distraídos e fazer menos progresso em direção a objetivos específicos; se passamos tempo excessivo na RA, arriscamos fazer algum tipo de transgressão moral. Não é que a pessoa ache que está fazendo algo "ruim", mesmo porque ela sabe a diferença entre certo e errado, mas é que ela ignora a possibilidade de estar sendo injusta porque está muito focada. Por exemplo, tomar decisões que são adequadas em termos de análise de orçamento, mas que ainda não são as melhores para a empresa em longo prazo. Precisamos da RE para entender as coisas do ponto de vista das outras pessoas e reconhecer como uma decisão potencial impactará a confiança e os relacionamentos.[17]

Como coaches (gerentes, professores, instrutores, clérigos ou outros apoiadores), precisamos ativar a RE logo no começo do processo para ajudar a pessoa a ficar mais aberta a novas ideias e à possibilidade de mudança. Isso também ajuda a pessoa a entrar no estado do AEP, que se torna um ponto de virada para as cinco descobertas de uma mudança sustentável (Teoria de Mudança Intencional de Boyatzis), como descrevemos no Capítulo 3.

Para obter mais detalhes entre o coaching com AEP versus AEN, veja o tópico "Insights do estudo de neurociência do coaching". Também, no Capítulo 7, apresentamos explicações adicionais de como aumentar a qualidade positiva das pessoas em um relacionamento de coaching.

Mais do que sobreviver, prosperar

Se buscarmos a vida como uma série de desafios do AEN, talvez ganhemos ponto por perseverarmos e sermos durões, mas a sustentabilidade dos esforços de mudança e aprendizado provavelmente será curta. A vida se torna uma tarefa, e fazemos as tarefas apenas enquanto somos obrigados. Então, precisamos encontrar meios de explorar as emoções positivas (ou seja o AEP, portanto, a rede empática e o SNP) com a maior frequência possível.

Foi o que Mary Tuuk conseguiu fazer. As incursões repetidas no AEP a conduziram a novos patamares na vida e no trabalho. Mas nem sempre foi assim.

Quando ela começou a trabalhar como coach, Mary (como Bob Shaffer) era uma executiva de um dos principais bancos norte-americanos na região Centro-Oeste. Como diretora de Risco, ela ajudou a direcionar o banco durante a confusão da crise financeira e do reembolso de dinheiro da ajuda federal. A carreira de Mary em gerenciamento de riscos era recompensadora, mas ela sabia que queria algo mais.

Interagindo com um coach, Mary teve a oportunidade de contemplar sua vida e seu trabalho ideal dentro de dez a quinze anos. Conforme ela removia as camadas das expectativas, tradições dos outros e a carreira fechada em gerenciamento de riscos, criava uma imagem empolgante dela mesma como sendo algo mais: uma executiva de linha responsável por demonstração de lucros e perdas (ou seja, uma posição de gestão geral). Mas ela também queria dar mais atenção a sua vida pessoal. Ela queria passar mais tempo cantando e visitar com mais frequência a mãe, que já era idosa. Conforme debatia sobre essas visões com seu coach executivo, mais e mais ideias chegavam a sua mente. Estar no modo AEP a deixava mais aberta a novas possibilidades, e sua empolgação cresceu.

Quando ela compartilhou seus sonhos com o CEO, ele a escutou atentamente e tomou conhecimento de seu desejo de crescimento e mudança no banco. Ele sabia que o bacharelado em direito e dezesseis anos trabalhando no banco tinham preparado Mary para um papel funcional mais importante e decidiu promovê-la para ser presidente de uma filial do banco em Grand Rapids, Michigan. E fez isso mesmo sabendo que essas responsabilidades eram, de fato, para um diretor-executivo. Mas o CEO pensou que esse emprego seria a oportunidade perfeita e um desafio para Mary. Ela teria de alavancar e refinar todos os seus talentos.

Avançando para um ano mais tarde, os resultados foram impressionantes. Mary estava impulsionando o banco para novos níveis de renda, lucros e crescimento. Como presidente, ela tinha um banco comercial e de varejo, com empréstimos ao consumidor e serviços de consultoria de investimentos subordinados a ela. Ela também comprou uma casa em um condomínio em um lago no oeste de Michigan, que ela visitava frequentemente para estar mais perto da natureza e "recarregar as baterias", e encontrou uma maneira de desenvolver e compartilhar seu amor por música e canto; começou a cantar regularmente em vários coros de igreja. Então, em maio de 2012, na localidade de River Run, ela quebrou o estereótipo de presidente de banco e cantou o Hino Nacional dos EUA para aproximadamente 40 mil espectadores e, também, para 20 mil corredores que participavam da corrida comunitária patrocinada pelo banco.

Como natural do Michigan, Mary logo abraçou sua nova comunidade no oeste desse estado. Ela agora ajuda vários conselhos diretórios e se vê como líder comunitária. Ela também trabalha para empoderar as mulheres em negócios, outra prioridade de sua visão pessoal do futuro desenvolvida com sua coach, criando um programa (Young Women's Business Institute, ou Instituto de Negócios para Jovens Mulheres, em tradução livre) na Calvin College em Grand Rapids. E qual é o propósito do instituto? Mary disse: "Ajudar jovens mulheres a visualizar uma carreira nos negócios e sonhar grande." O programa traz estudantes do ensino médio para o câmpus e facilita a troca de informações com líderes de negócios da comunidade.

A história de Mary deu outra reviravolta quando a mãe ficou doente e precisou dela. Como Mary disse: "Quantas vezes temos a chance de reverter os papéis e ajudar nossa mãe?" Com sua visão pessoal em mente, ela deixou o banco para passar mais tempo com a mãe, algo que era importante para as duas, e isso viabilizou o contato de Mary com outros familiares.

Mais tarde, Mary conseguiu um emprego em um tipo de empresa bem diferente, na Meijer Inc., uma megaloja varejista que é um negócio de família, com fortes aspirações de crescimento em seis estados dos EUA e na Ásia. Apesar de no início ela ocupar o cargo de diretora-executiva de Conformidade, agora ela também é vice-presidente sênior de Propriedades e Imóveis. Esses cargos permitem que ela aprenda mais sobre o negócio e foque a cadeia de suprimentos (*supply chain*) e fornecedores. Mary adora as equipes multifuncionais, às quais pode acrescentar mais valores e descobrir que tem um papel significativo e profundo.

Mary continuou seu trabalho com mentoramento interno e o programa do Young Women's Business Institute, que terá seu sexto evento anual em Michigan. Ela sente que está vivendo uma vida completamente diferente daquela de antes de desenvolver uma visão pessoal dela mesma, encontrando, assim, um verdadeiro significado para sua vida. A música é uma parte-chave disso tudo e, recentemente, Mary aceitou o cargo de presidente e CEO da Sinfonia de Grand Rapids, além de seu trabalho regular na

Meijer Inc. É evidente que ela está mais do que simplesmente sobrevivendo; está prosperando de verdade na vida e no trabalho, e para chegar a esse ponto, teve de encontrar seu eu ideal.

Conseguir o equilíbrio correto

Como mostram as histórias de Bob e Mary, os coaches podem ajudar as pessoas a encontrarem o melhor equilíbrio entre a ativação do AEP e do AEN. Esse vai e volta no cérebro é extremamente importante. As ativações repetidas do nosso AEN resultam em um enfraquecimento cognitivo, emocional e de percepção.[18] Como as pesquisas mostraram, precisamos do AEN. Mas, junto com ele, há o aumento da reação de estresse no corpo (o sistema nervoso simpático, SNS). Casos irritantes, como alguém te cortar no trânsito ou cair uma ligação de seu celular, ativarão o SNS. Nesse momento, você estará menos criativo, experimentará mais dificuldades em tarefas complexas e reduzirá seu campo de visão a um arco estreito (desse modo, não vendo as pessoas a seu redor e perdendo muitas coisas que estão acontecendo por perto).[19] Ou, como disse um amigo, um executivo que teve uma carreira longa na engenharia: no estado AEN/SNS, ele via as "pessoas como plataformas de problemas".

Por boas razões ecológicas, fomos feitos de uma forma que as emoções negativas são mais fortes que as positivas.[20] É difícil buscar por sucesso e prosperidade se você está prestes a ser devorado ou morrer. Mas, uma vez que nossa sobrevivência de alguma forma esteja estabelecida e talvez garantida por um tempo, temos uma escolha: podemos viver nossa vida focados nas experiências negativas que podem acontecer (o que o Facebook ou Twitter mostrará sobre mim?) ou podemos nos direcionar para o AEP.

Um filósofo grego antigo, Kleovoulos, um dos Sete Sábios, disse que deveríamos experimentar as coisas em equilíbrio — nada em excesso.[21] Reflita por um momento. Quando pensa na última vez em que alguém disse algo crítico sobre como você estava se vestindo, você pensou sobre isso por alguns dias, semanas, meses? Talvez isso ainda te incomode. Em contraste, quando alguém diz que você está ótimo, você continua a pensar sobre isso por dias, semanas ou meses? Provavelmente, não. Como conseguir o equilíbrio se as emoções negativas são mais fortes?

Uma colega criativa, Bárbara Fredrickson, desenvolveu o *índice da positividade*. Ela e seus colegas realizaram vários estudos de pesquisas bem elaborados que mostram que ter mais sentimentos positivos do que negativos é bom para o funcionamento no trabalho e em casa. Uma parte inicial de seu trabalho sugeriu um índice desejado de 3 para 1 em equipes. A matemática desse artigo foi alvo de críticas, mas não pôs em risco o fundamento de ser mais positivo do que negativo. Seu estudo seguinte mostrou como um índice da positividade alto leva a uma saúde melhor (um sistema imunológico melhor), um melhor desempenho cognitivo e melhores experiências sociais.[22]

Na esfera íntima do casamento, John Gottman e seus colegas passaram mais de cinquenta anos estudando casais estáveis e amorosos. Eles descobriram que um índice de 5 para 1 entre o AEP e AEN é necessário para um casamento prosperar. Para nós que somos casados, é uma meta difícil![23]

Em outro estudo de imagem de ressonância magnética sobre o impacto do coaching com AEP *versus* AEN, vimos quanto de AEP seria suficiente para claramente ativar o SNP e os sistemas renovadores.[24] Descobrimos que duas sessões de coaching com AEP para uma sessão baseada em AEN ativaram fortemente o córtex pré-frontal medial ventral, que é a parte do cérebro que ativa diretamente o SNP.[25]

Claro, o índice específico para alcançar um equilíbrio desejado dependeria dos acontecimentos na vida e no trabalho, e do estado de humor da pessoa. Enquanto uns afirmam que o equilíbrio entre vida e trabalho (ou família e trabalho) é um objetivo crucial, acreditamos que isso seja mais uma aspiração. Ninguém chegou lá, mas é importante manter isso em mente e continuar equilibrando suas atividades e o uso de tempo e energia. O coaching com AEP pode ajudar, independentemente se você é a pessoa em processo de coach ou se é o próprio coach/apoiador.

Precisamos do AEP mais do que acreditamos. Muitos de nós toleramos ambientes e relacionamentos negativos; infelizmente, temos de conviver com isso. Pesquisas nos estados descritos pelo AEP e AEN sugerem que, para uma mudança sustentável, a pessoa precisa estar no AEP de duas a cinco vezes mais do que esteve no AEN.[26]

Por exemplo, quando usamos feedbacks baseados em dados, como resultado do feedback de 360°, mostrar gráficos, dados ou relatórios normalmente fará com que a pessoa foque lacunas, pontos fracos ou comentários negativos. Conforme a pessoa tenta analisar a situação, ativa-se a rede analítica e, conforme ela reage de maneira defensiva, ativa-se o AEN. Nesse ponto do processo, a pessoa vai se tornando incrivelmente fechada a novas possibilidades. Mesmo que admita a importância do feedback, a sustentabilidade de qualquer esforço é diminuída por causa do estresse e da tensão adicionados.

Por outro lado, focar a visão pessoal *antes* de ouvir qualquer feedback (ex., o feedback de 360°) aumenta a chance de criar um contexto positivo e fortemente desejado para os comentários; ou seja, o contexto deve ser sua visão e sonhos. Nossos amigos próximos e colegas da ESADE em Barcelona, professores Joan Manuel Batista, Letícia Mosteo e Ricard Servalos, demonstraram que os estudantes de MBA entre 25 e 35 anos melhoram suas visões pessoais de forma substancial, assim como seus comportamentos de inteligências emocional e social, como resultado de um curso focado em suas visões pessoais *versus* outras abordagens mais tradicionais que focam corrigir fraquezas que aparecem em feedbacks de várias fontes, incluindo o feedback de 360°.[27] Mas, mesmo ao ajudar as pessoas a entenderem o feedback de 360°, o coach primeiramente deve focar os pontos fortes delas, para enfatizar ainda mais o estado do AEP e mantê-lo o máximo possível. Então, debater sobre os pontos fracos e lacunas no contexto de suas visões e sonhos, e os pontos fortes, torna-se um aspecto útil da RA.

Renovação e estresse

Como mostramos, quando aplicamos o coaching em alguém para mudanças sustentáveis, o coach (gerente, professor, pais, clérigos, médicos) deve administrar o equilíbrio das pessoas entre o AEP e o AEN. Isso inclui um malabarismo sutil: administrar o equilíbrio do estresse e do antiestresse ou da renovação. Assim como o AEP e o AEN, o desejado é ter um ciclo frequente entre essas duas experiências. A reação de estresse no corpo (SNS) faz parte do AEN, e a renovação do corpo (SNP) faz parte do AEP. Precisamos do estresse não apenas para a sobrevivência, mas também para nos ajudar a focar e estreitar nossa visão quando é necessário. O dilema é que, no mundo de hoje, nossa dose de estresse é alta. A maioria dos estresses é secundária, mas eles são persistentes e em grandes quantidades.

Exemplos: esquecer que essa manhã era a nossa vez de fazer o transporte solidário ou perder um e-mail que fala sobre a mudança no horário das reuniões, e assim por diante. Quando é acrescentado um estresse grave ocasional de um problema maior no trabalho ou em casa, isso nos empurra para o mundo do estresse e tensão crônicos, o que é ruim para nós e para as pessoas a nosso redor.

Coaches, gerentes e outros apoiadores podem guiar as pessoas no processo de coaching para equilibrarem o estresse e a renovação, mas também precisam prepará-las para que elas mesmas lidem com esse equilíbrio no dia a dia. Tanto Mary quanto Bob estavam prontos para desenvolverem novos hábitos de renovação sustentável com a ajuda do coach. Eles aprenderam a se preparar para os momentos inevitáveis de estresse, assim como a dar a eles mesmos o antídoto para as experiências estressantes por meio de atividades de renovação, por exemplo, meditação, exercícios moderados, ioga, rezar para um Deus amoroso, ser esperançoso em relação ao futuro, estar com alguém que se ama, cuidar daqueles menos afortunados ou dos mais velhos, brincar com um cachorro ou gato, dar risada e ter bom humor, e andar na natureza.[28] Esses são os tipos de experiências ou atividades que podem fazer uma mudança em nosso corpo, despertar o SNP e, com sorte, o AEP.

A maioria de nós sabe quando estamos aborrecidos, frustrados, com raiva, magoados ou qualquer experiência correlacionada ao estresse induzido ou ao SNS. Mas poucos de nós sabem como é se sentir em um momento de renovação, já que esse momento é facilmente confundido com repouso, relaxamento ou tédio. É aí que a prática de mindfulness pode ajudar (veja no Capítulo 7 sobre estar presente e atento aos outros). Treinar para reconhecer quando sentimos ou vemos momentos de renovação (assistir ao pôr do sol, brincar com um cachorro), então nos permitir estar presentes, ajuda a manter aquele o equilíbrio tão importante entre o estresse e a renovação. Variedade e mudança também ajudam.

Variedade é mais do que o tempero da vida

Um das razões para Bob Shaffer ter ficado com excesso de peso, nada saudável, e fora de forma foi porque, com os anos, ele desenvolveu hábitos que transformaram o estresse em uma condição séria que cria ainda mais estresse. Comer fast-food porque não temos tempo para preparar nossa comida e sentarmos à mesa é um exemplo de hábito que muitas pessoas relacionam ao estresse. Também a qualidade da comida que consumimos tem um papel no valor nutricional do que abastece nosso corpo. Comer em excesso é, com frequência, uma reação ao estresse. Procuramos conforto na sensação de estômago cheio e prazer em certos sabores e texturas. Às vezes, o processo de comer nos distrai e dá um momento de alívio das coisas que nos assustam e perseguem.

Qualquer tipo de vício segue o mesmo caminho. Demonstrou-se que beber com exagero é um resultado de se sentir relativamente mais fraco.[29] Procuramos alívio e relaxamento na bebida. Por vezes, procuramos mais relaxamento e, então, bebemos duas ou três doses. Assim que desenvolvemos o hábito de beber sempre que nos sentimos estressados, esse hábito se torna associado a outras sensações. Por exemplo, ex-fumantes de cigarro com frequência dizem que ainda sentem vontade de fumar após o jantar ou quando tomam um café. Isso é o reconhecimento de um hábito ou de um vício. Pode começar como um vício de comportamento — a ação nos ajuda. Com o tempo, quando substâncias químicas, como a cafeína, cigarro ou o álcool, estão envolvidas, começamos a experimentar mudanças psicofisiológicas. Agora os hábitos não são mais um momento de prazer. Começamos a esperar por eles e, então, precisar deles.

Se a pessoa está lutando contra um vício ou tentando meramente melhorar seu desempenho, substituir um hábito por outro pior, ou menos eficaz, é um grande erro, pois recria as condições que a pessoa está tentando mudar. Em círculos de tratamentos para vícios, chamamos isso de *substituição de vícios*.

A variedade, ao que se constata, realmente ajuda. Estar à vontade para usar uma variedade de atividades de renovação é um potente antídoto para combater o estresse crônico ou irritante.[30] Bob Shaffer teve sucesso em sustentar suas mudanças porque ele se envolveu com momentos de renovação por meio de exercícios físicos constantes e moderados, participando de eventos divertidos com a esposa, como correr, mudando seus hábitos alimentares e sua rotina, e até mesmo mudando sua atitude no trabalho. Mary Tuuk fez o mesmo. Envolveu-se em coisas como construir relacionamentos com a comunidade do banco, cantar, passar um tempo com sua mãe e amigos, e ensinar mulheres a fazerem mudanças de carreiras positivas.

Então, a variedade é importante, assim como sua dosagem. Companhias farmacêuticas se preocupam com as dosagens. Nossos médicos se preocupam com a dosagem correta ou a melhor. O mesmo se aplica às atividades de renovação. Por exemplo, estudos mostram que, se você passar sessenta minutos, em um dia, malhando como uma atividade de renovação, sua batalha para reverter os efeitos do estresse seria melhor se fosse dividida em quatro atividades de quinze minutos.[31] Exemplos: quinze minutos para falar com amigos sobre a vida, quinze minutos de respiração, de meditação ou de exercícios de ioga, quinze minutos para brincar com seu filho ou cachorro (gato), quinze minutos de risadas e brincadeiras com amigos e família. Claro que não estamos dizendo que você não deva se exercitar (a verdade é que você precisa de mais do que sessenta minutos de renovação em um dia típico e durante a semana), mas isso é um bom exemplo de como doses menores, em termos de tempo e episódios mais frequentes de atividades de renovação, são melhores do que doses longas e menos frequentes. Usar uma variedade de atividades de renovação é melhor do que usar a mesma uma ou duas vezes repetidamente.

Agora que explicamos os processos básicos do que acontece com nosso corpo e nossa mente, podemos ser mais específicos sobre o que um coach ou apoiador pode fazer para levar uma pessoa com mais frequência para o AEP. No Capítulo 6, exploraremos como criar um contexto positivo para seu futuro, um sonho e visão pessoal, pode ajudar a sustentar a mudança e o aprendizado.

Pontos-chave do aprendizado

1. Para sustentar uma mudança ou um processo de aprendizado, a pessoa precisa estar no AEP em um ciclo regular duas ou cinco vezes mais frequentes do que estar no AEN.

2. Atividades de renovação em doses menores, em termos de tempo e episódios mais frequentes, são melhores do que doses longas e menos frequentes.

3. Renovar usando uma variedade de atividades é melhor do que usar apenas uma ou duas repetidamente.

4. O AEP nos capacita a prosperar ativando hormônios renovadores que aliviam o estresse e que produzem sentimentos de segurança, esperança e até alegria. O AEN nos ajuda a sobreviver, ativando nossa reação hormonal de estresse diante de uma ameaça, conhecida como lute, corra ou congele.

5. Nosso cérebro usa duas redes dominantes de neurônios relativas a aprender e mudar: a *rede analítica* (RA) e a *rede empática* (RE). Precisamos da RA para resolver problemas, analisar coisas, tomar decisões e focar, e da RE para estar abertos a novas ideias, sondar nosso ambiente buscando padrões e tendências, e ficar mais abertos a outras pessoas e a suas emoções, assim como a preocupações morais. Precisamos das duas redes. Como elas são antagônicas e se anulam, precisamos também equilibrar o tempo gasto em cada uma delas.

Reflexão e exercícios práticos

Volte ao exercício do Capítulo 4. Quais experiências ou atividades do AEN você pode evitar, minimizar ou eliminar de sua vida e de seu trabalho? Quais atividades ou experiências do AEP você pode fazer mais durante cada semana, com mais frequência ou com uma duração maior? Se tivesse tempo, quais atividades ou experiências de AEP novas e diferentes você tentaria adicionar a sua vida?

Guia de conversação

1. Debata com amigos ou colegas como a maioria das pessoas não sente ter o melhor equilíbrio entre trabalho e vida. Como são as experiências das pessoas, iguais ou diferentes? Como você pode chegar mais próximo de ter o equilíbrio desejado? O que os outros diriam sobre sua habilidade em administrar esse equilíbrio?

2. Após rever cada dia da semana anterior, descreva para outras pessoas quantos momentos AEP e AEN você teve a cada dia. Você ou as pessoas viram algum padrão em suas observações?

3. No debate anterior, explore quais atividades de renovação você costuma fazer a cada semana e quando. Quantos momentos AEP e AEN duraram mais do que quinze minutos? Quais atividades de renovação você poderia adicionar a seu dia ou semana que requerem uma interrupção mínima em suas atividades ou obrigações?

CAPÍTULO 6

O poder da visão pessoal

Sonhos, não apenas metas

Uma visão pessoal clara e convincente pode transformar sua vida. Em 2013, Diana Nyad, aos 64 anos, foi a primeira pessoa confirmada a chegar ao final dos 166 quilômetros a nado de Cuba até a Florida. Aquela era sua quinta e última tentativa, ela não terminou as quatro travessias anteriores desde sua primeira tentativa, em 1978. Em uma entrevista à CNN após sua conquista histórica, ela descreveu sua motivação: 35 anos antes, ela teve o sonho de fazer essa travessia — algo que ninguém tinha feito antes — e, toda vez, alguma coisa a impedia que alcançasse essa meta.

"Mas você segue com a vida", ela disse, "faz 60 anos, sua mãe morre e você fica procurando por algo. Então, o sonho é despertado por sua imaginação."[1]

Sonhos que estão conectados a valores que estimamos, nossas paixões e propósitos na vida estão sempre presentes. Eles talvez fiquem em segundo plano, atrás dos deveres e das responsabilidades na vida. Talvez tenham sido empurrados para o fundo de um armário metafórico por anos. Porém eles nunca morrem de verdade. O que abasteceu a resiliência, coragem e a incrível ambição de Diana Nyad foram as sementes de um sonho empolgante que ela teve a seus 20 e poucos anos e que carregava um significado pessoal e preenchia um propósito profundo para ela até seus 60 anos.

Ajudar as pessoas a identificar suas visões pessoais (que chamamos de *coaching para visão*) as permite lembrar seus sonhos antigos e oferece uma plataforma da qual os sonhos possam levantar voo e se tornar realidade. Sabemos a partir de pesquisas psicológicas de esporte, meditação e biofeedback que poderemos conseguir comprometimento emocional se dermos vida aos sonhos. Uma visão pessoal convincente transforma propósito em ação, traz ordem ao caos, dá confiança e nos conduz à realização de um futuro desejado.

Neste livro, descrevemos que descobrir essa visão desencadeia emoções positivas nas pessoas, assim como ocorre no relacionamento de coaching (ou em qualquer relacionamento em que uma pessoa está tentando ajudar a outra). É tão poderoso e importante que é essencial para levar as pessoas a pensar mais aberta e profundamente, a se conectar com quem elas são de verdade em seu íntimo e, por último, promover um aprendizado e uma mudança duradoura. Com este capítulo, exploraremos a visão pessoal a fundo e discutiremos meios de ajudar as pessoas a aproveitá-la. Descreveremos pesquisas mostrando que a descoberta e o desenvolvimento de tais visões são a maneira mais poderosa — neurológica e emocionalmente — de ativar o AEP e ajudar as pessoas a se abrirem a possibilidades na vida e no trabalho. Mas, primeiro, vejamos o que é visão pessoal e o que não é.

Sonhos, não apenas metas

A visão de uma pessoa é a imagem que ela faz de um futuro possível. Não é uma meta ou uma estratégia. Não consiste em ações nem obrigações. Não é uma previsão de como poderia ser. É um sonho! Enquanto o coaching por desempenho enfatiza feedbacks como forma de intervenção, o coaching baseado na visão enfatiza o descobrimento e a expressão de eu ideal dos coachees como uma âncora, para que haja comprometimento ou relacionamento. O eu ideal dá forma e cor ao que é desejado e preciso para a pessoa ser seu melhor.

Em suma, visão pessoal é uma expressão de um futuro ideal e do eu ideal das pessoas. Ela abrange sonhos, valores, paixões, propósitos, percepção de vocação e identidade essencial.[2] Representa não apenas o que a pessoa deseja *fazer*, mas também quem ela deseja *ser*.

Pensar em qualquer um dos aspectos da visão pessoal pode, às vezes, ser uma experiência completamente nova ou até mesmo desconfortável no início, porque o convite à introspecção pode representar um território desconhecido. Durante nossa vida, na maioria das vezes, somos perguntados sobre o que queremos fazer, e não sobre que tipo de pessoa desejamos ser ou que tipo de vida desejamos levar. Isso começa como uma brincadeira com crianças pequenas e no jardim de infância, que são perguntadas por pais, professores e babás bem-intencionados: "O que você vai ser quando crescer?" As crianças se divertem vestindo fantasias para parecer e agir como a pessoa que ela gostaria de ser quando crescer — médico, bombeiro, bailarina, enfermeira, policial e assim por diante.

Quando as crianças ficam mais velhas, elas leem sobre as diferentes carreiras, vão para excursões de campo e escutam os amigos dos pais falarem sobre seus trabalhos. Todas essas experiências ajudam a começar a descobrir o que talvez elas queiram fazer na vida. No ensino médio, com frequência os estudantes são perguntados: "Qual faculdade você quer fazer?" Quando se está na faculdade, somos treinados para responder a uma questão inevitável dos entrevistadores: "O que você quer fazer depois de se formar?" Mais tarde, nas empresas, superiores e gerentes do departamento pessoal, de forma bem-intencionada, perguntam para seus colaboradores: "Como você contribuirá para a empresa nos próximos anos?"

Evidentemente, ficamos práticos em responder perguntas sobre o que queremos *fazer*, mas tendemos a passar muito menos tempo nos fazendo uma pergunta que achamos igualmente ou talvez ainda mais importante: "Quem eu desejo *ser*?" Como coaches (pais, professores, gerentes ou clérigos), quando pedimos para as pessoas refletirem sobre com o que elas mais se importam, quais são seus sonhos, sobre o que elas pensam quando não precisam pensar em nada, uma comporta de novas ideias e possibilidades se abre. Enquanto a maioria das empresas foca as metas de carreira em um período de dois a três anos, defendemos que as pessoas pensem em termos de dez a quinze anos no futuro. Por quê? Uma linha de tempo longa empurra as pessoas para além de sua zona de conforto de simplesmente reagir com suas ideias ou pensamentos recentes, ou o que a sociedade espera ou aceita. Então perguntamos: "Se sua vida fosse *ideal* (ou *incrível, maravilhosa, demais* etc.) daqui a dez, quinze anos, como ela seria?" A resposta inicial para essa pergunta pode variar entre reações com um olhar vazio, um olhar de ansiedade ou até mesmo uma expressão de puro entusiasmo. Mas, independentemente da resposta naquele momento, a pergunta com frequência resulta em um sorriso conforme a pessoa se imagina, de verdade, em um futuro distante e livre das preocupações imediatas.[3] Essa reação se conecta com o AEP e permite que muito mais ideias e soluções criativas venham à tona.

Karen Milley experimentou isso. Quando participou de um programa de desenvolvimento para líderes na Case Western Reserve University, Karen era vice-presidente de pesquisa e desenvolvimento. Um dos deveres de casa era praticar como extrair de outras pessoas suas visões pessoais. Ela escolheu praticar primeiramente com seu filho adolescente, John, em uma tarde quando estavam sentados em volta da lareira. "Então, me diz o que você quer ser," ela perguntou, "e o que você se vê fazendo daqui a quinze anos". Ele deu um tempo e respondeu: "Essa pergunta requer minha imaginação."

Foi aí que uma luz se acendeu na mente de Karen. "Esse é o poder do coaching com visão", ela pensou. "Requer que as pessoas usem a imaginação!"

Quando ela contou essa história, acrescentou que, nas empresas, as pessoas estavam acostumadas a pensar em termos de "Qual papel você desempenhará depois?" E ela disse: "Todo mundo sente como se precisasse de um plano de cinco anos muito bem bolado, pronto para ser retirado da gaveta quando pedido. Você hesita porque quer impressionar. Mas quando pede que as pessoas pensem mais, você acaba indo muito além, *próximo* ao momento sobre o que a pessoa quer fazer por *último* em sua vida?" Como líder de uma grande divisão de atividades, Karen achou isso revigorante e empolgante, e usando um período de tempo mais longo, ela imediatamente percebeu uma mudança positiva no pensamento e na energia das pessoas que ela gerenciava.

"Hoje dou permissão às pessoas de ter dois ou três cenários de um possível futuro", ela disse, "e eu lhes asseguro que trabalharemos com esses cenários e descobriremos o melhor caminho. Você pode vê-las iluminar, então conseguem relaxar e se estabilizar emocionalmente."

Achamos que o melhor exemplo sobre *não ter* uma visão pessoal está no livro *Alice no País das Maravilhas*, de Lewis Carrol: quando Alice chegou em uma bifurcação na estrada, viu o gato sorridente em uma árvore e perguntou: "Você me diria, por favor, que caminho devo escolher para ir adiante?" "Isso depende de aonde você quer chegar", respondeu o Gato. "Eu não ligo para onde", disse Alice. "Então, não importa o caminho", disse o Gato.[4]

Mas, na realidade, saber para onde estamos indo com frequência *importa*. Desenvolver uma imagem de aonde gostaríamos de chegar — em nossa carreira, nossos relacionamentos, em nossa vida — serve como uma bússola que nos aponta em direção a nosso destino; isso nos permite ver várias rotas para percorrer, e não apenas uma, e nos mantém no melhor caminho para alcançá-lo. Por isso é importante começar o processo de coaching explorando o eu ideal da pessoa e convertê-lo em algum tipo de expressão externa, com frequência uma imagem ou uma declaração escrita. O processo de descobrir e extrair uma visão pessoal desencadeia uma energia positiva poderosa e traz muitos benefícios. Isso nos ajuda a ver o cenário geral, envolver pensamentos inteligentes, ser mais empáticos, partir para a ação, pôr em prática vários tipos de comportamentos e construir resiliência para superar os momentos difíceis (veja na sessão separada "Cura e Visão Pessoal" uma história de uma das autoras deste livro, Ellen, de como usar essas ferramentas para abordar uma crise de saúde).

Nossa amiga e colega Ângela Passarelli analisou o que acontece cognitiva, emocional, fisiológica e relacionalmente ao comparar as conversas de coaching ancoradas no AEP e no AEN. Participantes de seu estudo se encontraram com dois coaches que seguiram caminhos diferentes. Um coach pedia que as pessoas visualizassem um futuro positivo (AEP), e o outro encorajava que as pessoas focassem seus problemas atuais (AEN); os dois coaches tinham a função de ajudar os participantes a avançarem em suas carreiras. A experiência dos participantes com os dois coaches foi bem diferente. Após o coaching baseado na visão, eles se sentiam felizes, comentavam sobre uma percepção da alta qualidade do relacionamento com o coaching e expressavam mais objetivos inspiradores. Os participantes também estavam mais dispostos a se esforçar para buscar objetivos estabelecidos depois da sessão de coaching baseada no AEP do que após a sessão baseada no AEN, e eles sentiram mais alegria em conquistá-los.[5]

Cura e visão pessoal

Era novembro de 2014, Ellen estava no primeiro semestre de seu curso de Ph.D. Um dia, na sala de aula, ela sentiu um nódulo na lateral de seu pescoço. Não se lembrava de tê-lo sentido antes e ignorou, achou que era um sinal de que apenas lutava contra um resfriado que se aproximava. Mas, depois de uma semana, o nódulo não havia desaparecido, e ela marcou uma consulta com um médico. Depois de ir a muitos médicos, laboratórios e fazer uma biópsia, recebeu o tipo da notícia que ninguém gostaria de ouvir: tinha um tipo raro de câncer de glândulas salivares. Felizmente, o câncer foi diagnosticado no começo, e ela teve a glândula removida cirurgicamente e, depois, fez radioterapia. Mesmo assim, ela foi completamente pega de surpresa pelo diagnóstico, e, como mãe (sua filha tinha quase 4 anos na época), sabia que precisava fazer tudo que fosse possível para melhorar seu prognóstico. Além de cuidar da filha e estudar para o programa de doutorado, ela também trabalhava em tempo integral. Seu marido tinha acabado de comprar uma clínica médica, então a família precisava de sua renda. Ela tinha muitas responsabilidades. Esse acabou sendo o sinal de alerta de que algo precisava mudar, e ela não tinha escolha a não ser ouvir.

Na época, Ellen já era uma coach experiente e estava bem versada na Teoria de Mudança Intencional (descrita no Capítulo 3). Ela decidiu aplicar o modelo e começou a desenvolver a visão pessoal de sua vida pós-diagnóstico. Entrou em contato com seus valores essenciais — fé, família, amizade, amor, saúde, integridade, aprendizado constante e diversão — e com o que ela realmente gostaria para seu futuro.

Ellen imediatamente sentiu o poder de desenvolver sua visão, esclarecendo o que realmente importava para ela e o legado que queria deixar em sua vida. Aquela clareza lhe deu energia e força para aplicar a terceira descoberta da Teoria de Mudança Intencional, que é reunir os objetivos e as ações de que ela precisava para um bem-estar futuro e, então, fazer todo o possível para seguir aquele plano. Ela começou pedindo licença médica da faculdade, para se curar — não sem muita angústia, já que tinha acabado de começar o curso. Também desenvolveu um relacionamento de "coaching" muito próximo com uma freira católica que tinha sido anteriormente sua professora no ensino médio e que lhe ofereceu uma orientação espiritual. Elas se encontraram mensalmente durante um ano, com frequência debatendo sobre como as passagens das escrituras eram relevantes para sua própria experiência de vida e o papel da fé e graça em sua provação.

Em paralelo à radioterapia, Ellen abriu sua mente para aprender como ser saudável de forma global. Ela interagiu com uma médica naturopata em um processo nutricional de desintoxicação e aprendeu sobre o poder do alimento como remédio. Transformou sua dieta, diminuindo o consumo de açúcar branco refinado e aumentando a quantidade de alimentos orgânicos, integrais e vegetais. Sucos de frutas batidos com folhas verdes e outros ingredientes se tornaram seus alimentos básicos, a fim de aumentar sua ingestão de nutrientes de alta qualidade. Ela aprendeu meditação transcendental com um doutor em Aiurvédica muito conhecido. Exercitava-se várias vezes por semana. Também ouvia áudios de imagens guiadas para direcionar seus pensamentos a trabalhar em conjunto com seu corpo, não contra, para acalmar sua mente quando se preocupava agitada com "suposições", e também para permanecer esperançosa, em vez de com medo e depressiva.

Ser intencional em viver sua visão e valores consumiu toda a energia que ela tinha. E ela "seguiu o plano" com a ajuda e o apoio de muitos familiares, amigos e colegas. Ela brincava que precisava de uma aldeia inteira para ajudar em sua cura, e os moradores da aldeia estavam fazendo hora extra.

Isso aconteceu há quinze anos, e Ellen permanece grata todos os dias pela bênção de ter uma vida saudável. Ela reflete sobre aquela experiência como sendo algo que marcou toda a sua vida e algo incrivelmente empoderador. Como ela mesma diz:

> Em complemento aos conselhos de meus médicos de fazer o tratamento contra o câncer convencional e completo, eu fiz minha missão pessoal de aprender tudo que podia com médicos, profissionais de saúde, conselheiros espirituais que tinham um ponto de vista educador de como viver uma vida longa e saudável no longo prazo e curar o câncer no curto prazo. Minha motivação principal não era apenas sobreviver

ao diagnóstico de um câncer, mas ser o mais vibrante e saudável que eu pudesse. Aprendi o que significa se esforçar para ser excepcionalmente saudável e estar bem mental, emocional e espiritualmente, não apenas fisicamente. E, por último, foi muito significativo, pois, apesar de todos os caminhos parecerem maluquices para algumas pessoas, eu realmente não me importava com o que elas pensavam, porque eu não tinha nada a perder, mas tudo a ganhar. Foi libertador.

Além disso, Ellen visualizou sua jornada como um teste fundamental da Teoria de Mudança Intencional. Ela disse: "Foi muito esclarecedor para mim ter de encarar a morte, e mais esclarecedor ainda saber quais eram meus valores e desejos profundos. Não foi tendo de trabalhar mais horas todos os dias e caindo exausta na cama. Foi um desejo mais profundo de viver os planos de Deus para minha vida, conectar com quem eu realmente era, estar com as pessoas com quem eu realmente me importo e fazer um trabalho que verdadeiramente ajudasse pessoas e empresas. Somente nesse lugar eu tive a chance da cura."

Por mais benéfica e compensadora possa ser uma visão pessoal, às vezes o processo de descoberta não é fácil e direto. Veja o exemplo de Amy Szabo. A questão aqui não era que ela não sabia para onde queria ir. Em vez disso, Amy estava interessada em tantos caminhos diferentes, que levaria um tempo para desenvolver uma visão pessoal que lhe permitisse focar os desejos de seu coração.

A história de Amy

Ela chegou na hora. Correndo com sua maleta de primeiros socorros, Amy Szabo estabilizou outra vítima de ataque cardíaco e a levou para o hospital.

Pesquisa em detalhe

A pesquisadora Angela Passarelli examinou como coaches ajudam as pessoas a manifestar uma mudança duradoura, realizando um experimento que examina os mecanismos relacionais, emocionais, cognitivos e fisiológicos existentes durante condições de coaching contrastantes. Quarenta e oito estudantes de pós-graduação participaram de duas conversas de coaching bem diferentes: uma focava em ajudar os estudantes a imaginar seu futuro (condição do AEP), e a outra focava os problemas e os desafios existentes (condição do AEN). Passarelli coletou dados durante e entre as duas conversas de coaching.

Comparado com o coaching que focava problemas atuais, o coaching baseado na visão (coaching que enfatiza o AEP) deixava os participantes mais emocionalmente empolgados, comentado sobre o relacionamento de alta qualidade com o coach e fixando um número maior de metas. As metas que os participantes fixaram eram consideradas profundamente importantes, e as pessoas mostravam mais disposição em fazer um esforço para buscá-las, embora considerassem as metas tão difíceis quanto aquelas fixadas na outra condição de coaching.

Fonte: A. M. Passarelli, "Vision-Based Coaching: Optimizing Resources for Leader Development", *Frontiers in Psychology* 6 (2015): 412, doi:10.3389/fpsyg.2015.00412.

Hoje, quando Amy fala sobre sua carreira anterior como paramédica, seu entusiasmo sobre ajudar as pessoas vem à tona. Antes de se tornar paramédica, ela se formou em educação e trabalhou durante pouco tempo como professora, depois como bombeira em tempo integral — uma das 2 mulheres entre 150 homens.

Mais tarde, depois de alguns anos como paramédica, fez uma segunda faculdade, desta vez como enfermeira. Em pouco tempo, ela se tornou gerente de enfermagem clínica e facilitadora de melhoria contínua para cuidados críticos e fluxos de valor cirúrgico médico. Quando percebeu ineficiências no que via no hospital, estudou para se tornar uma especialista Six Sigma em processos enxutos. Chefes de outras unidades frequentemente pediam sua ajuda e perspectiva. Amy então foi contratada por um sistema hospitalar diferente a fim de ajudar a desenvolver um programa de experiência do paciente junto a diretores.

Evidentemente, não é um caminho comum de carreira a ser seguido: ser professora, depois bombeira, enfermeira e, finalmente, gerente de experiência de pacientes em hospitais. Amy foi de salvar uma vida de cada vez para salvar um hospital inteiro. Ao longo do caminho, ela encontrou maneiras únicas de se envolver no trabalho, provando sua capacidade em cada serviço contra qualquer padrão definido de resistência física, conhecimento técnico e velocidade. Mas, quando se lembra dessa época, ela admite que, em vez de ter um plano, com frequência escolhia os próximos passos, um de cada vez, baseados nas coisas que as pessoas sugeriam, testando-os conforme ia experimentando.

Mais à frente, agora no meio de um programa de MBA para executivos, Amy está empolgada com as possibilidades futuras, mas em dúvidas sobre qual caminho escolher. Ela tem certeza de uma coisa: a maneira anterior como escolhia carreiras era um meio ineficiente de seguir em frente com sua vida.

Um coach do curso de liderança que trabalhou com Amy para desenvolver uma visão pessoal perguntou: "Se sua vida fosse perfeita daqui a dez, quinze anos, como seria?" Amy disse que antes ela não tinha pensado muito em um futuro em longo prazo. De fato, Amy se deparou com uma pessoa gentil e humilde, pronta para ajudar os outros, em vez de focar nela mesma. Portanto, seu coach não estava surpreso que, em sua primeira tentativa de uma visão pessoal, Amy se centrasse em sua família e em criar ambientes mais positivos na assistência médica, e não em seus sonhos de longo prazo.

O coach decidiu continuar e trabalhou com Amy para decodificar um instrumento do feedback de 360°, o Inventário de Competência Social e emocional (ESCI).[6] A maioria dos usuários do ESCI deseja ter de oito a dez pessoas para fazer a pesquisa do feedback de 360° e, com frequência, tem de se conformar com menos respostas. Mas não Amy! Ela bateu um novo recorde. E pediu que 50 pessoas respondessem a perguntas sobre as interações que tiveram com ela, e 47 responderam.

Mais tarde, ela revisou os feedbacks com o coach. Com exceção da incrível taxa de respostas, o grande choque para Amy foi, na verdade, a mensagem inegável dos dados daquelas 47 pessoas: Amy sistematicamente demonstrava cada competência de inteligência cognitiva, social e emocional acima do limite das "forças distintas". Ela era uma líder ressonante com uma alta inteligência social e emocional, e nem sabia disso.

Quando seu coach perguntou o que ela sentira com os resultados, ela hesitou e admitiu que era muito boa em liderar pessoas. Ela também começou a acreditar que estava pronta para uma visão de longo prazo de sua vida, e não apenas do próximo trabalho. Isso começou uma nova etapa de descobertas pessoais para Amy, e ela retornou a seu trabalho no hospital com uma nova abertura para descobrir e procurar seu futuro dos sonhos.

Quando encontrou com seu coach seis meses depois, Amy admitiu estar se sentindo um pouco perdida. Ela tinha conseguido uma nova promoção no trabalho com mais responsabilidades, uma oportunidade para criar outra inovação, um novo centro no hospital focado em reorientar todo o sistema ou, mais precisamente, preparar um conjunto de sistemas para um grande centro de assistência médica em torno de cuidados mais eficientes para os pacientes.

Seu coach perguntou se sua visão havia mudado nos últimos meses. E tinha. Amy começou a se ver como líder e uma fonte de ajuda para outras pessoas. Ela havia lidado com novos desafios e tornou prioritário ajudar outros hospitais a buscar seus conselhos para começar iniciativas similares. Ela até começou a ensinar em seminários de inteligência emocional como uma forma de inspirar outras pessoas a criar experiências de cuidado ao paciente positivas e de alto impacto.

O coach fez a mesma pergunta que tinha feito no começo daquele ano: "Se sua vida fosse perfeita daqui a dez, quinze anos, como seria?" Ele ponderou se ela gostaria de ser presidente ou diretora-geral de um hospital. Mas ela o surpreendeu inclinando-se para a frente e contando empolgada o que mais amava fazer: ajudar líderes de hospitais a ver como seu comportamento afeta os outros e explorar junto com eles melhores formas de interagir com a equipe e os pacientes. Amy queria ser coach para executivos da área de saúde.

"Mas você já não estava fazendo isso?", o coach perguntou. Amy o olhou com um sorriso intrigante e disse: "O que você quer dizer?"

"Bom", ele disse, "você conversa regularmente com um grande número de líderes no hospital onde trabalha sobre seus comportamentos, estilo e unidades."

"Sim", Amy disse, "mas eu não sou a coach deles."

"Tem certeza?", ele perguntou.

Ela pensou por um momento. "Sabe, uma das diretoras do hospital me chamou recentemente e disse que algumas das conversas que tive com ela foram de muita ajuda. E ela gostaria de continuar. Achei que poderia ser o começo de um relacionamento de coaching." Então, Amy perguntou a seu coach como poderia desenvolver ainda mais suas habilidades por meio de um treinamento avançado e educação em coaching.

Hoje, quando ela fala sobre seus sonhos de ser coach e administrar um departamento importante no grande sistema hospitalar onde trabalha, ela se inclina para a frente, sorri e fala rápido. Sua energia é contagiante. Amy logo terminará seu treinamento para se tornar coach; ela agradece seu coach de liderança pela ajuda para começar. Ao ser guiada para pensar à frente e construir uma visão pessoal abrangente, ela desenvolveu um mapa global para sua carreira e vida que ela descreve como "libertador". Agora ela quer ajudar as outras pessoas a fazerem o mesmo.

A seguir, veremos outra pessoa cuja visão pessoal levou a mudança e crescimento, em diferentes pontos durante a carreira.

A história de Bassam

Bassam estava ficando mais e mais frustrado com as pessoas das equipes de projeto em que ele trabalhava, no setor de saúde. Quando ele era líder do projeto, percebeu que estava agressivo e impaciente. Era um sentimento estranho. Ele sempre tinha sido aquele cara legal com quem as pessoas falavam sobre qualquer tipo de problema. Agora, era como se uma espécie alienígena de outro planeta tivesse invadido seu corpo e ele era inimigo da pessoa que havia sido.

Ele decidiu que precisava ajustar sua visão e seus planos para conseguir seguir adiante. Um ano antes, em um curso de MBA, Bassam interagiu com um coach e desenvolveu uma visão pessoal. Ele aprendeu muito sobre ele mesmo por meio daquela experiência e pensou que trabalhar com um coach novamente poderia ser uma boa ideia, já que agora estava encarando um problema diferente. Embora estivesse seguindo em frente com sua carreira na assistência médica, ele queria algo mais. Nascido na Jordânia, Bassam viveu em Dubai por anos e esperava mudar seu estilo de liderança para se tornar mais eficaz, e até mesmo carismático, adquirindo experiência internacional e um MBA.

Novamente, ele se encontrou com um coach, que pediu a ele que falasse sobre sua visão. Bassam descreveu um sonho reflexivo e cativante que incluía manter seus amigos e ser uma pessoa autêntica, amigável, que as pessoas vissem como boa e atenciosa. O coach perguntou: "Então, qual é o problema?" Bassam explicou que, em sua vontade de inovar e solucionar problemas na empresa, ele estava frequentemente participando ou liderando equipes especiais de projetos. Alguns membros da equipe não levavam seu trabalho a sério e não eram dedicados, fazendo o mínimo que podiam. Preguiça social ou aproveitadores são reclamações comuns em equipes de projetos, e isso deixava Bassam furioso. Não levava muito tempo para que novas equipes o vissem como um gerente que dava ordens e que era bravo, e não o líder inovador e atencioso que ele gostaria de ser.

O coach perguntou a Bassam onde ele queria estar nesse aparente dilema entre ser uma pessoa frustrada que dá tarefas e um líder de equipe atencioso. Ele disse que, embora inovar e alcançar metas fossem uma parte de seu sonho pessoal como líder eficaz, ser visto como uma pessoa brava e perder suas amizades como resultado não faziam parte de seu eu ideal. Esse esclarecimento de sua visão significava que ele precisava ajustar algumas coisas em seu comportamento.

O coach o pressionou sobre o que ele achava da aparente tensão em sua visão pessoal. A resposta de Bassam foi rápida e clara: ele não queria conquistar os objetivos da equipe às custas de seus relacionamentos.

O coach perguntou: "Antes das reuniões com as equipes, você fica ciente de sua crescente frustração?"

Bassam disse que sim, mas que não sabia o que fazer a respeito.

"Se você soubesse o que fazer", o coach perguntou, "o que faria"?

Bassam pensou por um minuto. "Eu ignoraria os aproveitadores e seguiria em frente com os outros que se importam!", ele respondeu sorrindo, quase como se estivesse brincando. Então ficou mais sério. "Eu não tenho certeza do que mais faria."

O coach o convidou para um brainstorm, e várias ideias vieram à tona. Antes das reuniões com as equipes, Bassam poderia reservar um tempo para se lembrar de sua visão, até mesmo recitá-la em voz alta, e refletir sua relevância para o projeto da equipe. "Pense sobre seus valores essenciais e seu propósito pessoal", o coach o encorajou, "e imagine como você quer se mostrar para a equipe. No começo de cada reunião, ajude a equipe a se lembrar de seus valores e de sua visão compartilhados."

"Foque o propósito compartilhado pela equipe", o coach continuou, "e reconheça os esforços daqueles que ajudam a contribuir para o resultado final. Convide as pessoas a pensarem e compartilharem com o que estão empolgadas. Na verdade, mude o foco para o grande progresso da equipe, e deixe-a compartilhar a necessidade de trazer os outros."

Essa foi uma mudança no pensar de Bassam. Ele se sentiu aliviado com a ideia de que não precisava carregar sozinho o fardo do trabalho de toda a equipe. Então, o coach o ajudou a pensar em abordagens diferentes que ele poderia adotar com a equipe e que o deixariam capacitado para se manter verdadeiro como ele queria que os outros o vissem, e que contribuiriam de formas significativas para a produtividade da equipe.

Como Bassam, todos nós precisamos atualizar nossa visão pessoal regularmente. Eventos podem acontecer para precipitar uma mudança ou, pelo menos, uma reavaliação de nossas visões, como ser despedido ou ganhar uma promoção, casar, ter um filho, perder um dos pais, vivenciar um desastre natural, como um furacão ou um ataque terrorista. Às vezes, não é o ambiente, mas as pessoas a seu redor é que mudam. Outras vezes, no entanto, não é um evento, mas o efeito da passagem do tempo.

Todos nós podemos esperar transições na vida e no trabalho, e essas mudanças podem nos lembrar de atualizar nossa visão pessoal. Richard começou uma série de estudos com Udayan Dhar sobre como o eu ideal de uma pessoa ou visão pessoal muda com o tempo e durante os acontecimentos da vida.[7] Mas, mesmo sem acontecimentos específicos, Richard e Udayan descobriram em estudos anteriores que nossa vida e carreira parecem alternar entre ciclos que duram de cinco a nove anos (com uma média de sete anos). Com frequência, quando estamos na casa dos 40 ou 50 anos, eles são intitulados como crises da meia-idade, mas são, na verdade, um ritmo natural da vida e do trabalho.[8] É importante para as pessoas usarem esse ciclo natural (ou quando acontecimentos ocorrem na vida) para reexaminarem suas visões pessoais.

Como uma visão pessoal cria mudança: mais indícios

Levamos anos para entender por que há uma diferença na reação das pessoas entre listar "objetivos" e discutir uma visão pessoal, como Amy e Bassam fizeram com seus coaches. Objetivos pedem que as pessoas declarem algo que elas desejam e que supostamente alcançarão. Para muitas pessoas (exceto aquelas motivadas pelo chamado *alto desejo de realização*, tais como as pessoas que procuram seguir uma carreira em vendas), isso cria uma obrigação.[9] A obrigação cria estresse e começa a aumentar o processo negativo no cérebro que já descrevemos neste livro. Então, o objetivo pode se tornar algo a evitar, em vez de buscar.

Além disso, em pesquisas anteriores em psicologia e gerenciamento (feitas por Richard e outras pessoas), descobrimos que as metas são de grande auxílio, mas diferem em utilidade com base na situação. A diferença está em se o contexto é orientado para o desempenho ou o aprendizado. Uma orientação para o desempenho enfatiza uma demonstração de competência em buscar reconhecimento externo e alcançar metas específicas. Uma orientação para o aprendizado é caracterizada por um desejo de adquirir um profundo conhecimento e domínio para aplicar vários cenários atuais e potenciais.[10] Outras pesquisas comprovadas sugerem que definir metas de desempenho ou aprendizado específicas leva a diferentes resultados. Quando uma tarefa é complexa e exige aprendizado e adaptação, as metas de aprendizado levam a um desempenho melhor. Participantes se comprometem com a tarefa por mais tempo. Quando a tarefa é simples ou rotineira por comparação, as metas de desempenho motivam um desempenho maior oferecendo direção e clareza.[11]

Pesquisas de neurociência social emergentes nos ajudam a entender a dinâmica de por que isso acontece. Quando definimos uma meta, começamos a pensar sobre como trabalhar nela. Isso desperta a rede analítica. Como já vimos no Capítulo 5, parte dessa rede desperta nossa reação de estresse e, com frequência, prejudica-nos cognitiva, emocional e fisicamente. Focando a meta, nossa tendência é ver o que está diretamente em nossa frente, e perdemos de vista as outras oportunidades que estão no horizonte.[12]

O pesquisador Tory Higgins sugere que definir um alvo específico muda nosso foco, evitando a possibilidade de deixar escapar um objetivo (ou seja, uma preocupação em alcançar o objetivo em si), em vez de procurar uma nova oportunidade.[13] Seu trabalho mostra como esse fato impacta a forma como moldamos e empregamos nossas percepções. Um foco na prevenção nos faz sentir desde um pouco até altamente defensivos, e isso nos limita no modo como podemos aproveitar a energia interna, exigida para iniciar algo novo, assim como sustentar nossos esforços na direção do foco. Um exemplo com o qual muitos de nós podemos nos identificar é o de fazer resoluções para o Ano Novo. Com a promessa de um novíssimo ano e um novo começo, de maneira entusiasmada declaramos comprometimento em comer melhor, dormir mais, ligar para nossas mães todos os dias, ir à igreja todos os domingos e corrigir certos maus hábitos de uma vez por todas — perdendo o entusiasmo depois de algumas semanas. Pergunte para os gerentes de academias que amam o mês de janeiro, pois é quando as pessoas vêm se matricular e pagam suas mensalidades para os próximos meses, e a partir de março, não aparecem mais. Isso acontece porque mudar é difícil e, para que os adultos mudem de uma maneira que *dure*, o desejo pela mudança deve ser profundo. Tem de estar conectado com nossas paixões, nossos propósitos e nossos valores essenciais.

Como vimos acontecer com Amy Szabo, ela começou sua carreira querendo um emprego (ensinar), depois um emprego emocionante (bombeira e paramédica), depois um emprego em que pudesse focar em ajudar as pessoas (enfermeira e administradora de hospital). Conforme seus sonhos para o futuro se expandiram e se consolidaram, ela se tornou mais confiante na ideia de que o sonho poderia se tornar realidade, e em sua capacidade de manifestá-lo. Isso se tornou sua visão pessoal com um profundo senso de propósito.

Em uma reviravolta interessante, descobrimos, em um de nossos estudos de coaching com as imagens por ressonância magnética, que escrever a visão não ativa a mesma rede neural como *falar* sobre ela com um coach treinado para evocar o AEP.[14] Como debatemos em um capítulo anterior, os resultados de dois estudos de imagens por ressonância magnética conduzidos com coaching baseado no AEP *versus* baseado no AEN mostraram o poder de aplicar o coaching para descobrir a visão da pessoa.[15] No primeiro estudo, descobrimos que o coaching para visão baseado no AEP ativava a parte do cérebro mais associada à imaginação. No segundo estudo, mostramos que o coaching com o AEP, mesmo que por apenas trinta minutos, ativava o foco total da pessoa e a capacitava para enxergar a visão geral — *versus* o AEN, que ativava uma área com foco local mais limitado.

Tudo isso é para dizer que descobrir a visão pessoal de alguém — essencialmente, uma visão ideal do eu e de seu eu no futuro — desencadeia emoções positivas de esperança e empolgação, que, por sua vez, propulsionam nossa motivação e nosso apetite por crescimento e mudança. De repente, acreditamos que algo que valha a pena e é desejado está prestes a acontecer.[16] Essa esperança é impulsionada pela autoeficácia — a crença em nosso poder de manifestar o que planejamos fazer ou ser — e pelo otimismo. Então, a esperança abastecida com autoeficácia significa que não somente imaginamos que coisas boas estão prestes a acontecer, mas que também acreditamos em nossa capacidade de alcançá-las.[17]

Em um estudo de profissionais de ciência e engenharia focado em por que as mulheres permanecem ou saem do campo, as pesquisadoras Kathleen Buse e Diana Bilimoria descobriram evidências empíricas do poder de ter uma visão como uma maneira de equipar as mulheres em campos técnicos para desenvolver a autoeficácia. Para essas mulheres, ter um tempo para pensar sobre suas paixões, propósitos e valores aumentou seus comprometimentos no trabalho e deu força em seu envolvimento com sua carreira na engenharia.[18]

Certamente foi o caso de Brandi DiMarco, que trabalhou com sistemas de informações em uma empresa de comida processada. Enquanto participava de um curso de desenvolvimento de liderança, Brandi criou uma visão pessoal com a ajuda de um coach executivo. Ela compartilhou a reflexão a seguir:

Ter uma visão pessoal me ajuda a priorizar e me preparar para o futuro. Sempre volto a minhas anotações e leio o que escrevi. Minha visão e meus valores estão pendurados em meu espelho. Então, olho para eles todos os dias, para me lembrar de quem realmente sou. É fácil de se esquecer conforme a vida acontece. Pessoalmente, decidi ter outro filho. Profissionalmente, voltei a me matricular na faculdade e continuei a buscar minha graduação. Atualizei meu currículo e me candidatei a vários cargos que eu quero, e não apenas àqueles para os quais estou qualificada. Recentemente, fui promovida e, agora, estou sendo entrevistada para um cargo de gerência, um nível acima. Após completar minha visão, percebi que os valores de minha empresa estão diretamente alinhados com meus valores pessoais, o que torna fácil minha decisão de ficar e buscar novos cargos dentro da empresa.

Pesquisa em destaque

Em um estudo com 495 mulheres em engenharia e ciência, as pesquisadoras Kathleen Buse e Diana Bilimoria da Case Western Reserve University descobriram que mulheres que persistiram nessas carreiras com frequência têm uma visão pessoal. A visão pessoal inclui sua profissão, mas não é limitada a isso. Ter uma visão as capacita a superar o preconceito, barreiras e discriminações que encontram em seus ambientes de trabalho. As provas validaram estudos anteriores de que a autoeficácia, a esperança e o otimismo são elementos importantes da visão pessoal e dos valores essenciais de uma pessoa, e que são necessários para que a visão pessoal seja eficaz. Ter clareza sobre seu eu ideal afeta positivamente o envolvimento dessas mulheres no trabalho, e envolvimento no trabalho afeta diretamente o comprometimento delas em permanecer em campos de engenharia.

Fonte: K. Buse e D. Bilimoria, "Personal Vision: Enhancing Work Engagement and the Retention of Women in the Engineering Profession", *Frontiers in Psychology* 5, artigo 1400 (2014), doi.org/10.3389/fpsyg.2014.01400

Compor uma visão

Criar uma visão pode ser mais considerado como um processo de elaboração que requer que sejamos imaginativos e criativos. A melhor maneira de ajudar alguém a identificar seu eu ideal e a transmitir sua visão pessoal é encorajando esse alguém a *sonhar*. Um exercício favorito em nosso programa de desenvolvimento de liderança é o chamado "Agarre seus Sonhos" (os amigos mais pragmáticos o chamam de "Exercício da Lista de Desejos"). A atividade pede que as pessoas pensem e anotem 27 coisas que gostariam de experimentar, tentar ou conseguir na vida. Depois de escrever essas atividades, é pedido que a pessoa organize essas notas em um quadro branco e as agrupe por temas. Alguns exemplos são: carreira, família, viagem, saúde, aventura etc. Em grupos, um próximo bom passo é se permitir um tempo para uma "caminhada pela galeria". É quando as pessoas podem andar em volta e ler os quadros das outras pessoas e os enxergar como se fossem obras de arte.

A maioria das pessoas gosta da experiência e acha útil ao imaginar novas possibilidades. Com frequência, sorrimos, ouvimos risadas e sentimos a energia positiva no grupo. Fazer esse exercício com um grupo de trabalho ou até mesmo com sua família é uma ótima maneira de as pessoas se ajudarem com seus sonhos. É inspirador e humilde dar uma olhada nos sonhos e nas aspirações das pessoas a nosso redor, é como dar uma espiada na alma dos outros. É apenas um exemplo de como estimular e promover uma experiência de descobrimento e sonhos. Veja a reflexão e os exercícios práticos no fim do capítulo para ter mais sugestões.

Para muitos, orientar e desenvolver uma visão para o futuro significa apenas trabalho e carreira, mas as histórias das pessoas corajosas e curiosas que contamos mostram que trabalho é apenas uma parte de nossa vida. Embora nossa vida pessoal possa ser uma fonte de satisfação, com frequência são as atividades fora do trabalho que preenchem um sentido mais profundo de propósito e significado. Amy Szabo descobriu que o trabalho que fazia com os outros executivos de hospitais, e que não fazia parte do seu trabalho diário, era, na verdade, a atividade que a fazia se sentir mais satisfeita e cheia de energia. Ajudar as pessoas era algo maior e tinha mais significado do que chefiar um departamento em um hospital. Isso se conectou com o senso de propósito da Amy. Em nosso trabalho como coaches, descobrimos que ajudar as pessoas a revelar uma visão *global* de suas esperanças e sonhos — uma visão que leve em consideração e integre todos os aspectos da vida — ajuda a conectá-las e a desenvolver uma imagem mais abrangente e autêntica de quem elas são, incluindo quais são seus valores, seus propósitos, suas paixões e sua identidade. O processo de ajudar uma pessoa a descobrir sua visão pessoal começa pedindo que ela reflita sobre seu futuro e trabalho: seus sonhos e esperanças em relação à saúde física, amizades e vida amorosa, saúde da família, saúde espiritual, envolvimento comunitário, situação financeira e mais. Claro, levar em consideração o trabalho da pessoa (independentemente se é pago ou não) faz parte do processo refletivo, mas pressupomos que essa não seja a parte central do sonho da pessoa. Muitas vezes, como já vimos em diversos exemplos neste livro, as conversas de coaching abrangem igualmente nossa identidade *e* atividades profissionais e pessoais.

Tudo que diz respeito a ajudar e orientar tem a ver com mudança ou como manter um desejo de mudança que já aconteceu. Para a mudança ser iniciada e sustentada, a visão pessoal proporciona o fundamento essencial, porque é uma expressão significativa das paixões, dos propósitos e dos valores da pessoa. É uma imagem abrangente do que desejamos fazer e quem desejamos ser em nossa vida. Criar uma visão pessoal é um processo repetitivo que é diferente para cada pessoa. Mas, independentemente de como o processo se desenvolve, será óbvio para o coach quando a visão está "bem preparada", porque a pessoa com frequência se enche de energia e não vê a hora de começar. Isso é motivação inspiradora e intrínseca em ação.

No Capítulo 7, focaremos o que o coach, gerente ou outro apoiador pode fazer para nutrir um relacionamento de alta qualidade com as pessoas que estão ajudando para sustentar essa energia e ajudá-las a fazer seus sonhos se tornarem realidades.

Pontos-chave do aprendizado

1. Visão pessoal é uma expressão abrangente e global do eu ideal e futuro ideal da pessoa, incluindo sonhos, vocação, paixão, propósito e valores essenciais.
2. Uma visão pessoal deve ser mais parecida com a visão de um sonho do que um objetivo específico.
3. Uma visão pessoal dever ser altamente importante e significativa para a pessoa.
4. Embora alguns aspectos da visão pessoal mudem durante as várias fases da vida e do trabalho, outros, como valores essenciais e um senso de propósito, com frequência, permanecem os mesmos.

Reflexão e exercícios práticos

EXERCÍCIO A: AGARRE SEUS SONHOS

Você precisará de notas autoadesivos e de uma folha grande, dessas de quadro branco, para o exercício. Nas notas, liste as coisas que você gostaria de vivenciar em sua vida até completar 27. Escreva cada ideia em uma folha separada da nota. São coisas que você ainda não começou a fazer ou que estão incompletas. Alguns exemplos para ajudar: permita-se pensar livremente, sem impor restrições práticas. Pense sobre sua infância e sobre o que você sonhou fazer um dia. Desligue a crítica interna; é impossível sonhar enquanto estamos sendo julgados.

Depois de dar seu melhor escrevendo o máximo possível, coloque suas notas no quadro branco e agrupe suas ideias em temas. Por exemplo: carreira, família, viagem, aventura, espiritualidade, bens materiais, desenvolvimento profissional e recreação. Escreva o tema perto dos conjuntos de notas adesivas.

Esse exercício pode ser facilmente adaptado para os grupos. As pessoas devem seguir os passos anteriores. Uma vez que todos tenham colocado seus sonhos nas notas e as agrupado no quadro branco, peça para que cada uma coloque seu quadro em uma parede na sala. Então, dê um tempo para uma "caminhada na galeria". Essa caminhada dá a oportunidade para que cada um caminhe pela sala e veja os sonhos das outras pessoas. Adicione uma abordagem como se estivessem olhando obras de arte — com uma curiosidade humilde, apreciação e até admiração. Às vezes, as pessoas gostam de adicionar uma nota de inspiração breve e pessoal ao quadro da outra pessoa. Alguns exemplos que observamos são: "Você me inspira", "Você já conseguiu", "Muito legal", e assim por diante. O segredo é que os comentários sejam respeitosos e afirmativos, e não avaliadores ou cheios de conselhos.

EXERCÍCIO B: MEUS VALORES

Você encontrará a seguir uma lista de valores, crenças ou características pessoais. Identifique quais são mais importantes para você e quais são princípios que te guiam na vida. Claro, é difícil escolher, porque muitos desses valores e dessas características são de alguma forma importantes para você. Também é difícil escolher porque você pode se pegar pensando: "Eu deveria colocar meu valor x em primeiro em minha lista." Então se force a escolher, e escolher com base em seus sentimentos verdadeiros, não nas *obrigações* da vida.

Você também pode achar válido determinar o nível de importância imaginando como se sentiria se fosse forçado a parar de acreditar ou agir com base em determinado valor, crença ou característica pessoal. Ou pense em como se sentiria se sua vida girasse em torno de certos valores e crenças. Como isso faria você se sentir? Às vezes, você também pode achar de grande ajuda considerar dois valores de cada vez, perguntando para si mesmo sobre a importância relativa ao outro.

1. Comece circulando mais ou menos quinze valores que são mais importantes para você.

2. Então, dessa lista, identifique os dez mais importantes para você e os escreva em outra lista.

3. Dessa lista, circule os cinco mais importantes e faça um ranking com eles dos mais importantes para os menos.

Valores, Crenças ou Características Pessoais Desejadas

Realização	Vida confortável	Perdão
Sucesso	Ambicioso	Liberdade de escolha
Aventura	Ajudar aos outros	Segurança nacional
Afeição	Autoridade	Natureza
Afetuoso	Autonomia	Obediente
Afiliação	Beleza	Ordem
Paz	Estabilidade	Amor maduro
Desenvolvimento pessoal	Status	Correr riscos
Prazer	Sucesso	Trabalho em equipe
Companheirismo	Simbólico	Sensível
Compaixão	Liberdade	Organizado
Competente	Amizade	Educado
Competitividade	Diversão	Poder
Conformidade	Sinceridade	Orgulho
Contentamento	Felicidade	Racional
Contribuição com outros	Saúde	Reconhecimento
Controle	Prestabilidade	Seguro
Cooperação	Honestidade	Religião
Corajoso	Esperança	Respeitoso
Cortês	Imaginação	Responsabilidade

Criatividade	Melhorar a sociedade	Contido
Confiável	Independência	Salvação
Disciplinado	Inovador	Autocontrole
Segurança Econômica	Integridade	Autossuficiência
Eficaz	Intelectual	Autorrespeito
Igualdade	Envolvimento	Sinceridade
Empolgação	Alegria	Tranquilidade
Fama	Calmo	Saúde
Felicidade da família	Lógico	Vitorioso
Segurança da família	Amor	Sabedoria
Espiritualidade	Amoroso	

Meus dez valores mais importantes

1. _____
2. _____
3. _____
4. _____
5. _____
6. _____
7. _____
8. _____
9. _____
10. _____

Meus cinco valores mais importantes

Finalmente, coloque em um ranking seus valores mais importantes, crenças ou características, com "1" sendo o valor mais importante e "5" sendo o menos importante.

1. _____
2. _____
3. _____
4. _____
5. _____

EXERCÍCIO C: GANHAR NA LOTERIA

Você acabou de ganhar na loteria e recebeu R$80 milhões. Como sua vida e trabalho mudariam?

EXERCÍCIO D: UM DIA EM SUA VIDA... DAQUI A QUINZE ANOS

Faça de conta que passaram quinze anos em sua vida. Você está vivendo sua vida ideal. Vivendo em um lugar que sempre sonhou. Morando com as pessoas com quem sempre desejou morar. Se o trabalho faz parte de sua imagem ideal, você então está fazendo o tipo de trabalho de que gosta e na quantidade certa.

Uma câmera está presa a sua blusa. Quais imagens você veria em um vídeo gravado desse seu dia? Onde seria? O que estaria fazendo? Quem mais estaria lá?

EXERCÍCIO E: MEU LEGADO

O que você gostaria que fosse deixado como seu legado na vida? Em outras palavras, o que permanece ou continua como resultado de você ter vivido e trabalhado todos esses anos?

Fonte: Esses exercícios são reproduzidos do livro de Richard Boyatzis, *The Ideal Self Workbook* [O Livro do Eu Ideal] (1999), usado na Case Western Reserve University em nossos cursos e programas. Foram impressos em A. McKee, R. E. Boyatzis e F. Johnston, *Becoming a Resonant Leader* [Tornando-se um Líder Ressonante] (Boston: Harvard Business School Press, 2008); R. Boyatzis e A. McKee, *Resonant Leadership: Renewing Yourself and Connecting with Others through Mindfulness, Hope, and Compassion* [Liderança Ressonante: Renovando-se e Conectando-se com Outras Pessoas Através de Mindfullness, Esperança e Compaixão] (Boston: Harvard Business School Press, 2005); e usados no curso online aberto Coursera, *Inspiring Leadership through Emotional Intelligence* [Inspirando Liderança Através de Inteligência Emocional, todos em tradução livre].

Guia de conversação

1. Compartilhe qualquer um dos três valores essenciais que estão no topo de sua lista. Escolha um, defina, com suas próprias palavras, o que ele significa para você e pense em um exemplo de como esse valor faz parte de sua vida. Peça para as outras pessoas compartilharem seus valores, sua definição e seu exemplo. Quando ouvir as outras pessoas, tome cuidado para não julgar nem criticar.

2. Como sugerimos no Capítulo 3, pense sobre os relacionamentos organizacionais/profissionais e sociais em sua vida. Sobre as pessoas com quem você passa a maior parte do tempo ou aquelas que são mais próximas, quem entre essas pessoas realmente te "conhece" ou entende o que realmente "te motiva"?

3. Quais são seus grupos de identidade social? Por exemplo, o que você veste com orgulho? Para qual time esportivo você torce? Você faz parte de algum grupo comunitário ou religioso de que sente orgulho e com o qual tem um senso de pertencimento? De quais formas seus grupos de identidade social atuais te ajudam a caminhar em direção a seu eu ideal e a sua visão pessoal?

CAPÍTULO 7

Cultivar um relacionamento ressonante

Escute além do que você ouve

Sean Hannigan (não é o nome real) era um executivo de sucesso e bem conceituado em uma indústria multinacional com sede nos EUA. Com 25 anos de experiência, ele era mestre em supervisionar as complexidades técnicas das funções financeiras que chefiava e foi recompensado com promoção atrás de outra, até chegar ao cargo de diretor financeiro.

Diante de seu sucesso profissional, Sean foi surpreendido com um comentário negativo que recebeu em um feedback de 360° sobre suas competências em inteligências social e emocional, que foi realizado por seus chefes, parceiros e subordinados.[1] A avaliação foi parte de um programa de desenvolvimento de liderança em que ele interagiu com uma coach executiva. A coach já havia ajudado Sean a desenvolver sua visão pessoal. Agora, era hora de rever o feedback.

"Qual é sua reação em relação a esse feedback?", ela perguntou a ele.

Sean folheou as páginas rapidamente e parou na metade. Ele olhou para a coach e disse: "O feedback foi muito bom, no geral. Estou surpreso com os pontos fortes que os outros notaram. Eu já ouvi alguns desses feedbacks antes, mas é fácil perder de vista o que você faz bem quando se está nas trincheiras trabalhando nos problemas, como eu tendo a fazer o tempo todo." Ela o instigou ainda mais para que ele descrevesse seus pontos fortes mais característicos, baseados na avaliação, e como eram visíveis para as outras pessoas.

Após um amplo debate sobre seu feedback positivo, a coach do Sean perguntou: "O que mais?"

Sean olhou para os papéis da avaliação e disse: "Está totalmente claro que meus parceiros e subordinados diretos sentem que eu não os escuto direito e, às vezes, nem isso. Está claro."

Sua coach sondou: "Você acha que isso é válido?" Sean pensou por um momento. "Bom, é difícil negar quando várias pessoas dizem o mesmo. Quando volto e penso a respeito, consigo entendê-las. Minha agenda é bem cheia, e eu não tenho tempo para perder com conversa fiada." Sean e a coach passaram mais tempo trabalhando em outros feedbacks da avaliação até o resumirem ao balanço pessoal de suas vantagens e desvantagens (ou seja, pontos fortes e fracos).

Então, ela perguntou: "O que você sente que te inspira no trabalho? Onde você aplica maior energia?" Sem perder tempo, Sean respondeu: "Definitivamente, tornar-me um melhor ouvinte. De todos os feedbacks, esse é o que mais me incomoda. Mas não sei exatamente como melhorar."

Felizmente, a coach de Sean sabia como ajudá-lo com as mudanças que ele desejava fazer. Ela já tinha começado com um passo fundamental no processo: construir um relacionamento de coaching positivo. Embora Sean tivesse muita experiência em trabalhar com pessoas dentro e fora da empresa, construir relacionamentos de trabalho eficazes com seus gerentes ou parceiros, sem citar seus subordinados diretos, nunca foi uma prioridade. Ele costumava ver os relacionamentos de trabalho como meios para alcançar uma tarefa ou como recursos necessários para concluir um projeto.

Ao contrário dos outros consultores, como seu contador, advogado ou médico, a coach do Sean procurou criar um relacionamento ressonante de confiança e apoio, do tipo que debatemos nos Capítulos 2 e 3. Ela primeiro desenvolveu uma afinidade com ele perguntando sobre sua jornada profissional e pessoal e se interessando por sua história. Ela também perguntou sobre o resultado que ele desejava do envolvimento de coaching entre eles, resumindo tudo em um documento para ancorar o processo. Nas sessões subsequentes, ela priorizou os objetivos e a agenda dele para o tempo que ficariam juntos, perguntando regularmente o que ele estava deixando de fora da conversa deles para ajudá-lo a refletir. Enquanto fazia várias perguntas para ajudar Sean a se conectar com o melhor do que ele era como pessoa e líder, ela passou a maior parte do tempo ouvindo ativamente e servindo como um espelho, devolvendo a ele o que ela ouvia.

Esse processo levou a coach de Sean não apenas a conhecê-lo, mas a se conectar com ele em um nível mais profundo. Também ajudou a criar um espaço de segurança psicológica onde ele podia pensar e refletir sem medo de ser julgado. É improvável que Sean tivesse se mostrado tão aberto e comprometido a melhorar suas próprias deficiências se estivesse relutante em analisar os dados honestamente com sua coach ou se estivesse se sentindo ameaçado ou na defensiva em sua presença. Por último, o que a coach do Sean fez foi demonstrar que ela se importava com ele como pessoa e queria seu sucesso, o que, por sua vez, permitiu que a confiança criasse raízes em seu relacionamento de coaching.

O relacionamento entre qualquer tipo de apoiador e a pessoa que está sendo ajudada é a essência de qualquer processo de mudança. Retornaremos à história de Sean mais tarde neste capítulo, conforme exploramos o relacionamento de coaching e alguns princípios básicos de como construir e nutrir um relacionamento eficaz. Também veremos como as preparações internas dos apoiadores afetam a interação e como a escuta ativa é fundamental. Mas primeiro exploraremos como desenvolver um relacionamento ressonante com as pessoas que nos esforçamos para ajudar e apoiar.

O que faz um relacionamento ressonante?

Momentos de coaching inspiradores e significativos e relações de coaching de confiança e alta qualidade não acontecem por acaso. Exigem vontade, preparação e prática. Em sua essência mais profunda, um relacionamento de alta qualidade entre, digamos, um gerente e um colaborador é moldado por interações e conversas contínuas entre essas duas pessoas. Quando você está tentando ou esperando ajudar as pessoas, seu papel principal como apoiador é facilitar o desenvolvimento e o aprendizado autodirigidos para a outra pessoa. Conversas eficazes de desenvolvimento são moldadas pela qualidade das conexões distintas que formamos, nossa habilidade de ouvir profundamente e permanecer totalmente no presente, assim como o encorajamento que oferecemos para inspirar a outra pessoa a aprender, crescer e mudar com debates significativos.

Nosso colega da Weatherhead, John Paul Stephens, ampliou um trabalho originalmente feito por Jane Dutton e Emily Heaphy para descrever uma conexão de alta qualidade — uma conexão que é uma interação positiva, diádica e de curto prazo. Vivenciar uma conexão de alta qualidade o deixa se sentindo vivo, elevado, ativo e verdadeiramente se importando.[2] O aspecto positivo dessa interação deve ser recíproco, ou seja, mútuo. As duas partes trocam sentimentos de compaixão arraigados em uma experiência de compartilhar vulnerabilidade e receptividade entre si. Stephens, Heaphy e Dutton propõem que a base dos mecanismos comportamentais, emocionais e cognitivos possa explicar as conexões de alta qualidade.

Conexões de alta qualidade inspiram vida para os dois, o apoiador e a pessoa que está sendo ajudada, sempre que se encontram, e oferecem a base para um relacionamento ressonante de longo prazo crescer, assim como uma visão compartilhada, compaixão e a energia despertam o AEP e seus efeitos de renovação em cada pessoa. Conexões revigorantes e positivas são essenciais para estabelecer confiança, transmitir e experimentar apoio. Como Dutton e Heaphy explicaram, mesmo as trocas de curto prazo entre pessoas podem resultar em uma conexão de alta qualidade, que eles descrevem por meio de três dimensões estruturais: *capacidade de transmitir emoções, tensilidade* e *grau da conectividade*.[3] A capacidade de transmitir emoções permite que uma gama completa de emoções positivas e negativas seja compartilhada. Tensilidade se refere à capacidade de conexão para se adaptar e dar a volta por cima em várias situações e contextos. O grau de conectividade descreve até que ponto as conexões encorajam a generatividade e a abertura a novas ideias. Dimensões, como a capacidade de transmitir emoção, estão associadas a uma maior resiliência nas pessoas e em suas equipes. Essencialmente, compartilhar mais emoções em relacionamentos ajuda as pessoas a serem mais resilientes.[4]

As pesquisadoras Kathy Kram e Wendy Murphy sugerem que, para os relacionamentos de apoio terem um impacto transformador, as conexões precisam ser positivas e mutuamente compartilhadas. Tanto o coach ou apoiador quanto a pessoa que está sendo ajudada precisam ter entre si uma consideração mútua, compartilhar um comprometimento na relação entre si e se beneficiar igualmente de suas interações e de seu empenho. Esses relacionamentos ajudam a promover a abertura para o aprendizado e a mudança. Muitas vezes, isso separa o coaching, o aconselhamento ou inclusivo o relacionamento com um gerente de um típico relacionamento de trabalho ou até mesmo de um aconselhamento tradicional, em que o mentor somente aconselha o mentee. Na essência, esse tipo de relacionamento é uma parceria de desenvolvimento em que o primeiro foco da experiência é estimular e apoiar o aprendizado. Isso pode ser pessoal, profissional ou uma tarefa relacionada ao aprendizado, ou alguma dessas combinações.[5]

Sabemos por meio de pesquisas que indivíduos são afetados por interações com outras pessoas por meio do poder do contágio emocional e da imitação social. É por isso que a *qualidade* no relacionamento de coaching, gerenciamento ou ajuda tem um valor importante. Para indivíduos e equipes que buscam mudar, os relacionamentos formam a base de suporte, desafio, aprendizado e encorajamento entre as pessoas.[6] Em nossos papéis como coaches e apoiadores, é importante nos lembrar de que temos um impacto profundo no estado emocional e humor, então precisamos estar atentos sobre quem estamos contagiando com nossas emoções e humores.[7]

No modelo da Teoria de Mudança Intencional apresentado no Capítulo 3, os relacionamentos ressonantes estão no centro e afeta cada uma das fases de mudança desejada e sustentável e as transições entre as fases. Tenha em mente que desenvolvimento e mudança não são um processo desigual e não linear, desenvolvido por muitas pessoas como uma série de altos e baixos. O autoconhecimento pessoal não acontece automaticamente ou no vácuo, caso contrário, seríamos altamente conectados com nossos sentimentos e as razões por trás deles. A pressão no trabalho e na família exige, com frequência, que trabalhemos contra nossas melhores intenções para aumentar o autoconhecimento e o crescimento. Normalmente, quando somos capazes de manter os esforços de um processo de crescimento, é porque temos apoio de uma, duas ou uma rede de pessoas. Como já falamos nos capítulos anteriores, chamamos isso de *relacionamentos ressonantes*, porque envolvem apoio, segurança e impregnam a gente com energia e motivação para refletir autenticamente, tomar a iniciativa e continuar tentando.

Voltemos à história de Sean. Uma coisa que a coach dele fez para nutrir um relacionamento ressonante foi demonstrar interesse sincero em conhecê-lo. Ela também expressou um desejo verdadeiro de ajudá-lo. Criou um ambiente no qual ele podia refletir aberta e honestamente sem medo de ser julgado, e isso deu a Sean uma sensação de confiança e segurança psicológica. A coach o incentivou a dar nomes a seus valores essenciais e pontos fortes, a falar alto sobre eles e expressar o significado singular que lhes atribuiu. Como analisaremos adiante neste capítulo, esses são os tipos de debate que promovem uma visão compartilhada e desencadeiam uma energia positiva compartilhada, conectando o coach, gerente ou outro apoiador à pessoa que está sendo ajudada. Sean podia notar o quanto sua coach valorizava e reconhecia suas qualidades positivas, dando a ele a sensação de estar sendo compreendido, via-o como uma pessoa por inteiro, com pontos positivos e negativos, e com capacidade de elevar seu potencial e alcançar sucesso. Esse elemento do relacionamento entre eles foi significativo em motivá-lo a dar um passo à frente. Se ele não tivesse visto seus recursos de uma forma global, considerando os pontos positivos igualmente com esforços, provavelmente se sentiria muito na defensiva ou muito desencorajado para trabalhar naquilo que ele queria mudar, melhorando sua habilidade de ouvir melhor as pessoas.

Na sessão seguinte deles, a coach queria ter uma noção de como era um dia típico de Sean antes de trabalhar com ele em um plano para ajudá-lo a se tornar um melhor ouvinte. Ela já sabia que o trabalho dele implicava dar suporte ao CEO em liderança estratégica na empresa global por meio de operações financeiras supervisionadas em todo o mundo e com seus parceiros da alta direção da empresa. Ele tinha uma boa afinidade com os analistas de Wall Street e gostava de estar preparado para ligações dos investidores trimestralmente. A equipe de Sean de subordinados diretos incluía oito chefes do financeiro da empresa e várias unidades de negócio no mundo todo.

"Vamos supor que eu seja um de seus subordinados diretos", a coach começou. "Mostre-me um dia típico de trabalho e como vamos interagir. Mas vamos começar com o espaço físico. Fale-me sobre seu escritório. O que eu vejo?"

Sean respondeu: "Eu tenho uma mesa com dois computadores que fica de frente para a janela; um dos computadores é para negócios internos da empresa, e o outro, para seguir a atividade das ações. Tem outra mesa em frente, que dá para a porta, e minha cadeira fica entre as duas mesas. Quando estou no escritório, passo a maior parte do tempo olhando para as telas dos computadores."

"Então você fica de costas para a porta?", a coach perguntou.

"Com frequência."

"Ok", ela disse. "Então digamos que eu venha para conversar com você, seja combinado ou não. O que aconteceria?" Sean descreveu um cenário em que o parceiro ou o subordinado direto ficaria em pé na entrada da porta enquanto ele permaneceria com os olhos grudados nas duas telas, e de costas para ele. Ele explicou que detestava "reuniões por reuniões", então tinha uma conversa rápida e direta. Sean também não gostava de microgerir; a não ser que fosse uma atualização importante ou um problema que alguém precisasse de ajuda para resolver, ele não via muita necessidade em reunir, e mantinha suas conversas entre dez e quinze minutos, e com frequência a pessoa permanecia de pé.

No feedback de 360°, a equipe de Sean e os parceiros disseram se sentir como se Sean não tivesse tempo para eles e não se importasse em ouvir o que tinham a dizer. Agora, na conversa com sua coach, ocorrera a Sean que os relacionamentos que ele tinha com os outros eram funcionais e puramente focados em tarefas ou resolver problemas. Confrontado com essa realidade, ele olhou para a coach e disse: "Não é de se admirar as pessoas sentirem que eu não as escutava!" "Elas devem me achar um idiota!" A coach não concordou com toda a sua autoavaliação, mas concordou com uma coisa. Na maior parte do tempo, ele prestava mais atenção ao problema ou à tarefa, e não à pessoa — e isso era um obstáculo para sua habilidade de liderar a equipe de forma eficaz.

Nos meses seguintes, Sean testou os novos comportamentos para ajustar como ele interagia com seus subordinados diretos e parceiros. Seu objetivo era construir um relacionamento melhor no trabalho com as pessoas, e isso incluía sair de trás da mesa e ficar longe das telas dos computadores, que eram suas principais distrações. Sean, então, começou a se reunir com as pessoas em uma sala de reuniões e, depois, em uma mesa pequena em seu próprio escritório. Ele programava reuniões mensais com seus subordinados diretos, sem agenda. Eles podiam usar o tempo do jeito que quisessem. Seu trabalho era fazer algumas perguntas e escutar na maior parte do tempo. Ele foi intencional sobre encontrar um lugar para se reunirem com mínimas distrações. Foi estranho no início, e ele lutou contra a ideia de que aquilo era um completo desperdício de tempo. Mas, então, em alguns meses, Sean percebeu que as pessoas estavam mais abertas com ele e compartilhavam mais informações. Agora ele sabia mais sobre as pessoas que estavam a seu redor, a respeito do que estavam fazendo no trabalho e até mesmo fora do trabalho, e se sentiu mais conectado a elas.

A história de Sean ilustrou como, às vezes, pequenos passos — nesse caso, sair de trás da mesa, estar verdadeiramente interessado em se envolver com as pessoas e escutá-las ativamente — podem levar a maiores resultados. Isso porque a mudança de comportamento é, no fundo, sobre mudar nossos pensamentos e hábitos um passo de cada vez.

Mas a história do Sean também é sobre um relacionamento de coaching ressonante e o que o coach pode fazer para desenvolver um. Juntamente com colegas do Laboratório de Pesquisa de Coaching da Case Western Reserve University, estudamos coletivamente a *qualidade* dentro de relacionamentos em vários contextos durante os últimos doze anos. Definimos um relacionamento de qualidade em três dimensões: grau da visão compartilhada, compaixão compartilhada e energia relacional compartilhada — da forma como descrevemos no relacionamento de coaching de Sean. Podemos ver como esses três elementos repetidamente têm um impacto forte e positivo em promover uma série de resultados de liderança e organizacionais, tais como: comprometimento, eficácia e bem-estar.[8]

Do mesmo jeito como as pessoas embarcam em uma mudança ajudada por uma visão pessoal para sustentar a mudança que elas fazem, uma visão compartilhada entre o coach e o coachee ajuda a criar uma imagem de futuro maior e repleta de esperança. Um sentimento de propósito substitui objetivos e tarefas como o motivo para suas interações. Se o relacionamento é entre gerente e subordinado, professor e aluno, médico e paciente, ou cônjuges, ter um sentimento de propósito compartilhado parece maior do que a tarefa de administrar o tempo melhor, tentar se exercitar mais ou planejar férias para a família. Quando duas ou mais pessoas criam uma visão compartilhada, elas se identificam por meio de uma conexão profunda. As conversas parecem mais significativas do que apenas realizar objetivos de curto prazo. Elas parecem caminhar sincronizadas umas com as outras.

Pesquisa em destaque

Acadêmicos e estudantes de doutorado no Departamento de Comportamento Organizacional e no Laboratório de Pesquisa da Weatherhead School of Management realizaram muitos estudos examinando a influência de uma visão compartilhada, compaixão compartilhada e energia relacional na capacidade de criar uma emoção positiva ou negativa em diversas aplicações. O AEP e o AEN em relacionamentos foram primeiro medidos pela pesquisa AEPN (atratores emocionais positivo-negativo) e depois atualizados em sua forma atual, a Pesquisa Climática Relacional.[9] Oferecemos um resumo de alto nível de muitos estudos a seguir.

- Trezentos e setenta e cinco pacientes de diabetes tipo 2 que se consultaram com médicos que criaram uma visão compartilhada sobre seus desejos de saúde no futuro seguiram as prescrições médicas — que é chamado de *tratamento por aderência* — mais do que as relações médico-paciente caracterizadas de maneiras diferentes.[10]

- Oitenta e cinco líderes experientes de bancos interagiram com coach em duas sessões; a qualidade do relacionamento foi medida com dois instrumentos — AEPN e Qualidade Observada do Relacionamento de Coaching do Funcionário (PQECR) — e descobriram que a qualidade de um relacionamento de coaching aumenta o impacto nas competências de inteligências social e emocional na visão pessoal do líder, comprometimento no trabalho e satisfação de carreira.[11]

- A compaixão compartilhada entre gerentes de TI e profissionais prevê um comprometimento em duas escalas diferentes.[12]

- Em um estudo com 218 presidentes de universidades comunitárias, a visão compartilhada levou ao aumento do comprometimento por parte do corpo docente.[13]

- Médicos que foram líderes mais eficazes tiveram relacionamentos médico-paciente caracterizados por uma visão compartilhada e que aumentou o impacto de suas competências de inteligência social.[14]

- Quando executivos em empresas de alta tecnologia tiveram relacionamentos com seus subordinados caracterizados por uma visão compartilhada maior, compaixão e energia relacional, suas equipes criaram mais produtos inovadores do que outras.[15]

- Quando os relacionamentos de uma empresa familiar vivenciaram mais visão compartilhada, o desempenho financeiro nos cinco anos seguintes e o desenvolvimento da próxima geração de líderes foram bem melhores.[16]

- Filhas que tinham uma visão compartilhada com seus pais eram mais propensas a se tornarem sucessoras e CEOs dos negócios familiares do que seus irmãos.[17]

- O efeito das competências emocionais sobre o comprometimento dos membros de uma equipe em consultoria e produção foi aumentado pelo grau da visão compartilhada que eles perceberam em suas equipes.[18]

- Engenheiros ficaram muito mais comprometidos com seus projetos na divisão de pesquisa e desenvolvimento de uma importante indústria internacional quando perceberam um grau maior de uma visão compartilhada dentro da equipe.[19]

A base para uma parceria verdadeira surge de um comprometimento compartilhado mútuo e possível, nos níveis racional e emocional, não apenas de uma troca de ideias. Enquanto uma visão compartilhada espalha sentimentos de esperança e propósito, uma compaixão compartilhada espalha o sentimento de cuidado, que envolve um tipo de confiança e cuidado mútuo, deixando as duas partes se sentindo cuidadas e apreciadas. Compaixão mútua ou compartilhada (ou seja, cuidar um do outro como pessoa, e não apenas como sendo essa nossa função) é a cola que mantém os apoiadores e as pessoas que eles ajudam conectadas umas às outras. Facilitando, no relacionamento, a esperança, o otimismo, o mindfulness, o cuidado e o bom humor, as pessoas ativam o AEP nelas mesmas e naqueles que buscam inspirar e ajudar, liberando benefícios de saúde e outras vantagens, como vimos no Capítulo 3.

A ética do coaching

Se você trabalha como coach profissional, deve seguir códigos importantes de comportamento. Esses códigos de comportamento garantem que o profissional de coaching preserve o mais alto padrão de profissionalismo. Seguir linhas de orientação ética é, com frequência, exigido dos membros em várias redes de coaching; então, familiarize-se com os códigos éticos existentes. Embora não seja possível incluir cada código de coaching das organizações, existem duas em particular com códigos de ética bem desenvolvidos e publicamente disponíveis: Center for Credentialing and Education (CCE) e International Coach Federation (ICF). Os códigos de comportamento sugeridos pelas duas organizações cobrem assuntos como conduta profissional com clientes, conflitos de interesses e questões de privacidade e confidencialidade. Os sites dessas organizações oferecem outras informações.

Mas também diríamos que, dada a natureza interpessoal de ajudar os outros, considerações éticas são importantes para todo mundo ter em mente. Em geral, quatro princípios universais servem como base importante para qualquer esforço de coaching, como gerente, professor, pais, médicos, clérigos etc. Primeiro, lembre-se de que prosperar é o objetivo principal. Acima de tudo, nossa primeira intenção em coaching é ajudar os outros a perceber suas aspirações e crescer na melhor versão deles mesmo. Pegando emprestada a linguagem de Bárbara Fredrickson, o espírito do trabalho do coach é *ampliar e construir*, nunca manipular ou controlar. Segundo — e este obviamente se aplica sobretudo aos coaches profissionais —, sempre tenha um contrato, independentemente se o trabalho é patrocinado por uma pessoa ou uma empresa. Deve ser um contrato por escrito, ter consenso e ser assinado por todas as partes envolvidas, especificando funções, responsabilidades e expectativas. Também é útil para incluir elementos do processo de coaching e o período de tempo em que o trabalho precisa ser concluído.

Terceiro, mantenha a confidencialidade. O relacionamento entre um coach e o coachee pode ser complexo e profundo. Em todos os casos, requer confidencialidade. Como coach, gerente ou outro apoiador, você deve preservar o direito de privacidade da pessoa. Manter a conversa apenas entre vocês dois também é um sinalizador de que você é confiável. A confiança é frágil. Pode levar anos para se construir e um minuto para perdê-la. (Se você é coach profissional, inclua em seu contrato respeito e confidencialidade. Debata isso no começo de seu compromisso como coaching, especificando como e através de quais meios vocês trocarão informações.)

Quarto, conheça seus limites e mantenha-os claros entre você e a pessoa que está ajudando. Se o indivíduo revelar ou se você perceber circunstâncias pessoais ou até mesmo problemas médicos que se estendem além das habilidades do coaching, encaminhe outro profissional que possa ajudar a pessoa. Exemplos de problemas que você pode encontrar são: questões pessoais de família, tais como divórcio, talvez uma criança problemática, saúde mental, como depressão, ansiedade, problemas financeiros e empresariais, ou problemas de atividades ilegais. Igualmente importante, quando se tratam de limites, é manter uma relação profissional (a menos que, claro, seja seu filho ou um amigo que esteja aplicando coaching!). Às vezes, pode ser difícil trazer à tona, porque, quando bem-feito, o relacionamento de coaching resulta nas duas partes se sentindo conectadas e próximas. Portanto, fique atento ao bem-estar da pessoa que você está ajudando, lembrando de não permitir que os limites entre um relacionamento profissional, pessoal ou romântico fiquem indistintos.

Essas são linhas de orientação geral que compartilhamos apenas como um ponto de partida. Elas não pretendem, de forma alguma, ser uma lista completa. A melhor diretriz é preservar cuidadosamente a intenção em orientar para "não fazer estragos". E se você for coach profissional, sempre fique em dia com as diretrizes éticas atuais e as conexões éticas profissionais.

Além da visão e da compaixão compartilhadas, outros pesquisadores oferecem estudos adicionais sobre quais elementos de relacionamentos de coaching são notáveis e relevantes. Pesquisadores da Universidade de Akron sugerem que relacionamentos de coaching de alta qualidade são caracterizados por quatro dimensões: sinceridade do relacionamento, comunicação eficaz, estar confortável com o relacionamento e extensão da colaboração que facilita o desenvolvimento.[20] Outra equipe de pesquisadores estudou relacionamentos de coaching na academia de serviço militar e descobriu que afinidade, confiança e comprometimento também são importantes[21] (para saber sobre os avisos importantes para se ter em mente ao desenvolver um relacionamento de coaching, veja o box "A Ética do Coaching").

A mentalidade do coaching

Como coach, sua atitude mental é tão importante quanto as habilidades que você leva para uma conversa de coaching. Quando você está se sentindo internamente desestabilizado, é improvável que tenha muito progresso em uma situação de coaching. Preparação e disposição são tudo, assim como a prática. No decorrer deste livro, debatemos como o coaching tem diferentes formas — e uma das principais é como pais, especialmente em relação às transições na vida de nossos filhos. Veja a história a seguir de Ellen, uma das autoras deste livro, sobre seus esforços para orientar sua filha em relação a tomar decisões sobre o futuro.

Em uma tarde de outono do último ano do ensino médio de Maureen, Ellen chegou em casa tarde depois de um longo dia dando aulas e encontrou seu marido colocando o jantar na mesa. Que alívio! Tinha sido um longo dia, e ela se lembrou de que a geladeira estava vazia, já que não tinha ido ao mercado, então aquela cena era como um presente. Ela também enfrentou a hora do rush e uma obra na estrada para poder participar de uma reunião na escola de Maureen sobre se inscrever na faculdade e pagá-la.

Durante a reunião, conforme os orientadores escolares repassavam uma porção de detalhes, Ellen sentia que seu nível de estresse aumentava e pensou: "Desde quando o processo de se inscrever em uma faculdade se tornou tão complexo?" Ela também se pegou sonhando acordada sobre como a vida parecia simples quando Maureen era apenas uma criança. "Parece que foi ontem que participei de uma reunião do jardim de infância?", "Como o tempo pode passar tão rápido?" O orientador revisava passos importantes que os estudantes precisavam seguir — tudo, desde se registrar na última etapa das provas até finalizar a lista de faculdades para se candidatar e escrever cartas de admissão (nos EUA). Ellen saiu da reunião com três páginas de anotações e uma dor de cabeça.

Com fome e arrasada pelo dia, ela sentou-se à mesa com sua família. Ellen estava ansiosa para falar e compartilhar com Maureen o que ela havia aprendido na reunião de pais e, então, perguntou com uma curiosidade verdadeira: "Você tem novas ideias sobre as faculdades nas quais vai se inscrever?"

"Sim, acho que sim", Maureen respondeu sem rodeios. "Mas eu gostaria de checar mais algumas." Isso foi uma surpresa para Ellen. Eles haviam passado o verão visitando várias faculdades, e Maureen reuniu uma lista com cinco ou sete nas quais estava interessada. Sentada à mesa da cozinha, Ellen podia sentir que sua própria ansiedade, que havia começado na reunião de pais, estava aumentando. Porém, mesmo assim, lembrou-se de que sua filha provavelmente estava se sentindo aturdida com as escolhas que precisava fazer.

Ellen decidiu buscar outra linha de questionamento. Da forma mais gentil que podia, perguntou: "Como estão indo suas cartas de admissão?" Todos os orientadores de admissão das faculdades deram o mesmo conselho: assim que as inscrições abrem, comecem a rascunhar suas cartas e não deixem para a última hora. Por motivos que Ellen não conseguia entender, Maureen, que tinha sido boa aluna, havia procrastinado por todo o verão e parecia relutante em começar suas cartas. Era como se Maureen estivesse paralisada para se envolver no processo.

"Eu não comecei ainda", Maureen respondeu, parecendo incomodada. "Começaremos a trabalhar nelas nas aulas de inglês na próxima semana."

De repente, foi como se algo tivesse sido desligado em Ellen. O impacto de seus próprios sentimentos de estar esgotada e cansada de repente tomou conta, e ela respondeu com raiva: "Qual é o problema? Você teve o verão inteiro. Está na hora de parar de enrolar e começar a escrever!"

Então, o silêncio, e Maureen olhou furiosa para a janela. Imediatamente, Ellen se arrependeu do que disse e sentiu remorso. Era claro que aquela interação não tinha ido bem. Ela queria ter sido útil, mas havia falhado. Ela sabia que havia perdido uma chance, pelo menos, de fazer uma conexão positiva com sua filha e encorajá-la a começar suas cartas. Permitindo-se ficar frustrada pela reação de Maureen, Ellen parou de escutar e ter empatia.

Mais tarde, Ellen refletiu sobre o que poderia ter feito de diferente. O mais importante é que ela deveria ter feito um balanço de seu estado emocional e físico *antes* de tentar entrar em uma conversa potencialmente explosiva. Estando mais autoconsciente, ela teria percebido que estava cansada e não estava em um bom lugar para orientar ou ouvir atentamente. Então, talvez em outro dia, quando ela e a filha estivessem mais relaxadas, ela poderia tentar de novo. E, dessa vez, lembraria de sua própria adolescência e tentaria ser mais empática em relação à pressão que sua filha sentia em ter de fazer uma escolha na vida. Ela tentaria acompanhar a filha, por assim dizer, em vez de se sentar em frente a Maureen, e tentaria fazer mais perguntas ancoradas no atrator emocional positivo. Por exemplo, perguntas como "Sobre o que você está empolgada em aprender, tentar e conseguir na faculdade?" ou "Quais assuntos na faculdade você vai gostar tanto que mal pode esperar pela próxima aula?" Essas perguntas poderiam ajudar Maureen a se abrir a novas oportunidades e visão pessoal, ao contrário de disparar perguntas que induzem à culpa, ativam o estresse, a ansiedade e a deixam mais fechada.

Como mostra claramente a história de Ellen, a atitude mental de quem está tentando ajudar outra pessoa é fundamental sobre como a conversa se desenrolará. A seguir compartilharemos algumas diretrizes básicas para garantir interações de coaching mais atentas.

Bases do coaching

Oferecemos três bases para ajudar você a abordar interações no coaching com uma mentalidade para construir e nutrir um relacionamento de coaching com qualidade. Primeiro, *acredite que a mudança individual é um processo, não um acontecimento*. Crescimento e desenvolvimento levam tempo. Na busca por novos hábitos, é preciso prática e feedback para aumentar a consciência, a abertura e a energia da pessoa para pensar e se comportar diferentemente. E isso é verdade tanto para o apoiador quanto para a pessoa que está procurando mudar ou recebendo ajuda. Todos nós precisamos nos permitir espaço para cometer erros, crescer e melhorar. O processo não acontece da noite para o dia, embora sempre nos esqueçamos disso quando estamos sob a pressão diária do tempo e do estresse.

Por exemplo, os esforços de Ellen para ajudar sua filha em relação ao futuro não tinham começado naquela noite na mesa de jantar. Ellen havia ajudado Maureen no último ano a pensar sobre carreiras e faculdades que poderiam ser boas para ela. Então, o processo de tentar ajudar Maureen a enxergar o que ela gostaria de fazer e explorar a faculdade certa estava se desenrolando com o tempo. Mas, naquele momento em particular, no jantar, Ellen escorregou para a negatividade e esperou respostas imediatas, que nunca funcionam quando estamos verdadeiramente tentando ajudar. Por sorte, ela e sua filha já tinham constituído um vínculo durante a vida, e Ellen sabia que seria capaz de conversar com a filha uma vez que tivesse reposto seu próprio equilíbrio e seus recursos internos.

Segundo, *considere sua abordagem para orientar como uma chance de achar ouro, e não de cavar lama.* Uma história que apareceu no *Houston Business Journal* anos atrás se tornou a favorita em nossos programas educacionais e de certificação de coaches.[22] No final do século XIX, Andrew Carnegie era uma das pessoas mais ricas dos EUA. Um pobre imigrante vindo da Escócia, ele teve muitos empregos quando era jovem e acabou se tornando o líder da maior fabricante de aço do país. Em certo momento, Carnegie tinha vários milionários trabalhando para ele, o que era muito raro naquela época. Então, um repórter, curioso em entender seus segredos, entrevistou Carnegie, perguntando como era possível pagar tanto dinheiro para tantas pessoas. Carnegie contou que as pessoas se desenvolvem da mesma maneira como o ouro é extraído. "Várias toneladas de lama devem ser removidas para se conseguir um pouco de ouro, mas você não vai à mina procurar lama. Vai procurar ouro." Coaches extraordinários abordam conversas de coaching procurando pelo ouro na outra pessoa ou no grupo. É uma prática de bom senso, mas incomum — e, mesmo com as melhores intenções, os melhores coaches podem perder essa oportunidade de ouro. Como na história de Ellen com sua filha, ficando emocionalmente carregada, ela perdeu uma oportunidade importante de ajudar Maureen a se conectar com seus próprios pontos positivos e ver seus dons únicos, em vez daquele diálogo fechado, ao menos temporariamente.

Terceiro, considere que *a agenda deva vir da pessoa que está recebendo o coaching*. Isso significa que, embora o coach seja o guardião de todo o processo, a razão fundamental para o processo é ajudar a outra pessoa, não é para que o coach compartilhe seus conselhos e sua experiência. Então, mantenha sua agenda flexível e encontre com as pessoas independentemente de onde elas estejam. Como guardiões do processo, é importante saber o objetivo final e manter-se fiel a ele, permitir que a pessoa diga e escolha com mais frequência como vocês usarão seu tempo juntos. Como mostrado na história de Ellen, uma das armadilhas foi que ela conduziu a conversa com a filha, em vez de convidá-la a falar, e como Ellen não checou sua própria energia, foi incapaz de responder da forma empática como gostaria.

Além dessas três diretrizes básicas, o ingrediente mais importante para estabelecer um relacionamento de coaching de alta qualidade é estar totalmente presente e consciente de você mesmo e da outra pessoa. Mesmo os coaches mais experientes devem trabalhar nisso todas as vezes que estiverem aplicando coaching. Um elemento crucial para nutrir confiança e demonstrar apoio é prestar atenção profunda e escutar ativamente a outra pessoa. Exploraremos isso na próxima seção.

Escute além do que você ouve

Relembrando a história de Sean, depois de um prolongado debate sobre seu feedback, sua coach fez uma pergunta crucial: "O que mais?"

Sean então foi capaz de admitir que também tinha lido o feedback negativo e como aquilo o incomodou. "O que mais" (também "Me diga mais") é uma de nossas perguntas favoritas, uma das quais sempre encorajamos nossos estudantes a incluir em suas conversas de coaching. A pergunta em si tem um efeito convidativo, porque transmite um interesse nos pensamentos mais profundos das pessoas. E também conduz a uma abertura para escutar o que a pessoa está relutante em dizer. Com frequência, essa pergunta desperta revelações que podem surpreender até mesmo quem está respondendo.

Lembre-se por um momento de alguma vez em que você prendeu a atenção de alguém, que você sabia que a pessoa estava completamente focada no que estava dizendo para ela e decidida a entender sua ideia ou seu sentimento. Se você é como a maioria das pessoas, foi ótimo! Você se sentiu respeitado, cuidado e até mesmo amado. Você se sentiu especial. Em um nível humano básico, todos nós queremos ser compreendidos e reconhecidos, e quando tiramos um tempo para escutar outra pessoa, demonstramos que nos importamos e valorizamos o que ela tem a dizer.

Escutar é fundamental para ajudar a nos identificar com as pessoas ao redor. Permite que as pessoas confiem e sintam aquela confiança de volta. Escutar encoraja a outra pessoa a se sentir segura psicológica e emocionalmente, portanto, estar mais aberta a novas ideias e experiências. Mas, no ambiente de trabalho, a importância de escutar profundamente é com frequência sobrepujada pela pressão do desempenho e da demonstração de conhecimento.

Escutar é ouvir com atenção cuidadosa.[23] A escuta ativa dará à outra pessoa sua atenção total com todos os seus sentidos. Sua intenção em escutar ativamente é a de compreender totalmente as ideias da outra pessoa ou a mensagem e demonstrar respeito por seu ponto de vista, mesmo que você não concorde com ele. Com suas palavras e pistas não verbais, você deve se esforçar para transmitir que talvez concorde ou não com a outra pessoa, mas primeiramente que você quer compreender seus pensamentos e sentimentos, aceita e respeita o que ela tem a dizer.

Muitos de nós temos dificuldades quando precisamos escutar outra pessoa. Interrompemos, terminamos as frases e avaliamos o que elas dizem. Em menos de trinta segundos, o juiz que mora dentro de nós não apenas decide que sabemos o que as outras pessoas estão pensando, sentindo e o que dirão a seguir, mas também, com frequência, não consegue resistir ao impulso de dizer isso a elas em forma de sugestão, conselho ou ordem.

Em um artigo fundamental publicado em 1952 na *Harvard Business Review*, Carl Rogers e F. J. Roethlisberger, professores na Harvard Business School, sugeriram que o impulso de rapidamente avaliar o que ouvimos é automático e instintivo. O que cria uma barreira para escutar, para a comunicação aberta e o aprendizado. Quando ouvimos uma declaração feita por outra pessoa, imediatamente temos a tendência de concordar ou discordar, e temos uma reação não somente ao que a pessoa disse, mas também a nossos próprios pensamentos em resposta. Quando sentimentos profundos são levantados em uma conversa, nossa reação assume um nível de intensidade emocional. Diálogos são encerrados conforme a tensão e a raiva aumentam, paralisando qualquer esperança de aprendizado ou compreensão.[24]

No coaching, falhas em escutar podem ocorrer — paradoxalmente por causa do trabalho fundamental do coach, que é exercitar autoconsciência e autocontrole emocional, sobretudo quando está escutando. Mas isso pode ser uma faca de dois gumes. Tal autocontrole não é fácil e pode ativar o AEN *no coach* conforme ele resiste ao impulso de falar!

É verdade que os melhores coaches são grandes ouvintes. Entretanto, como humanos, facilmente nos distraímos. Somos pegos por nossos próprios pensamentos e, enquanto pensamos que estamos ouvindo ativamente os outros, muitas vezes estamos antecipando o que temos a dizer. O grau de habilidade e interesse em escutar está no nível superficial. Estamos escutando a conversa que está acontecendo fora de nossa mente, mas não estamos totalmente presentes em escutar a outra pessoa.

A escuta ativa requer boa intenção, esforço e energia. Começa com uma profunda e verdadeira autoconsciência do que somos e o que trazemos para a interação de coaching. Isso inclui estar ciente de nossas impressões pessoais. Nas palavras do psicoterapeuta da Gestalt, Robert Lee, "Nossas suposições e estereótipos criam filtros para como vamos ouvir as pessoas. Nós não escutamos as pessoas do lugar em que elas estão. Nós as escutamos pelo filtro de quem *pensamos* que elas são. Então, estar ciente de nossas impressões pessoais implícitas é essencial para nos manter honestos e aptos a escutar, totalmente, o que a pessoa a nossa frente, na tela do computador ou ao telefone está nos dizendo."[25]

Pesquisa em destaque

Fortalecer nossas habilidades e nossa consciência para nos tornarmos ouvintes atentos tem seus benefícios ao consolidar relacionamentos de coaching que são positivos e produtivos. Os pesquisadores Guy Itzchakov e Avi Kluger fizeram vários estudos envolvendo ouvintes atentos e distraídos. Em um desses estudos, 114 alunos de graduação foram aleatoriamente colocados em pares com ouvintes atentos e distraídos. Quando os estudantes sentiam que estavam falando com alguém que fora instruído para ouvir atentamente, eles demonstravam uma maior autoconsciência, baixa ansiedade e maior clareza em relação a suas atitudes do que quando falavam com ouvintes distraídos. Eles eram capazes de refletir tanto sobre seus pontos fortes quanto seus pontos fracos mais do que quando fizeram par com ouvintes distraídos. Eles também relataram fatores mais complexos ou multifacetados influenciando os assuntos de suas discussões. Eles podiam pensar mais globalmente e visualizar um nível mais alto. Extraindo observações de seus estudos, os pesquisadores afirmam que ouvintes atentos e empáticos encorajam os outros a se sentir relaxados, mais autoconscientes, e expandem sua capacidade de refletir abertamente.

Fonte: G. Itzchakov e A. Kluger, "The Power of Listening in Helping People Change", hbr.org, 17 de maio de 2018.

A escuta profunda continua com a consciência da outra pessoa. Escutar com todos os seus sentidos significa que você ouve, vê e sente o que a outra pessoa está compartilhando, mostrando e vivenciando. Ouvimos as palavras e ficamos atentos aos sinais verbais e emocionais. Ficamos sintonizados na linguagem, na expressão facial e no tom. Vemos os olhos se iluminando, as testas se franzindo e as inquietações nas cadeiras. Escutamos mudanças na voz, no ritmo do diálogo e da respiração, tudo isso na busca de compreender e manter um espaço de apoio e segurança para a pessoa refletir e aprender.

Nos relacionamentos de apoio, um recurso interno com que coaches e apoiadores contam para se sintonizar com outra pessoa é a empatia. Empatia representa nossa habilidade de nos colocar no lugar do outro (ou do grupo) e imaginar o que a outra pessoa está vendo, pensando e sentindo como se fôssemos aquela pessoa enquanto percebemos que não somos. Nossa colega Helen Riess, da Faculdade de Medicina de Harvard, sugere que somos fisicamente programados para sermos empáticos por meio dos neurônios espelhos, que são células cerebrais especializadas no córtex pré-motor. Ela explica: "Antes dessa descoberta, os cientistas geralmente acreditavam que nosso cérebro usava processos de pensamentos lógicos para interpretar e prever as ações das outras pessoas. Agora acreditamos que esses "espelhos" neurológicos e circuitos compartilhados nos dão a capacidade não apenas de *entender* o que outra pessoa está pensando, mas também de *sentir*". Esses neurônios especializados nos permitem conectar cognitivamente com os outros, formando a base do que Riess chama de *inteligência mental compartilhada*, ou seja, literalmente estar no mesmo comprimento de onda cognitivo da outra pessoa.[26]

A empatia tem três aspectos diferentes — cognitivo, emocional e comportamental — que contribuem para fortalecer nossos laços ou conexões em nossos relacionamentos de apoio.[27] *Empatia cognitiva* envolve entender conceitualmente a perspectiva da outra pessoa e usar as redes neurais que incluem o processamento analítico. Isso desencadeia as redes analíticas conforme focamos nossa atenção em coletar informações para formar uma imagem global da pessoa ou da situação, e trabalhar para aprender e absorver sua perspectiva. *Empatia emocional* é a capacidade de estar emocionalmente em sintonia com outra pessoa e sentir o que ela sente. Por exemplo, pode ser a empolgação que você sente quando um colega de trabalho consegue aquela promoção pela qual tanto trabalhou ou a tristeza e a angústia que você sente quando a mãe de um melhor amigo morre de uma doença inesperada. A empatia emocional ativa as regiões no centro do cérebro emocional ou rede empática. Temos mais facilidade em acessar a empatia emocional quando nos vemos semelhantes à outra pessoa (ex.: crescer na mesma cidade, jogar no mesmo time no ensino médio, compartilhar a mesma religião ou visão política). Mas, muitas vezes, isso não é tão imediato ou instintivo quando as diferenças entre duas pessoas são grandes.

Empatia comportamental é o terceiro aspecto. Também conhecida como empatia solidária, é a motivação para reagir e ajudar outras pessoas de alguma maneira. Acontece quando nosso pensamento e sentimento estão integrados e nos impulsionam a querer fazer algo. Você demonstra empatia solidária quando sente algo vindo de seu coração que pede que tome uma atitude para ajudar outra pessoa.

Dependendo da disposição exclusiva do coach, a pessoa pode reagir de maneira diferente às várias expressões emocionais que o coach pode usar. Estar emocionalmente sintonizado cria uma conexão emocional, enquanto uma abordagem analítica pode dar a impressão de que o coach está mais interessado em resolver o problema percebido. Não existe um jeito melhor. Na realidade, para realmente ajudar os outros, precisamos utilizar todas as formas de empatia: a capacidade de sintonizar com os outros, o desejo de entender os outros e a disposição para ser um participante ativo que ajuda os outros em suas jornadas de desenvolvimento e mudança.

Mas, para muitos de nós, que temos dificuldades em sermos bons ouvintes, há esperança! Escutar é uma arte e uma habilidade que pode ser desenvolvida. Henry Kimsey-House e Karen Kimsey-House, junto com outros colegas, Phillip Sandahl e Laura Whitworth, sugerem que existem três níveis de escuta, em que os relacionamentos de coaching se conectam e tomam forma.[28]

- Nível 1 de escuta, também conhecido como *nível de conexão*, envolve escutar as outras pessoas e decidir o que suas palavras significam para nós pessoalmente. O ouvinte enfatiza um foco interno. Escutar nesse nível é útil para estabelecer um fundamento nas conversas por meio da conexão de um nível pessoal com a outra pessoa.
- Nível 2 de escuta é chamado de *nível focado*. Esse nível envolve dar atenção total à outra pessoa e demonstrar empatia e intuição para entender e se conectar profundamente com aqueles com quem estamos interagindo.
- Nível 3 de escuta é o *nível global* e envolve escutar com todos os sentidos e além das palavras. Enquanto continuamos a dar atenção total à outra pessoa, propomos um contexto maior ao que ouvimos, consideramos o ambiente geral e o que não está sendo dito além do que está sendo compartilhado.

Escutar no nível 1 nos permite conectar com outras pessoas. Esse é o tipo de escuta que acontece o tempo todo em ambientes de trabalho, quando encontramos alguém em um evento social ou quando estamos em uma reunião de equipe. Por exemplo: uma pessoa começa a falar sobre seu fim de semana na casa do lago; você acabou de passar um fim de semana fora porque alugou uma casa no mesmo lago, e aí vocês acabam trocando figurinhas sobre os restaurantes favoritos naquela região. Isso é importante, porque se conectar com outras pessoas forma a base para nossos relacionamentos profissionais e pessoais. Mas, para aplicar o coach de forma eficaz, precisamos pular esse primeiro nível e apenas nos conectar nas escutas de níveis 2 e 3. Para estabelecermos um relacionamento de alta qualidade e sermos verdadeiramente úteis, precisamos prestar atenção e ouvir com todos os nossos sentidos.

Apresentamos duas outras dicas simples para ajudar você a ficar atento e ouvir da melhor forma possível. Lembre-se da regra 80-20. Como coach, gerente ou outro apoiador, procure falar em apenas 20% do tempo, permitindo que a pessoa que você está ajudando fale em 80%. Isso ajuda a reforçar que o foco está na pessoa. Outra dica favorita é se perguntar: "Por que eu estou falando?" Se você sentir que está falando demais, não está fazendo coaching, está contando sua própria história, ensinando, gerenciando ou dirigindo. Lembrar então de se fazer essa pergunta fará com que ande nos trilhos. Então, se você se pegar falando demais, faça a pergunta "Por que eu estou falando?", para mudar o foco de você e de sua história e voltar para a pessoa que está orientando.

Esperamos que você tenha encontrado neste capítulo um conteúdo significativo e dicas práticas que o ajudem em seus esforços para construir e nutrir relacionamentos de apoio de alta qualidade. No Capítulo 8, exploraremos como as empresas se esforçam para construir uma cultura de coaching por meio de muitas abordagens, incluindo coaching entre pares, coaching gerencial e também usando coaches externos.

Pontos-chave do aprendizado

1. O relacionamento entre um coach e um coachee ou um apoiador e a pessoa que está sendo ajudada é o que há de mais importante em qualquer relacionamento de desenvolvimento. O relacionamento precisa ser ressonante para ter uma alta qualidade, que significa que é caracterizado por um tom emocional positivo em geral, uma visão e uma compaixão compartilhadas.

2. No esforço para aplicar o coaching ou ajudar as pessoas a mudarem, aborde o relacionamento com uma mentalidade de coaching. Mudar é um processo, não um evento, e leva tempo. Acredite que o ouro existe dentro de cada pessoa e seu trabalho principal é ajudar a remover toneladas de lama para encontrar o tesouro. Permaneça focado na outra pessoa, não apenas no processo ou no problema. Deixe que a pessoa conduza a agenda com mais frequência que você.

3. Uma escuta ativa e profunda da parte do coach é algo fundamental e essencial para a construção de relacionamentos de apoio e alta qualidade.

Reflexão e exercícios práticos

1. No decorrer da próxima semana, perceba as conversas que você tem com outras pessoas. Note como e se as outras pessoas te escutam, e como você as escuta. Preste atenção em qualquer padrão que surja nessas conversas em relação a como cada pessoa ouve as outras.

2. Durante seu percurso para o trabalho (não recomendado se estiver dirigindo) ou em outro momento, logo no início de seu dia, em que você esteja parado, reflita sobre as primeiras interações que teve pela manhã com seu cônjuge, filho, pais ou colegas de quarto. Sobre o que vocês falaram? O quanto você ouviu? Você ouviu o que eles estavam falando e como se sentiam?

3. Cada dia, foque uma conversa no trabalho. Pode ser uma conversa em grupo ou conversas individuais. Então, depois, fale com a pessoa e diga o que você ouviu e sentiu sobre o que ela estava tentando comunicar. Confirme para ver se era aquilo mesmo que ela estava tendo dizer.

Guia de conversação

1. Com seu grupo de estudo ou entre um grupo de colegas, debatam sobre as observações que vocês tiveram em uma reunião que compartilharam. Você observou pessoas na reunião que pareciam estar escutando ativamente e atentas aos outros? Observou pessoas na mesma reunião que pareciam estar distraídas ou não muito atentas às outras por alguma razão? Qual influência suas observações tiveram na produtividade da reunião? E sobre a relação entre as pessoas?

2. Pensando na mesma reunião da atividade anterior, havia pessoas que pareciam estar dando uma aula ou falando sem ouvir as pessoas, em vez de conversar *com* elas? O que se destacava no comportamento ou no relacionamento dessas pessoas? Quando você compara essas pessoas com as outras na mesma reunião, que eram atentas e ouviam os outros, quais eram as diferenças no comportamento?

3. Fale sobre a última vez em que você esteve em uma conversa (possivelmente com um cônjuge, parceiro ou colega de trabalho) quando sentiu que a outra pessoa parecia prestar atenção, mas não parecia estar escutando realmente o que você dizia. Como aquilo fez você se sentir?

CAPÍTULO 8

Criar uma cultura de coaching ou apoio

Caminhos para transformar as organizações

Quando Jeff Darner, diretor sênior de gestão de talentos e RH, trouxe em primeira mão o coaching para Moen, uma empresa da Fortune Brands, ele enfrentou um processo lento e difícil. Como ele mesmo disse, os executivos "não estavam acostumados a perguntar para as pessoas sobre como elas se sentiam".[1] E mais, os gerentes da Moen já se sentiam pressionados com o tempo que tinham para cumprir suas tarefas diárias no trabalho e viram essas conversas de desenvolvimento como outra tarefa que tinham de incluir em suas listas de coisas que já eram longas. Aos poucos, com treinamento e conversas, o clima mudou. Os gerentes, que antes achavam que não teriam tempo para conversar, menos ainda para ouvir, uns com os outros, agora reservavam um tempo para fazer isso. Eles até começaram a perceber diariamente momentos de coaching informal entre os gerentes e os membros da equipe nos corredores depois das reuniões.

É o tipo de cultura de coaching que estamos ajudando a criar nas empresas em que trabalhamos e, agora, com este livro, estamos tentando disseminar esse aprendizado. Especificamente, uma cultura de coaching eficaz desenvolve-se em empresas onde as pessoas ganharam habilidades para ajudar outras a ativar o atrator emocional positivo através do coaching.

Em outros ambientes — em nossa família, amigos ou comunidade —, desenvolver normas para ajudar um ao outro a crescer, aprender e estar aberto a novas ideias seria um apoio para nossa própria adaptação a um mundo em constante evolução. Esse tipo de cuidado também ajudaria a construir e manter relacionamentos mais ressonantes, que, como já explicamos, ajudam as pessoas que oferecem ajuda, assim como aquelas que estão sendo ajudadas, direcionando-as periodicamente ao AEP. Embora estejamos focando o debate neste capítulo em como trabalhar o coaching em empresas, todas as ideias e exemplos podem ser aplicados para criar uma cultura de desenvolvimento em outros ambientes que também mencionamos.

Levar o coaching para organizações de trabalho

Claro, coaching ainda é algo novo nas empresas. Embora o coaching tenha surgido nas empresas no final da década de 1960 e começo da década de 1970, não se tornou uma prática estabelecida até o final da década de 1990 e início da década de 2000. Ainda estamos explorando as muitas formas de coaching e buscando maneiras de melhorá-las. Uma coisa que aprendemos é que o relacionamento de coaching é fundamental, especialmente quando consideramos o quanto essas empresas precisam de líderes ressonantes capazes de motivar e engajar as outras pessoas. Também sabemos que o coaching pode elevar a perspectiva profissional de certos grupos especiais e de risco em empresas, tais como líderes emergentes, grupos minoritários e mulheres. Isso também funciona com nossa família e aqueles que se sentem excluídos ou, de alguma forma, marginalizados.

Por exemplo, sabemos que, nos EUA, as mulheres nas empresas não recebem muito coaching, nem com a mesma frequência que os homens. No entanto, as mulheres "enfrentam realidades individuais e organizacionais distintas", com as quais o coaching poderia ajudar a lidar, de acordo com nossas amigas e colegas Margaret (Miggy) Hopkins, professora da Universidade de Toledo, e Deborah O´Neil, professora na Universidade de Bowling Green State. Em uma de nossas muitas conversas com Miggy e Deb, elas notaram que as mulheres permanecem como minoria em cargos de liderança e são mal pagas como grupo. Portanto, o coaching pode oferecer às profissionais mulheres um lugar seguro para debater problemas, como avançar na carreira em campos de atuações em que os homens dominam e refletir sobre a integração do trabalho e da vida pessoal. Elas também descobriram que os pesquisadores recomendam o coaching para ajudar tanto mulheres quanto minorias a encontrar suas vozes únicas e avançar estruturas organizacionais adentro. Você pode ver como dinâmicas parecidas podem também estar presentes em nossas famílias e comunidades.

Mas oferecer coaching nem sempre é fácil, especialmente pela primeira vez, assim como aconteceu com Jeff Darner quando iniciou o coaching na Moen. E pode continuar sendo um desafio mesmo muito depois de ter iniciado em uma empresa, assim como Niloofar Ghods descobriu quando se tornou líder da prática de coaching na Cisco System. Ela começou esse trabalho esperando conseguir diversas opções em desenvolvimento para milhares de executivos e profissionais. Mal sabia que sua primeira tarefa seria fazer um levantamento das muitas configurações de coaching que já existiam naquele lugar. A Cisco gastava milhões em treinamentos, mas podia contar com uma porcentagem pequena de coaches usados pela empresa e seu pessoal. Como Niloofar descreveu: "Eu tive que limpar a casa."[2]

Ouvimos a mesma história de muitos executivos de aprendizado e desenvolvimento das empresas *Fortune 500*. Como Niloofar, eles achavam que deveriam começar vistoriando e documentando quanto coaching estava sendo entregue e por quem. Naquele momento, também revisaram a melhor forma de as pessoas terem acesso aos coaches. Ademais, garantir qualidade de coaching consistente e gerenciar os pagamentos dos coaches eram os principais desafios, algo que Niloofar abordou criando um processo de treinamento e certificação para todos os coaches da Cisco usarem, tanto os internos quanto os externos.

Mas outras empresas enfrentam desafios de desenvolvimento que são muito mais complexos que relatar e oferecer o melhor coaching.

Amy Grubb coordena um desenvolvimento de equipe (que, às vezes, inclui aplicar coaching) de 25 mil pessoas no FBI. Além da pressão de seu trabalho, líderes do FBI estão no centro das atenções do público diariamente. Eles têm de apresentar uma aparência perfeita enquanto, de alguma forma, fazem malabarismos para atender todas as exigências da verdade, da justiça e da política partidária. Embora o FBI use automaticamente coaches ao integrar um novo executivo ou quando alguém muda para um novo trabalho, Amy também criou um programa em que um líder pode pedir um coach, se precisar. Quando o orçamento federal fica apertado, ela começa a encorajar mais "autocoaching" por meio de exercícios de mindfulness.[3]

Como esses exemplos mostram, criar uma cultura de coaching eficaz requer uma gama de habilidades de gerenciamento e percepção cuidadosa — tudo, desde uma avaliação geral das necessidades, administrar o acesso aos coaches, até (às vezes) centralizar certificação e treinamento do coach para garantir qualidade. Também vemos nesses exemplos três abordagens básicas para oferecer serviço de coaching nas empresas: (1) encorajar e treinar associados para fazer coaching entre pares ou equipes, (2) oferecer acesso a coaches internos ou externos (pessoas profissionalmente treinadas para serem coaches e normalmente certificadas por algum grupo de profissionais) e/ou (3) educar e desenvolver gerentes e líderes seniores para oferecerem coaching a seus subordinados e outros. No restante deste capítulo, veremos cada uma dessas abordagens.

Coaching entre pares

Uma abordagem usada para produzir uma cultura de coaching em empresas é o coaching entre pares, que também é um meio benéfico para iniciar uma norma de coaching com compaixão ou de apoio em famílias, equipes, grupos sociais e até mesmo comunidades. É um processo antigo, claro, e costumávamos chamá-lo de "ser amigos". Mas hoje muitos de nós achamos que não temos tempo para conversar nem com um amigo próximo. Com frequência, recorremos às atualizações do Facebook, mandamos mensagens ou escrevemos um e-mail sacrificando relacionamentos emocionais mais profundos.

O coaching entre pares formaliza uma conexão de apoio e pessoal para uma ajuda mútua. A ideia é a de que duas ou mais pessoas que tenham a mesma função se reúnam para ajudar umas às outras nos desenvolvimentos pessoal e profissional, usando um processo de reflexão frequentemente envolvendo os momentos de destaque e lembrando de incidentes significativos. Nossos colegas Kathy Kram, Ilene Wasserman, Polly Parker e Tim Hall descrevem o processo de ajudar como sendo dinâmico, e o propósito principal do coaching entre pares é "promover um aprendizado mútuo em direção ao objetivo com limites claros".[4] Reavaliar acontecimentos específicos no trabalho parece ajudar mais quando a pessoa envolvida vê cada acontecimento como um tipo de estudo de caso vivo. Então, uma pessoa seleciona um acontecimento com relativa importância para o trabalho, apresenta para outra pessoa ou um grupo, e juntos fazem um brainstorm sobre como aconteceu e quais opções poderiam estar disponíveis. Esse modo de avaliação tem se mostrado com mais valor quando envolve parceiros conversando e ajudando uns aos outros, ao contrário de quando parceiros são guiados por um expert ou um "superior" que pode dar a sensação de outro nível de "auto-obrigação" sendo imposto e acaba estimulando mais AEN.

Quando mais de duas pessoas estão envolvidas, você tem um grupo de coaching entre pares. Um dos grupos de coaching entre pares de mais sucesso para ajudar as pessoas a mudarem seus comportamentos é o AA (Alcoólicos Anônimos).[5] Foi o aspecto de parceria — pessoas se despojando das diferenças formais de status e falando como iguais — que deu ao AA credibilidade e tornou possível que as pessoas abordassem um dos comportamentos mais difíceis de mudar, um hábito de vício, com um sentimento de que é possível. Os membros da reunião, como são chamados, vêm em busca de inspiração, conforto e perspectiva. Saber que todos estão no mesmo barco torna os debates honestos e confiáveis.

O coaching entre pares pode ser formal ou informal, e pode envolver pessoas dentro e fora das empresas. Essas relações, com frequência, sustentam-se durante longos períodos de tempo, porque as pessoas desenvolvem relacionamentos ressonantes profundos que envolvem cuidado mútuo e compaixão, visão compartilhada, propósito, alto-astral e um clima de apoio.

O melhor de tudo, pelo menos da perspectiva da empresa, é que o coaching entre pares oferece uma alternativa de baixo custo para promover ajuda a um grande número de gerentes e colaboradores e pode levar a uma norma cultural muito positiva. Especialmente, o coaching entre pares promove um ótimo caminho para que as organizações pratiquem o coaching diariamente e gerem um efeito em cascata entre gerentes e colaboradores.

Mas como, exatamente, funciona o coaching entre pares? Pelo fato de os grupos de coaching entre pares terem a tendência de ser duradouros e encorajar de uma maneira significativa parceiros ou membros da família a identificarem-se uns com outros, muitas vezes os grupos estimulam o tipo de contágio emocional positivo que leva outras pessoas, por meio da imitação social, a fazerem mudanças positivas. Nesse sentido, grupos de coaching entre pares podem se tornar uma nova forma de apoio e, na melhor das opções, uma extensão da família. E tudo isso, com o tempo, leva a normas organizacionais melhoradas. E o que mais? Embora o coaching entre pares possa ser utilizado para facilitar a mudança de cultura de uma empresa, às vezes ele pode ser um componente crucial para a cultura em si. Pode ser mais importante do que outras formas de treinamentos, que podem oferecer distrações e desviam a atenção da prática de coaching por causa de outros assuntos e participantes. O coaching entre pares oferece um ambiente social dedicado em que um grupo de membros explora meios de ajudar uns aos outros.[6]

O coaching entre pares também pode ter muitas formas. Nos cursos da Case Western Reserve University, pedimos que as pessoas desenvolvam um *quadro pessoal de conselheiros*. Esse exercício não apenas ajuda a aumentar o conhecimento sobre seus relacionamentos principais e fontes de suporte, mas também promove uma lista pronta de pessoas com quem você pode checar seus progressos. Nossas colegas Mônica Higgins e Kathy Kram chamam um formato similar de *redes de desenvolvimento*.[7] Elas recomendam ter um número de pessoas-chave em sua rede de contatos e consultá-las individualmente ou em conjunto para continuar explorando seus crescimentos profissional e pessoal.

No coaching em pares, assim como no coaching realizado por um coach treinado, o relacionamento é o segredo. Todo o trabalho em empresas ocorre em redes de contato, em que cada pessoa é conectada a outras e as

Criar uma cultura de coaching ou apoio 161

ações de uma pessoa impactam as outras. Quando as pessoas trabalham juntas de formas úteis, apoiadoras e significativas por meio de relacionamentos de coaching entre pares, os colaboradores recebem apoio para inovar, adaptar, desempenhar e até passam a ter uma vida mais sustentável e saudável. Na rede segura de relacionamentos confiáveis de coaching entre pares, as pessoas trocam suporte, ideia de testes reais, e interpretam significados importantes dos acontecimentos compartilhados. Para ser eficaz, os participantes precisam de alguma forma de autoconsciência e reflexão, assim como uma dose grande de cuidado e compaixão um pelo outro (veja a seção separada "Desenvolver suas Habilidades de Coaching nas Empresas" e o Capítulo 7 para ter mais informações sobre como desenvolver relacionamentos de coaching de alta qualidade e refinar suas habilidades em coaching). Esses elementos são a cola emocional que facilita uma mudança intencional e encoraja o aprendizado. Em contraste com as tarefas em equipes, os relacionamentos e os laços emocionais *são* o propósito desses grupos. Nossas amigas e colegas Vanessa Druskat e Chris Keys fizeram um estudo em equipes de aprendizado de MBA e mostraram que as normas que produziram as notas maiores (ou seja, desempenho nas tarefas) em um semestre são quase o contrário das normas que produziram maior aprendizado um semestre mais tarde.[8] Um exemplo foram os grupos com as notas mais altas (melhor desempenho em tarefas) que evitaram discutir conflitos, como participação desigual ou ficar às custas dos outros (algumas pessoas ficam às custas das outras no trabalho e não fazem sua parte justa) entre os membros das equipes. Mas as equipes em que os estudantes de MBA sentiram que *aprenderam mais* discutiram abertamente esses e outros conflitos, e tentaram uma resolução, o que as capacitou para que melhorassem suas performances ao longo do tempo.

Um pequeno aviso: muitas vezes, o coaching entre pares, especialmente o em grupo, pode ir na direção do "lado negro" e focar as emoções negativas. Afinal de contas, é a forma como os gerentes são tradicionalmente treinados — para direcionar suas atenções na identificação e na resolução de problemas. Embora esse tipo de abordagem às vezes ajude, não é muito eficaz quando se trata de desenvolvimento humano. Assim como já mostramos durante este livro, uma abordagem que foca o problema pode parecer eficiente, mas ignora o fato de que pensar e despertar sentimentos sobre problemas ativa o AEN, que, por sua vez, pode fechar a imaginação da pessoa a novas ideias e possibilidades. Reconhecer que um problema

Desenvolver suas habilidades de coaching nas empresas

Os passos para desenvolver as habilidades de coaching seguem os estágios de mudança sustentável e desejada descritos na Teoria de Mudança Intencional:

1. Primeiro, analise sua visão pessoal de futuro e determine até que ponto ajudar ou fazer coaching com as pessoas faz parte desse desejo.

2. Uma vez que desenvolva uma visão pessoal que inclua o coaching, faça um balanço de sua capacidade de estabelecer relacionamentos de apoio eficazes. Para a maioria das pessoas, participar de treinamentos é de grande ajuda para expandir o entendimento da função de coach e elevar suas habilidades, não importa se você é um gerente que espera se tornar um coach melhor para sua equipe ou se é um coach parceiro. Isso inclui, de preferência, estudos e avaliações regulares, e talvez um treinamento presencial, cursos online (assíncronos, como o MOOC, ou síncronos, como um seminário na internet e ao

---

existe é bem diferente de passar muito tempo pensando e falando sobre ele. Isso enquadra negativamente a oportunidade. Como resultado, as pessoas se afundam no atoleiro da negatividade e se sentem presas conforme se afundam cada vez mais nessa lama. Para minimizar a possibilidade de grupos tomarem direções negativas, é uma boa ideia que o grupo faça periodicamente contato com um coach qualificado ou peça treinamento específico em desenvolvimento de grupo.

Assim que o coaching positivo entre pares se torna uma norma dentro das empresas, nosso amigo e colega Frank Barret diz que ele "muda a estrutura social".[9] Frank mostrou que, para ter e manter amigos, precisamos de "um tempo não programado, interações repetidas e um sentimento de segurança." Ele nos lembrou de que Aristóteles disse que amigos são fundamentais para uma sociedade.[10] O mesmo é verdadeiro para organizar uma nova estrutura social. Isso muda o que significa estar em uma empresa e nesses relacionamentos.

vivo) ou uma combinação dessas opções. Se você aspira se tornar um coach profissional, precisará investir em um treinamento considerável para desenvolver as habilidades requisitadas.

3. Identifique os profissionais que atualmente fazem coaching da maneira como você deseja aprender, então acompanhe os coaches eficazes ou grupos de coaching entre pares. É uma boa maneira de ver o coaching em ação e você pode complementar suas observações com debates com os coaches, compartilhando reflexões pessoais.

4. O processo de coaching é composto por vários elementos ou estágios. Isso talvez inclua perguntas e ações que trazem o coachee para o AEP, em vez do AEN. Portanto, experimente aspectos do processo de coaching com os quais não está familiarizado. Além disso, acompanhe cada um de seus esforços de aprendizado com reflexão e feedback de pessoas confiáveis.

5. Siga sua experimentação com práticas que também incluem reflexão e feedback.

6. Repita os passos 4 e 5 até alcançar um nível de conforto e sensação de domínio.

Novos grupos de identidade social

Um dos muitos benefícios dos grupos de coaching entre pares é que, com frequência, transformam-se no que chamamos de *grupo de identidade social*.[11] Peguemos como exemplo um caso de programa de liderança que estudamos, um grupo de mais ou menos vinte médicos, enfermeiras, engenheiros, professores e reitores (muitos deles tinham uma posição como executivo em suas profissões). Em quatro estudos longitudinais conduzidos um, dois e três anos depois de completarem o curso, eles reportaram que, junto a grandes mudanças em seus comportamentos e trabalhos, descobriram uns nos outros um novo grupo de referência. Embora a maioria das pessoas de quem eram próximos, no dia a dia, quisesse que eles continuassem a fazer o que já estavam fazendo — e com frequência achando a discussão das mudanças ameaçadoras —, esses participantes nos contaram que as pessoas do grupo do curso permaneceram amigas das pessoas com quem podiam falar sobre seus sonhos e futuro.

Esse grupo evoluiu de um programa altamente inovador, o Professional Fellows da Weatherhead School of Management, que criou oportunidades para que profissionais qualificados com seus diplomas continuassem a se desenvolver. Usando uma pedagogia participativa, o grupo se encontrou por um ano, uma vez por semana, para seminários à noite, mais um sábado por mês como uma forma mais pessoal de desenvolvimento. Os participantes criaram novas declarações de visão pessoal e passaram o tempo aprendendo a "aplicar coach" uns nos outros, convertendo suas visões em planos de aprendizado para os próximos anos de suas vidas.[12]

Muitos programas para executivos e cursos de pós-graduação reportam uma criação espontânea de grupos de identidade social. Note que esses relacionamentos não foram desenvolvidos com experiências difíceis e angústia, como acontece nos campos de batalha. Assim como já debatemos sobre relacionamentos de coaching eficazes nos capítulos anteriores, a ativação das atividades do AEP ajudou esses relacionamentos a se unirem e construírem um profundo entendimento dos sonhos uns dos outros. Eles se importavam uns com os outros e com seus desenvolvimentos. Eles tinham uma visão e uma compaixão compartilhadas e um nível de energia. Esses relacionamentos ressonantes duraram por causa do contágio emocional positivo e do propósito compartilhado.

Uma tradição de coaching entre pares

É claro que esses grupos de coaching entre pares não são uma novidade para as empresas. Nos anos 1960 e 1970, grupos de coaching entre pares eram com frequência chamados de *grupos de apoio* ou grupos de treinamento de sensibilidade. Na década de 1980, círculos de qualidade e outras formas de grupos participativos de colaboradores tornaram-se uma tendência popular. Na década de 1990, isso se transformou em equipes de trabalho autodesignadas e autogerenciadas, e no começo dos anos 2000, as pessoas começaram a experimentar equipes de aprendizado ou grupos de estudo nas empresas.

Todas essas formas tinham muitas coisas em comum. Primeiro, eram grupos de parceiros informalmente gerados. Segundo, o propósito era o de que os membros se ajudassem na vida, no trabalho e no aprendizado (esse era o objetivo principal, mesmo que comer e beber fizessem parte de cada reunião). Terceiro, os membros criavam sua própria agenda e administravam seus próprios processos (ou seja, não havia facilitadores).

Quando um grupo entendia-se bem e as pessoas sentiam afinidade, isso se tornava um novo grupo de identidade social para seus membros, que esperavam ansiosamente pela próxima reunião. Os relacionamentos generalizados iam além dessas reuniões para outros ambientes conforme as pessoas se tornavam amigas e colegas próximos no trabalho. Quando os membros do grupo trabalhavam na mesma empresa, as outras pessoas ficavam observando suas novas formas de interagir fora das reuniões. Se o contágio emocional se espalha, novas práticas se tornam novas normas para a empresa.

Há duas forças que, combinadas, alimentam a energia crescente que conduz o coaching entre pares: *tornar o coaching acessível* para um público maior, não apenas para executivos, e *ter um processo que seja duradouro*, ou seja, que os relacionamentos e os sentimentos gerados no grupo não se dissipem de três a seis semanas depois do curso de treinamento ou de a atividade ser concluída, como acontece com frequência. O grupo durou! A acessibilidade aos grupos de coaching permitiu que dezenas de milhares de pessoas nas empresas se beneficiassem do coaching e do desenvolvimento. E as empresas ou os órgãos governamentais não tiveram de contratar e pagar centenas de coaches ou consultores.

Podemos achar que expandir o coaching entre pares seja a atividade de desenvolvimento definitiva para as empresas. Pega o foco em "o gerente como coach" e o estende a cada gerente, profissional liberal, administrador ou operário. Isso mantém o potencial de o coaching se tornar parte do desenvolvimento para uma legião de pessoas que normalmente não têm como pagar coaches. Desse modo, qualquer associação pode se tornar um coach parceiro, espalhando coaching por toda a empresa. Para as pessoas, um grupo de coaching entre pares pode se tornar seu quadro pessoal de conselheiros. Portanto, o coaching entre pares pode conter a mais promissora das abordagens de construir uma cultura de aprendizado sustentável e desenvolvimento nas empresas.

Na verdade, um estudo mostra que participar desse tipo de parceria durante um programa de MBA leva as pessoas a formarem e usarem os pares no trabalho até mesmo muitos anos depois. O estudo, conduzido por Parker, Kram Hall e Wasserman, mostra a base para um modelo a fim de criar coaching entre parceiros em empresas, em pares ou grupos pequenos. Primeiro, os pares formam um "ambiente de apoio" baseado na construção de um relacionamento positivo; em seguida, dedicam-se a criar sucesso com a solução de problemas que os participantes estão vivenciando no trabalho, e, finalmente, a dupla de coaching entre pares plenamente formada — ou a combinação de muitos pares — transforma-se em um grupo pequeno que infiltra a cultura da empresa e, por sua vez, internaliza as habilidades e o espírito de coaching entre pares. Os pesquisadores descobriram que um propósito compartilhado é o meio que permite todos os estágios no desenvolvimento do coaching entre pares.[13]

A sustentabilidade do coaching entre pares aparece de muitas formas. Por exemplo, um grupo de sócias da Coopers & Lybrand, na área da Baía de São Francisco, decidiu se juntar mensalmente e falar sobre suas vidas e carreiras. Elas começaram com oito membros e expandiram para doze. Esse grupo informal se encontrou por anos, mesmo com alguns membros saindo e outros novos se juntando. Elas procuravam seus pares (outras sócias em uma firma com poucas na época) para ajudar umas às outras. Seus assuntos principais variavam de um conselho para um projeto específico até conselhos de carreira e ajuda pessoal para compartilhar ideias sobre coisas que preocupavam no ambiente de trabalho. Era um grande exemplo de parceria ajudando umas às outras que foi capa especial na *BusinessWeek*.[14]

Além disso, qualquer pessoa que lidou com o sucesso na faculdade, independentemente de ser na graduação de medicina ou direito, MBA ou Ph.D., sabe que formar grupos de estudo e trabalhar junto é uma técnica de sobrevivência. Vimos isso de perto em relação a como os executivos de MBA com frequência tornam o aprendizado possível por meio de grupos de estudos, e esses executivos dizem que aprovam essa atividade. Estudantes tradicionais de MBA, por outro lado, muitas vezes reportam que eles odeiam trabalhar em equipes, exceto estudantes de faculdades em que a meta é aprender como trabalhar em equipe, como é o caso da Case Western Reserve University. Acreditamos que essa atitude é comum porque o curso de MBA tradicional vê o trabalho em uma equipe temporária como uma tarefa que deve ser completada, e então seguir adiante (mais rede analítica, foco e AEN). Enquanto isso, os executivos de MBA frequentemente trabalham nas mesmas equipes de estudo em todos os cursos e durante todo o programa. Há um benefício em os membros aprenderem a ajudar uns aos outros e verem seus relacionamentos como um dos propósitos da equipe de estudo. Portanto, não é surpresa que muitos relatem ter gostado de trabalhar em equipes.

Se você nunca teve a experiência de fazer um curso universitário, provavelmente viu a ideia em filmes como *Legalmente Loira* ou séries como *The Paper Chase* ou *How to Get Away With Murder*. Lori Neiswander, uma ex-aluna do nosso programa Masters in Positive Organizational Development, relatou que formou uma equipe com duas colegas de classe. Apelidando seu grupo de "Vinho e Vídeos", elas se encontravam sextas à noite com uma garrafa de vinho e assistiam de novo a vídeos relacionados à aula e debatiam exercícios e leituras.

Em cursos que buscam desenvolver inteligências emocional e social, o coaching entre pares frequentemente é usado por causa dos custos de se contratar um coaching profissional que são proibitivos para os cursos. Embora nossa colega Ellen venha usando o coaching entre pares juntamente com o coaching em particular para aperfeiçoar o aprendizado no curso de desenvolvimento de inteligências social e emocional para nossos estudantes de MBA, foi na faculdade de engenharia que o coaching entre pares se tornou um componente importante nos cursos para estudantes de graduação. Ellen oferece um treinamento rápido em coaching com compaixão focando a escuta empática para os estudantes e determina que os estudantes façam trios de coaching entre pares. Dessa maneira, os estudantes praticam como ser coach, assim como experimentam os benefícios de um relacionamento progressivo e de suporte. Um coach mentor experiente acompanha cada exercício do trio e oferece toda a orientação necessária.

Alguns grupos de coaching entre pares sobrevivem e crescem durante décadas. Em 1974, Richard se encontrou com um grupo de estudo de profissionais de odontologia em Cleveland para ajudar no desenvolvimento profissional. Vinte anos depois, após mudar de Boston para Cleveland, eles o encontraram e se reuniram novamente com ele. Esse grupo continuou se reunindo, e continua de pé mesmo 45 anos depois. O grupo de estudo se transformou e incluiu eventos sociais com cônjuges, assim como desenvolvimento profissional.

Nossa nova mudança em coaching entre pares

Afirmamos que a forma mais poderosa de usar o coaching entre pares seria com grupos pequenos de cinco a doze pessoas, usando práticas que evoquem ou despertem o AEP. Como já descrevemos anteriormente neste livro, usar atividades e normas de grupo que sejam mais AEP ajudará os membros a serem mais abertos e sentirem o encorajamento emocional que o grupo pode promover. Note que talvez isso requeira algum treinamento de habilidade em como enfatizar o atrator emocional positivo (AEP).

Ao desenvolver seus próprios grupos de coaching entre pares, recomendamos que você comece com um grupo pequeno. Carlos de Barnola Torres, diretor de RH da divisão ibérica da Covidien, disse que sua empresa começou a desenvolver o coaching entre pares com ele pedindo que as pessoas encontrassem alguém e começassem a conversar. Carlos enfatizou que adquiriu habilidades em fazer perguntas e ajudar não apenas como profissional, mas como um coach interno para resolver problemas. Depois de um tempo, ele pediu aos pares que encontrassem outros pares, formando quartetos e continuando as conversas. Em pouco tempo, o coach pôde sair das conversas, e os quartetos continuaram a se reunir, ajudando uns aos outros. Uma nova norma havia sido criada na empresa.

Outra abordagem: usar coaches internos e/ou externos

Empresas que estão buscando contratar coaches primeiramente devem decidir quem contratar externa ou internamente, e às vezes as empresas escolhem os dois.[15] A opção interna talvez comece com um curso interno de treinamento em como ser um coach mais eficaz. Muitos começam contratando alguma organização certificadora de coaches, que têm duas variedades. Os grupos mais predominantes que oferecem um tipo de certificação em coaching são universidades e empresas de treinamentos que "certificam" que a pessoa aprendeu a abordagem particular de sua instituição, técnicas ou métodos. Essas organizações e empresas raramente prometem mais do que isso. Fica a critério dos clientes determinar se essa certificação agrega valor a suas práticas ou se capacita alguém para ser coach. Uma pequena seleção desses cursos publicou estudos que mostram seu impacto, mas a maioria não o fez. Seus resultados são baseados em indicações e no uso por empresas ou governo (isto é, suas listas de clientes).

O segundo grupo compõe-se de associações e empresas que "certificam" que a pessoa é um coach confiável. Essa certificação é baseada nos modelos de competência de seu grupo. Atualmente, as maiores associações são: International Coaching Federation (ICF), Wordwide Association of Business Coaches (WABC) e Center for Credentialing and Education (CCE). A questão complicada é que não há publicações de estudos que mostrem quais competências ou características dos coaches em específico os capacitam para serem mais eficazes que os outros, ou seja, essas associações e empresas oferecem certificação sem nenhuma evidência empírica de que seus modelos realmente funcionam. Embora façam pesquisas, com frequência elas assumem a forma de pesquisas de atitude ou opinião conhecidas nos círculos de consultoria como técnicas de Delphi, em que os coaches atuais dizem o que acham que funciona. Infelizmente, várias vezes foi mostrado que essas abordagens em outros campos criam mediocridade e excluem certos grupos.[16]

Isso deixa as empresas em um dilema. Se elas usarem certificações existentes, não estará claro o que elas garantem. Mas precisam saber de alguma forma se vale a pena contratar determinada pessoa. Talvez o melhor método seja procurar por evidências convergentes de referências pessoais, educação formal e certificação em diversas abordagens. Usar esses métodos para maximizar as qualidades dos coaches contratados pode ajudar as pessoas que procuram coaches a entender que devem procurar pelo melhor desenvolvimento, em vez de simplesmente serem transferidas para um "call center de coaching" ou uma equipe menos competente de coaches.

Os coaches internos também ajudam quando existe uma circunstância única que talvez leve tempo para ser entendida. Por exemplo, quando a Cleveland Clinic, que estava em segundo lugar no ranking de hospitais nos Estados Unidos, quis desenvolver mais seus médicos líderes como gerentes gerais, inicialmente recorreu a um quadro de coaches internos. A clínica, que era um dos maiores hospitais dos EUA, desenvolveu um programa de experiência ao paciente altamente eficaz que mudou a cultura. Enquanto isso, adquiria outros hospitais rapidamente em muitas cidades e vários países. Embora cada um desses detalhes da Cleveland Clinic não fosse único, a combinação criou uma situação com que poucos coaches profissionais já haviam se deparado. Era um programa agressivo de usar coaches para ajudar no desenvolvimento de médicos, enfermeiras e equipe para serem líderes eficazes. Esse grupo de liderança expandido permitiu iniciativas programáticas e crescimento em muitas áreas.

Desenvolver gerentes para serem coaches

Chris Baer, vice-presidente do desenvolvimento de Liderança e Experiência de Talentos do Marriott International Learning and Development, teve uma abordagem diferente para criar uma cultura de coaching transformando gerentes em coaches. Especificamente, ele introduziu um sistema de programas para "imbuir gerentes com uma mentalidade de coaching para liderar equipes adaptativas e de alto desempenho".[17] O objetivo de Chris era mudar o pensamento dos gerentes para darem um "feedback de desenvolvimento no momento, promoverem colaboração e desenvolvimento profissional na hora certa", entre outras coisas. O programa envolvia treinar gerentes em habilidades de coaching e criar grupos de suporte de coaching entre pares para encorajar a nova mentalidade. Chris e seus colegas acreditavam que essa seria a chave para ter resultados excepcionais no clima de negócios competitivos emergentes, no qual a mudança é constante.

Essa abordagem não é nova. No começa da década de 1970, altos executivos da Monsanto que trabalhavam no que hoje chamamos de aprendizado e desenvolvimento pediram ao pioneiro do coaching Walt Mahler para dar cursos de habilidades de coaching para executivos selecionados.[18] Walt usava seu Estudo de Práticas de Coaching em um formato de 360° para coletar informações das pessoas que esses executivos estavam tentando desenvolver.

Nas décadas seguintes, equipes de aprendizado e desenvolvimento de muitas empresas tentaram promover cada vez mais esse aspecto do coaching na função de gerente — basicamente porque os gerentes se tornaram mais focados em desenvolvimento como motivo para permanecerem nas empresas. Em outras palavras, as pesquisas mostraram que os gerentes queriam crescer e avançar desenvolvendo as pessoas nas empresas, e acharam que o coaching é uma maneira eficaz de conseguir isso.

Terry Maltbia, do curso de Certificação de Coaching da Universidade de Columbia, acredita firmemente que o futuro no longo prazo das empresas seria melhor se todos os gerentes em qualquer uma delas se tornassem melhores coaches. O curso de coaching da Columbia usa esse modelo de entendimento das condições, comprometimento, competência e clareza para aplicar o coaching como base para ensinar aos gerentes habilidades e perspectivas de como incluir o coaching como parte de suas responsabilidades do dia a dia.[19]

É claro que pedir aos gerentes que acrescentem coaching a seus esforços diários significa que eles precisarão primeiramente de algum treinamento explicando por que é importante e como obter a perspectiva de coaching e as habilidades requeridas. As habilidades para desenvolver os outros, como já mostramos no decorrer deste livro, não são as mesmas capacidades de gerenciamento típicas. Um estudo revelou como o treinamento de gerentes em habilidades de coaching melhorou as vendas de toda a equipe.[20] Sem esse treinamento, os gerentes ficam predispostos a recair em suas visões pessoais dos outros — preconceitos tão básicos quanto a crença de que as pessoas não mudam —, podendo interferir em quão bem são vistos pelos outros como atenciosos e interessados no desenvolvimento dessas pessoas.[21]

Isso até mesmo pode ajudar em hospitais e na assistência médica. Dr. Patrick Runnels não é apenas psiquiatra, mas também é administrador de um programa de bolsas de estudo para médicos terminarem suas residências em psiquiatria e trabalharem em lugares comunitários de saúde mental. Em um curso de desenvolvimento com coaching do qual participou, ele experimentou e praticou coaching com compaixão. Ele disse: "Não me ocorreu que, ao dar feedback em ambiente de supervisão, você pode usar o coaching com compaixão para alcançar mais pessoas." Ele estava tentando preparar médicos que gerenciariam equipes de tratamento para aumentar a mentalidade e tentar enquadrar seus trabalhos não como tarefas de gerência, mas, sim, como motivadores das pessoas. Durante o curso que ministrava para os colegas, ele pediu que cada um desenvolvesse sua visão pessoal. Fez com que praticassem coaching entres eles e debatessem suas visões entre os colegas, usando o coaching como uma parte regular de suas supervisões (ou gerenciamento) dos outros no hospital. Ele transformou o treinamento em um experimento e expôs metade dos onze membros no último grupo à abordagem de coaching com compaixão. A outra metade não. Ele os colocou em pares e pediu para tentarem motivar o outro médico por meio do coaching. Ele disse que, durante todo o debate depois do exercício, a sala estava cheia de empolgação. Os participantes disseram que o coaching com compaixão fazia muito mais sentido *e* era muito mais divertido do que a forma costumeira que as pessoas usavam para motivar os outros. Suas reações foram, nas palavras deles, "fascinantes". Embora fossem psiquiatras, ele disse: "Dois terços nunca tinham sido motivados por meio do AEP." Agora muitos dos membros colocaram esse método em prática.

A imagem estratégica maior é a de que, se uma parcela importante de gerentes visse o coaching como parte de sua função no dia a dia, e de fato é, o coaching se tornaria uma nova norma, em vez de uma prática ocasional. Poderia mudar as culturas das empresas para ter mais desenvolvimento e compaixão (ou seja, cuidado), o que parece estar mais em sintonia com um grupo maior de colaboradores na força de trabalho que emerge, os millennials. De acordo com pesquisas internacionais, não apenas os millennials são demograficamente tão numerosos, se não mais, quanto a geração baby boomers, mas também são mais orientados para o propósito e buscam desenvolvimento em seu trabalho.[22]

Se gerentes, executivos, líderes e pais vissem o coaching como parte de seu estilo, ou seja, um jeito próprio de atuar em seu papel, isso também contribuiria para uma mudança na cultura de famílias e empresas. Ver o coaching como parte de seu papel infunde uma expectativa de que gerentes, pais, professores, médicos ou enfermeiras devem aplicar o coaching e ajudar os outros. Isso poderia ser um tiro pela culatra, já que adiciona outro "dever" para quem está ajudando. Em nossa experiência, no entanto, os benefícios superam os riscos, e as pessoas aproveitam e adotam o papel de coaching. Se as expectativas são seguidas por uma mudança no comportamento típico e diário do apoiador, então isso sinaliza para qualquer um ao redor que o coaching e o desenvolvimento de outras pessoas *é* uma parte fundamental de seu trabalho ou papel e comportamento apropriado. Quando você muda o que as pessoas veem como regras do jogo, como devem agir e o que devem valorizar, você mudou a cultura!

Como nos contou Niloofar Ghods, desde que chegou a Cisco, sua empresa mudou a forma como o coaching era aplicado, "em que o rompimento é um estilo de vida. A psicologia positiva é um acelerador do coaching. Mas temos de democratizar o acesso e ampliar o uso. A tecnologia ajudará". Niloofar está sugerindo que, com uma empresa de tecnologia, uma equipe que é autosseletiva e tecnicamente orientada, encontrar caminhos para diminuir a distância geográfica, mas com alta qualidade (assim como o TelePresence ou o Webex Meetings da Cisco), tornará o coaching nos continentes e no mundo mais fácil para eles.

Como autores, nossa esperança e nossa visão são as de que, assim que as pessoas começarem a aprender a aplicar o coaching umas nas outras com AEP, logo começarão tentar a mesma abordagem em suas unidades de trabalho, famílias, amigos e conhecidos. Empresas verão os benefícios diariamente, assim como as pessoas que estiverem nelas. Com o benefício do contágio emocional, cada vez mais grupos de coaching entre pares começarão a se reunir. Logo uma massa crítica de pessoas em empresas se envolverá com o processo de coaching entre pares (*massa crítica* é estimada em, pelo menos, um terço de um grupo de pessoas). No final, o coaching com compaixão se tornará uma prática cultural ou norma nas empresas, e as pessoas começarão a compartilhar histórias globalmente de como formaram seus grupos de coaching entre pares. Uma verdadeira revolução de coaching começará!

No entanto, a realidade é a de que nem todo mundo se sente confortável e envolvido em conversas pessoais sobre seus sonhos e construindo mais relacionamentos ressonantes. Às vezes, as pessoas têm dificuldade quando acessam esses pensamentos e sentimentos. No Capítulo 9, veremos qual a melhor maneira de ajudar os participantes relutantes.

Pontos-chave do aprendizado

1. Nas famílias ou em outros grupos sociais informais, como comunidades, a cultura de ajudar os outros a se desenvolverem e estarem abertos para o aprendizado ajudaria em nossa adaptação a um mundo em constante mudança.

2. Criar uma cultura de coaching/de ajuda eficaz nas empresas requer uma avaliação cuidadosa das necessidades, acesso centralizado e alocações de coaches, e, às vezes, treinamento centralizado do coach e certificações para garantir a qualidade.

3. Existem três abordagens básicas para oferecer o serviço de coaching para empresas: (1) encorajar e treinar a equipe para o coach em equipes ou pares, (2) treinar gerentes e executivos para oferecerem coaching a seus subordinados e

talvez parceiros, e (3) oferecer acesso a coaches internos ou externos (pessoas profissionalmente treinadas como coaches, em geral certificadas por algum grupo profissional).

4. Um relacionamento de coaching de alta qualidade aumenta o envolvimento no trabalho e a satisfação na carreira, e pode ser alavancado para ajudar as empresas a desenvolverem e segurarem seus melhores e mais brilhantes talentos, especialmente entre grupos especiais e de risco como líderes emergentes, minorias e mulheres.

5. Coaching entre pares é simplesmente reunir uma ou mais pessoas com o propósito de desenvolvimento pessoal ou profissional. Pode ser formal ou informal, e pode ser ou não de uma empresa específica. O propósito de desenvolvimento pode complementar outras razões para o grupo existente.

6. Relacionamentos de coaching entre pares florescem por meio de cuidado, compaixão, ressonância, entendimento e propósitos compartilhados. Eles são duráveis, sustentáveis e promovem um contágio emocional positivo que pode se tornar a base para uma norma da empresa.

7. Fique atento para que os relacionamentos de coaching entre pares não se voltem para o "lado negro" e foquem principalmente o negativo.

8. Cursos de MBA que focam aprendizado e relacionamentos de equipes demonstram benefícios reais além da fase da educação em si. Um foco proativo no coaching entre pares pode valer a pena no futuro integrando o aprendizado de cada membro.

9. Grupos de coaching entre pares promovem um envolvimento entre todos os membros do grupo, que resulta em laços sociais permanentes fora da empresa. Indícios sugerem que esses grupos podem criar e consolidar uma identidade coletiva saudável.

Guia de conversação

1. Em grupos, debata quando vocês viram o coaching ser usado para o desenvolvimento da liderança na empresa.

2. Descreva para os outros os benefícios individuais e da empresa que derivaram da experiência de coaching ou desenvolvimento. Analise os resultados do impacto do coaching, caso tenha tido.

3. Analise com as outras pessoas como o coaching pode ser aproveitado em sua empresa ou com seus clientes para ajudar os grupos de riscos. Analise, ainda, como esse tipo de coaching pode ajudar os membros em risco de sua família ou outros grupos sociais informais.

4. Debata se sua empresa usa ou não em grupos pequenos o coaching entre pares, formal ou informalmente. O que você poderia fazer para começar ou expandir o coaching entre pares?

5. Descreva para os outros quem são seus principais parceiros na vida pessoal e no trabalho, quem são as pessoas que você sente que têm um vínculo social?

6. Explore juntamente com outras pessoas em quaisquer grupos, formais ou informais, dos quais você é membro e fale sobre vida e trabalho. Com que frequência vocês se encontram? Descreva as interações e os debates. São predominantemente grupos de AEP ou AEN? Eles ajudam você ou as outras pessoas envolvidas? Esses grupos ajudaram você ou as outras pessoas a mudar seus trabalhos ou melhorar seu desempenho no trabalho?

CAPÍTULO 9

Reconhecer momentos de coaching

Agarre a oportunidade

O outono chegou. O ar estava gelado e revigorante, as árvores mudaram de cor, de verde para amarelo brilhante, laranja e, depois, vermelho. No entanto, para Ray Lewis, aquele outono era mais do que uma mudança de estação, também era um momento de transição em sua vida. Ray decidiu embarcar em uma jornada de desenvolvimentos pessoal e educacional que o prepararia para o próximo grande passo de sua carreira: assumir responsabilidades maiores nos negócios da família.

Esse caminho foi traçado para Ray por muitos anos. Ele já trabalhava como gerente de contas da empresa que sua família fundou em 1989 para oferecer serviços de emergência planejados, incluindo limpeza de derramamentos, reparo do meio ambiente e transporte de resíduos. O pai de Ray era um dos proprietários da empresa e o preparou para ter um papel de maior destaque.

Não apenas o futuro profissional de Ray foi traçado por ele; certos aspectos de sua visão pessoal também lhe foram prescritos. Por exemplo, quando a família decidiu vender a casa onde Ray e seus irmãos passaram a infância, eles o convenceram a comprar a casa e, assim, mantê-la na família e investir o dinheiro necessário para sua reforma.

Tudo isso não seria problema, exceto pelo fato de que Ray, lá no fundo, queria algo mais, embora ainda não soubesse o que exatamente. Por sorte, o curso de MBA para executivos em que Ray se inscreveu, que incluía coaching pessoal, foi planejado para ajudá-lo a refletir e expressar uma visão pessoal para seu futuro.

Quando Ray começou a interagir com o coach, admitiu que avançar nos negócios da família era desanimador e um pouco constrangedor. No entanto, o coach viu que Ray ainda parecia disposto a seguir o plano de carreira que tão cuidadosamente fora preparado para ele (com boas intenções) por outras pessoas. O eu "obrigatório" pode ser especialmente poderoso quando as relações familiares são misturadas com trabalho profissional. Embora estivesse entusiasmado para aprender e crescer, Ray não tinha reconhecido plenamente o poder de se identificar e buscar sua verdadeira paixão.

Essa é a essência do que chamamos de *momento de coaching*. Para coaches, gerentes, professores ou outros apoiadores, identificar um momento de coaching inclui dois aspectos: (1) observar uma situação crítica ou uma oportunidade de aprendizado de que a pessoa esteja ou não ciente e (2) perceber corretamente que a pessoa está aberta e pronta para refletir e aprender sobre essas oportunidades.

Neste capítulo, examinaremos mais exemplos de momentos de coaching e como determinar se as pessoas está realmente preparada para receber o coaching. Apresentaremos um guia prático para criar um espaço seguro para reflexão e abertura e debateremos casos típicos de coaching "difíceis" e como as técnicas de coaching com compaixão podem ajudar.

Momentos de coaching estão a nosso redor

A situação de Ray trouxe à luz um relacionamento de coaching formal, mas, quando prestamos mais atenção, podemos ver momentos de coaching em muitos ambientes que nos rodeiam. Exemplos: o líder experiente que foi "convidado" a aceitar uma promoção que significa ter de viajar por três ou quatro semanas todo mês e que está preocupado com os danos que isso possa ter em seu relacionamento com a esposa e os filhos. O amigo que sentiu vontade de começar uma organização sem fins lucrativos para ajudar estudantes do ensino médio em desvantagens a conseguir acesso a uma educação mais avançada, mas que está relutante em desistir de sua carreira lucrativa em uma empresa para ir atrás de sua vontade. O colaborador que está lutando em sua nova função como supervisor e percebeu que só aceitou a promoção por causa das ideias de sua família sobre "ascensão profissional". O paciente diabético que se recusa a seguir o tratamento médico, mesmo sabendo das terríveis consequências para sua saúde. O aluno do último ano do ensino médio que foi aceito em várias universidades de ponta, mas está incerto sobre o quer fazer na vida, está pensando em tirar um ano sabático e viajar toda a Europa antes de começar a universidade. Ou qualquer uma das muitas profissionais que deixaram de trabalhar para criar seus filhos e, anos mais tarde, sentiram-se perdidas sem saber como impulsionar o retorno à carreira.

Mas há outros momentos fundamentais também. Um momento importante em que as pessoas estão abertas ao coaching e à ajuda é quando estão assumindo uma nova posição, de acordo com o pesquisador, nosso amigo e colega, Claudio Fernández-Aráoz. Ele descobriu que os primeiros dois anos no emprego são um momento crítico para ajudar alguém a se tornar mais eficaz.[1] Claudio está entrando em uma categoria mais geral dos momentos de coaching — os momentos de transição na vida ou na carreira. Exemplos adicionais de momentos de coaching podem incluir uma graduação iminente, um novo emprego, a compra da primeira casa, casar-se, ter ou adotar um bebê, dar um tempo ou ser despedido do trabalho, ganhar na loteria, receber uma herança ou ser diagnosticado com uma doença crônica ou terminal. Existem outros momentos de transição que podem não ter tanto impacto como os dessa lista, mas todos são oportunidades para as pessoas repensarem sobre suas visões e seus sonhos para o futuro. Em um capítulo anterior, nós nos referimos aos ciclos de vida e carreiras, que também podem criar esses momentos.

Quando falhamos em reconhecer os momentos de coaching, perdemos a chance de ajudar os outros. Claro que não fazemos isso intencionalmente; em meio a nossos compromissos frenéticos e estresse diário, é fácil deixar passar esses momentos fundamentais na vida de nossos colegas ou membros da família. Ou talvez sentimos que não podemos ajudar porque não experimentamos o que a pessoa está passando e não temos nenhuma sugestão a oferecer. Portanto, mesmo que reconheçamos um momento de coaching, provavelmente deixaremos de ajudar, caso não reagirmos ao momento de forma efetiva. Como tantas outras coisas na vida, às vezes a hora certa e a prontidão são fundamentais.

Reconhecer a prontidão

Embora um momento de coaching esteja associado a um esforço de mudança de longo prazo e geral, uma questão mais estritamente definida ou uma oportunidade que o indivíduo está enfrentando, a pessoa precisa estar pronta para receber o coaching ou o impacto terá bem menos significado. Bruce Avolio e Sean Hannah estudaram a prontidão no campo do desenvolvimento de liderança, que podemos aplicar na prontidão do coaching também. Eles descobriram que, quando as empresas escolhem colaboradores para a liderança, às vezes precisam avaliar e melhorar, se necessário, a prontidão para o desenvolvimento daquelas pessoas.[2] Da mesma forma, antes de ajudar alguém em um momento de coaching, os coaches ou outros apoiadores precisam avaliar e, se possível, aprimorar sua própria prontidão para o coaching.[3]

O modelo de mudança desenvolvido por James Prochaska e seus colegas enfatiza a importância da prontidão para os esforços de mudança do indivíduo. Esse modelo foi amplamente adotado nos campos da psicoterapia e do coaching executivo, e consiste em cinco estágios. Os três primeiros deles, (pré-contemplação, contemplação e preparação) descrevem os níveis de prontidão.

No estágio de pré-contemplação, as pessoas, claramente, ainda não estão prontas para a mudança, o desejo e a necessidade de mudança ainda não estão em seus radares. No estágio de contemplação, elas ainda não estão totalmente prontas para a mudança, mas ao menos estão pensando sobre isso e tentando se preparar. Portanto, apenas quando chegam no momento de preparação é que estão verdadeiramente prontas para a mudança. Enquanto as pessoas não alcançarem esse estágio de prontidão, não estarão aptas para seguir em frente, de forma eficaz, para os estágios de mudança de ação e manutenção (que são o quarto e quinto estágios no modelo, em que uma mudança é realmente feita e sustentada).[4]

Reagir a um momento de coaching

Às vezes, reagimos aos momentos de coaching tratando-os como problemas a serem resolvidos. O resultado é que frequentemente damos conselhos ou soluções, em vez de coaching. Embora pareça ser uma forma eficaz de ajudar na hora, é menos provável que leve aprendizado e crescimento para a pessoa envolvida. Não é sustentável. A diferença entre conselho e coaching é bem expressa pela máxima: "Dê um peixe a um homem e você o alimentará por um dia; ensine-o a pescar e você o alimentará por toda a vida." Outro exemplo é aquele de um adolescente que acabou de escutar uma valiosa "lição de vida" de seus pais, mas que imediatamente esqueceu, pois não vivenciou a situação.

Como coaches e professores que aconselham estudantes de Ph.D., que costumam estar na faixa dos 30 anos, podemos acrescentar que, quando deixamos nos levar pelo impulso de dar um conselho, a pessoa aconselhada, às vezes (se não frequentemente), ignora-o. Mas, quando somos capazes de reconhecer e aproveitar o momento de coaching de formas que inspiram curiosidade e crescimento do estudante, é nesse momento que deixamos de ser conselheiros e nos tornamos, verdadeiramente, coaches.

Coaching com compaixão é como ajudamos uma pessoa a enquadrar a situação ou a oportunidade no contexto do que ela quer ser como pessoa e do que quer alcançar em seu futuro ideal. Esse enquadramento geral ajuda a pessoa a aproveitar os recursos internos capazes de habilitá-la a aprender, mudar ou crescer de formas sustentáveis e significativas à medida que trabalha naquela situação ou em qualquer outra.

Lembre-se também de que os momentos de coaching podem ser algo em menor escala que não necessariamente envolva uma decisão na carreira ou na vida (veja a seção separada "Reconhecendo Micromomentos de Coaching").

Reconhecendo micromomentos de coaching

Talvez um colega de trabalho esteja em um momento difícil lidando com um membro em particular de seu departamento. O relacionamento se tornou estremecido e disfuncional, e talvez o colega não saiba o que fazer para melhorar a situação. Talvez um grande amigo, que foi atleta de destaque na faculdade, compartilhe com você que o filho (que também é uma estrela no esporte) quer desistir da equipe de futebol americano do ensino médio para focar seu tempo e energia em atuar no grupo de teatro da escola e em grupos de teatro da comunidade. Depois de deixar suas emoções tomarem conta e ter um acesso explosivo com o filho, expressando seu considerável desapontamento, sua frustração e sua raiva, agora ele está arrependido e quer voltar a ficar bem com o filho.

Embora esses momentos de coaching talvez não envolvam uma abordagem e aplicação tão profunda do processo de mudança intencional, como já descrevemos até aqui, como coach, você ainda pode ajudar a pessoa aplicando o processo em escalas menores. Por exemplo, no caso do colega de trabalho com um relacionamento estremecido, você pode perguntar a ele como seria um relacionamento ideal com aquele membro do departamento. Então, você fará

Casos de coaching desafiadores

Como já debatemos no decorrer deste livro, coaching com compaixão geralmente deixa o coachee empolgado, energizado, pronto e apto a buscar mudanças sustentáveis. Muitas pessoas agradecem a oportunidade de ter recebido coaching dessa maneira. Afinal de contas, quem não gostaria de ter alguém ajudando a expressar e buscar seus sonhos de um futuro ideal? Mas, às vezes, ajudar alguém pode ser difícil, mesmo quando você está fazendo coaching com compaixão. A seguir veremos cinco tipos desafiadores de situações de coaching mais comuns. Embora todos os exemplos apresentados aqui sejam de casos profissionais, as lições são as mesmas com que ele pense sobre o histórico de interações entre eles (tanto da perspectiva dele quanto dos outros) que levou à situação atual. Em seguida, pode fazer com que ele pense nas estratégias possíveis para melhorar o relacionamento tenso que tem com a tal pessoa. O que ele já tentou fazer antes? Quais abordagens pode tentar a seguir? E, finalmente, você pode encorajá-lo a pedir ajuda a outros amigos e/ou colegas de trabalho que possam apoiar seus esforços para melhorar o relacionamento tenso.

Embora sejam essencialmente os mesmos passos que você daria ao aplicar coaching em alguém ao longo do tempo através de todo o processo intencional de mudança, também podemos ver como o processo pode ser aplicado em "microciclos" em resposta a momentos de coaching específicos. Aplica-se uma lógica similar, mas de uma maneira mais estreitamente focada do que a grande escala de uma visão pessoal e propósito. O ideal é que esses ciclos menores sejam consistentes e deem apoio à busca do eu ideal da pessoa e de sua visão pessoal. E o propósito principal é ajudar no AEP para que, assim, as pessoas fiquem abertas a novas ideias e possibilidades.

para todos (gerentes, professores, pais etc.) que estão tentando ajudar alguém a mudar. Analisar esses casos o capacitará a lidar com eles ou com casos similares que você pode encontrar.

Satisfeito com a vida como ela é

Muitos anos atrás, quando Melvin estava apenas começando como coach e usando as abordagens da Teoria de Mudança Intencional e do coaching com compaixão, ele se deparou com um caso que realmente o deixou desconcertado. No pouco tempo em que estava fazendo coaching com compaixão, ele começou a pensar que se tratava de um "coaching libertador". Estava impressionado como era libertador para as pessoas estruturarem a interação de coaching, e o que esperavam conseguir, no contexto do que o que realmente queriam fazer com o resto da vida. Recorrer a paixões, sonhos e aspirações mais profundas como um enquadramento geral de seus esforços de mudança era transformador para muitos indivíduos. Mesmo nos casos em que não era necessariamente transformação, parecia, ao menos, ser uma experiência emocional positiva e energizante para quase todas as pessoas nas quais tinha aplicado o coaching com compaixão, pelo menos até o dia em que conheceu Anjit Singh (não é o nome real).

Aos 53 anos, Anjit tinha passado por posições importantes em controle de qualidade, operações de produção e TI em uma grande empresa química dos EUA. Anjit e sua esposa, Indira, com quem era casado havia mais de trinta anos, tinham três filhos, que agora eram crescidos, com carreiras e vida bem-sucedidas.

Enquanto a maioria das pessoas que Melvin atendia como coach achava divertido e empolgante refletir sobre os exercícios preparados para ajudá-los a criar seu eu e visão pessoal, Anjit achou os exercícios difíceis e de pouco valor. Em sua perspectiva, ele tinha um emprego que adorava, esposa, família e vida que, no geral, amava ainda mais. Sobre o que sonhar? Não havia nada na vida dele que gostaria de mudar.

Tendo feito coaching em algumas pessoas que, a princípio, estavam hesitantes em se permitir sonhar sobre um futuro ideal sem restrições, Melvin continuou encorajando Anjit a se permitir pensar sobre uma visão ideal da *próxima* fase de sua vida, mesmo que ele estivesse incrivelmente feliz com a vida no momento. Mesmo assim, nenhuma reação por parte de Anjit. Ele não via nenhum valor em visualizar algo mais do que ele já vivia atualmente.

Melvin estava intrigado e pensava se não estava fazendo algo errado. Por que ele não conseguia encontrar as "perguntas mágicas" que fariam Anjit se abrir para a possibilidade empolgante de visualizar ainda mais para sua vida do que ele já tinha experimentado?

Foi quando Melvin pediu ajuda a seu mentor Richard; com certeza ele teria a solução milagrosa que abriria Anjit para alguma mudança desejada que ele gostaria de fazer em sua vida. Mas o que Richard disse o surpreendeu: para algumas pessoas, o processo da Teoria de Mudança Intencional não é sobre fazer uma mudança desejada para *alcançar* um eu ideal. Pelo contrário, é sobre *sustentar* ou manter um eu ideal já conquistado. Aquele foi um momento esclarecedor para Melvin como coach: o processo da Teoria de Mudança Intencional nem sempre tem de ser sobre mudanças. Se alguém já alcançou uma vida desejada, a menos que e até aquela imagem do eu ideal mudar, o processo pode ser mais sobre fazer coisas que darão suporte e manterão aquela vida ideal.

Melvin mudou sua abordagem com Anjit, e funcionou. Agora Anjit podia adotar o processo de mudança intencional como algo a mais do que apenas um exercício que não tinha nenhum valor real para ele. Ele poderia começar a visualizar formas de consolidar e sustentar a maravilhosa vida que já havia criado, e foi capaz de expressar uma visão e desenvolver um plano para garantir que estava preparado para lidar com qualquer fator em potencial que poderia impactar sua capacidade para sustentar a vida ideal que tinha conquistado.

Vivendo em um ambiente repressivo ou opressivo

Em 1996, a Weatherhead School of Management recebeu concessão para oferecer técnicas avançadas e ideias de gerenciamento moderno para os melhores executivos de várias empresas russas. Uma participante do programa de seis semanas era Julia (não é o nome real), diretora financeira de uma das maiores empresas de engenharia industrial na Rússia. Richard foi seu coach no curso.

Ao entrar no edifício da administração na terceira manhã do curso, Richard viu Julia e sorriu, perguntando como ela estava.

Ela fez uma careta e disse: "Péssima. Eu estava tão chateada que não consegui dormir." Richard disse que sentia por ouvir aquilo e perguntou o que a tinha deixado chateada. Ela virou para ele e disse: "Você!"

Richard, que pensou que o seminário e as discussões tinham ido bem, ficou chocado e perguntou: "O que eu falei ou disse que te deixou tão chateada?" Nesse momento, eles tinham entrado no lobby, e Richard sugeriu que pegassem um café e conversassem. Quando se sentaram com seus cafés, Julia explicou:

> Eu tenho 42 anos. Cresci profissionalmente nessa empresa e progredi rápido. Os líderes gostavam do que eu entregava e de como eu me saía. Mas nunca ninguém me pediu ou me permitiu *sonhar*. Até poucos anos atrás, era aceito que a alta direção ou

os funcionários do partido dissessem qual seria o próximo trabalho. E era isso. Na verdade, se você sonhasse com situações em um futuro desejado que criticasse o presente, seria levado às autoridades como sendo subversivo, com severas consequências (por ex., sendo enviado ao Gulag). Então, você acomodava-se na expectativa de que sonhar com possibilidades melhores era algo ruim que precisava ser evitado.

Nesse momento, Julia estava de cabeça baixa. Richard esperou antes que ela acrescentasse: "É como um desperdício de talento — todos esses anos e décadas. Eu não sei se posso mudar o suficiente para, pelo menos, criar uma visão pessoal."

Embora o exemplo de Julia seja extremo, existem muitos refugiados que fugiram de países em guerra ou com opressão religiosa, econômica, política ou psicológica, e que têm dificuldades com a liberdade. Em sua análise clássica, Viktor Frankl documentou como ele e muitos sobreviventes e fugitivos do Holocausto tiveram dificuldades por anos em seus novos países, pois suas existências estavam inteiramente focadas em sobreviver e na sobrevivência de suas famílias. Durante o processo, muitos perderam a esperança várias vezes.[5]

No caso de Julia, ela deixaria o curso para retornar a um ambiente bem diferente, mas com suas velhas crenças e formas de lidar com as questões de gerenciamento. A maneira de lidar com esse momento de coaching foi reduzir a ansiedade de Julia e focar o tipo de pessoa que ela queria ser. Ajudando-a a focar menos no que gostaria de *fazer* e mais em seus valores — quem ela gostaria de ser e como agia com outras pessoas —, Richard foi capaz de ajudá-la a focar algo sobre o qual ela tinha controle. Os valores de Julia eram unicamente dela, e refletir sobre eles a permitiu retornar a seu eu autêntico, que era tão fundamental quanto libertador.

Quando trabalharmos com pessoas em ambientes restritivos, a melhor abordagem é focar seus valores essenciais — aquelas crenças sobre o que é certo, bom, verdadeiro —, que são a base para serem, viverem e, se for apropriado, liderarem autenticamente. A partir dessa base, elas podem levar em consideração comportamentos e ações que podem ser vistos, alterados e experimentados no dia a dia como apoio a seus valores. Isso é frequentemente mais viável do que elaborar uma visão pessoal para daqui dez a quinze anos.

Dividido entre ideais mutuamente exclusivos e igualmente atrativos

Joseph (não é o nome real) acabou de conseguir seu emprego dos sonhos como CEO em uma empresa de porte médio. Ele queria ir além, por isso estava fazendo doutorado ao mesmo tempo. Ele usou planejamento e visualização durante toda sua vida e até ensinou sobre o processo quando foi professor adjunto de estudantes de MBA. Joseph tinha feito um esboço dos estágios nos próximos anos de sua vida, com as prioridades mudando a cada estágio. Em seu estágio atual, ele queria ser um pai e marido melhor, assim como um ser humano melhor para todos com quem interagia, contribuindo em sua comunidade. Ele queria menos estresse em sua vida e ser mais atento.

Joseph tinha três sonhos. Um era desenvolver a empresa e mostrar como uma liderança eficaz pode funcionar. O segundo era levar uma vida mais equilibrada e passar mais tempo de qualidade com sua família, amigos e outros. Seu terceiro sonho era escrever, publicar, ensinar e ser um palestrante que motiva pessoas a alcançarem seus sonhos.

O dilema era que poderia não ser possível realizar todos os sonhos de uma vez só. O tempo e a energia exigidos para tocar e crescer um negócio eram, em geral, incompatíveis com uma vida mais equilibrada e menos estressante. Seu coach tentou algo que quase sempre funciona com as pessoas que têm vários sonhos, alguns dos quais parecendo incompatíveis. O coach pediu a Joseph para priorizar seus sonhos e, literalmente, colocá-los em um ranking. "Se pudesse realizar um desses sonhos, qual deles você mais gostaria?" Joseph sabia que era estar mais com sua família. Porém, ele era muito exigente com seu estilo de vida e trabalho. Então o coach perguntou: "Qual dos dois outros sonhos permitiria passar mais tempo com sua família do que agora e ainda buscar o trabalho dos sonhos?"

Como se atingido por um raio, ficou claro para Joseph que ele precisava fazer um plano específico para transferir a liderança da empresa em dois anos. Antes que acontecesse, ele conseguiu publicar e dar palestras em várias universidades. Ele tentou incluir mais sua família nas viagens de trabalho, planejou mais férias e tempo de descanso com eles, e prometeu que, depois que terminasse o trabalho como CEO, dedicaria uma grande parte do tempo a sua esposa e aos filhos. Após dois anos, quando ele completou o doutorado, transferiu a participação da empresa de consultoria e começou a buscar cargos em universidades. Ele foi contratado para ser professor em uma universidade que enfatizava o ensino, e não publicações ou competição desenfreada, que ele queria evitar, pois seria algo que ameaçaria seu progresso em seu outro ideal: passar tempo com a família. Hoje, muitos anos se passaram e Joseph nos contou que teve sucesso. Mas não chegaria a esse ponto sem confrontar e priorizar suas aspirações.

Muito investimento no caminho atual para mudar de direção agora

Gabriela (não é o nome real) era promotora pública de uma cidade de médio porte dos EUA. Ela ficou curiosa sobre como funcionava o coaching e concordou em se encontrar com um coach pessoal, mas esse era o limite da disposição dela para explorar possibilidades.

Quando o coach pediu que falasse sobre seus sonhos de uma vida perfeita, ela olhou para o relógio e disse: "Isso é muito egoísta." O coach entendeu que ela não se sentia positiva sobre suas possibilidades futuras, mas o que não sabia era o quão hesitante se sentia só de falar sobre o assunto. O coach perguntou sobre sua visão ideal de trabalho, e sua resposta focou resolver os problemas atuais de sua carga de trabalho. Ele perguntou sobre seu sonho de uma vida pessoal ideal. Ela disse que não tinha tempo para isso.

Gabriela vinha de uma família de classe operária e foi a primeira a ir para a universidade. Ela também foi a primeira a fazer pós-graduação e se tornar profissional. Com um emprego de alto prestígio no governo, ela conseguiu mais do que achou que fosse possível quando era jovem. E conseguiu isso trabalhando mais do que qualquer outra pessoa a seu redor. Ela se sacrificou enquanto os amigos se divertiam. Dedicou-se ao seu trabalho de uma maneira que outras pessoas consideravam um pouco obstinada.

Mas conseguiu. Gabriela agora estava na meia-idade e sabia que pagara um preço por seu sucesso: ela tinha perdido a oportunidade de ter uma família e desfrutar do tipo de descanso pessoal que ela sabia que outras pessoas tinham. Não foi intencional, apenas aconteceu desse jeito. Ela sempre tinha focado sua carreira e não tinha colocado o mesmo foco e energia em namoros e atividades fora do trabalho. No entanto, ela se sentia consolada por saber que nenhum de seus amigos tinha ido tão longe quanto ela, nem profissional nem socialmente.

Seu coach tentou muitas e diferentes abordagens para que ela considerasse o que queria da vida e explorasse novas possibilidades para o futuro. Tudo que ela conseguia ver era o presente. Embora em algum nível se sentisse presa, ela literalmente não se permitia pensar sobre isso. Tinha levado muito tempo para chegar naquele ponto, e não desistiria! Para Gabriela, o coaching não era entendido como um novo aprendizado, novas perspectivas ou novos comportamentos. Talvez, em algum momento no futuro, ela tenha algum tipo de despertar, após uma crise ou outro tipo de transição, e fique pronta para se envolver no processo. Mas estava claro que aquele não era seu momento.

Outra variação de alguém que não está pronto ou disposto para receber coach é quando a pessoa coopera apenas para "jogar o jogo". Isso aconteceu com um de nossos colegas, que tentou ajudar um ex-coachee, Franklin (não é o nome real), que tinha acabado de sair da prisão e estava em condicional. Embora eles tivessem tido uma boa conversa inicial, o coach do Franklin saiu da conversa sem a certeza de que algo aconteceria como resultado. Com um histórico de várias condenações e ainda mais detenções, o passado de Franklin não oferecia muita esperança. Mas o coach sabia que ele tinha começado a trabalhar como motorista e tinha conseguido um trabalho como cuidador em um centro comunitário local; pelo menos dessa vez, ele tinha uma chance de lutar para ter sucesso.

O desafio era que Franklin não conseguia ver além de suas tarefas atuais. Ele não tinha um sonho de longo prazo. Pelo contrário, tinha um plano de curto prazo — ficar fora da cadeia e ter algum emprego legalizado. Embora o típico método de "coaching para uma visão de longo prazo" parecesse não ajudá-lo, nem mesmo envolvê-lo, ele pelo menos estava disposto a discutir sobre seus passos e sua intenção de permanecer obediente às condições de sua liberdade condicional e de se sustentar.

Foi quando o coach mudou o foco do futuro para o presente e perguntou: "Como você gostaria de agir e como gostaria de ser visto pelas outras pessoas agora, esta semana, no próximo mês?" Aquilo envolveu Franklin. Como muitas pessoas com hábitos bioquímicos ou comportamentais que são viciadas e simplesmente recriam as condições que as colocaram em apuros, nessas situações elas estão lutando contra as chances de uma recaída e com seu próprio passado. Ao focar o presente, Franklin foi capaz de interagir com o coach para encontrar novos grupos sociais e desenvolver uma nova identidade para fazer uma mudança sustentável em sua vida. Além de desenvolver seu novo negócio, ele queria ser visto como alguém confiável, seguro e acessível. Refletir com o coach sobre a identidade que desejava deu um novo significado à vida dele.

Preso no eu "obrigatório"

Vamos recordar a história de Ray Lewis, na abertura do capítulo. Ele provou ser um caso desafiador para o coach. Aqui tínhamos uma situação em que o coachee sabia que queria fazer algo diferente do que estava fazendo atualmente. Mas ele estava tendo dificuldades em visualizar e expressar o que queria, e mais dificuldade ainda em imaginar como poderia se afastar do caminho que estava claramente tão estabelecido para ele.

O coach de Ray quase podia ver outra versão dele dentro de uma concha tentando escapar, mas a concha de seu eu "obrigatório" parecia impenetrável. O coach tentou várias vezes ajudar Ray a imaginar como poderia ser uma visão autodefinida de seu futuro ideal, mas ele estava tão certo do que seu pai queria para ele que não conseguia criar sua própria visão. Por amar o pai profundamente, não queria desapontá-lo. Ray se sentia verdadeiramente preso.

Durante seu relacionamento, o coach do Ray continuou a desafiá-lo a olhar com atenção e seguir seu coração. Com o tempo, Ray decidiu que era a hora de dar um grande passo. Ele não podia mais suprimir o desejo que sentia em explorar uma vida escolhida por ele mesmo. Ray tirou licença do trabalho e passou um tempo viajando o mundo. Durante suas viagens, ele refletiu sobre quem gostaria de ser e o que realmente gostaria de fazer com sua carreira e vida. Foi durante essas viagens que as coisas finalmente fizeram sentido: ele sabia o que queria fazer e como faria.

Algum tempo depois de seu retorno, Ray participou de uma cerimônia para ex-alunos de MBA executivo. Ele imediatamente abordou seu coach e de uma forma confiante apertou sua mão e disse: "Oi, conheça Ray Lewis." Ray finalmente tinha se encontrado. Ele tinha descoberto seu eu ideal e, com ele, a paixão e a confiança para buscá-lo. Ele agora sabia no fundo de seu coração o que queria para o futuro. Com sua recente paixão e confiança, ele logo deixou os negócios da família e fundou em conjunto um pequeno negócio próprio. Desde aquele momento, quando conseguiu escapar do domínio do que parecia ser um eu "obrigatório" limitador para buscar sua própria visão ideal, Ray prosperou pessoal e profissionalmente. Seu relacionamento com o pai (que acabou entendendo e respeitando a decisão dele) está mais forte do que nunca, e ele está vivendo a vida com um novo sentimento de alegria e aventura.

Reconhecer momentos de coaching para aproveitá-los com eficiência e estar apto para lidar com casos desafiadores, além dos "mais fáceis", é importante para coaches, gerentes e qualquer um que esteja tentando ajudar outra pessoa. Nossa abordagem de coaching com compaixão e as várias nuances que vimos neste livro devem prepará-lo para ambos os casos. No Capítulo 10, apresentaremos as palavras finais de inspiração para preparar você para seguir em frente, e esperamos que aplique o que aprendeu neste livro conforme ajuda as pessoas com conversas de coaching que as inspirem.

Pontos-chave do aprendizado

1. Um momento de coaching envolve uma situação potencialmente crítica ou uma oportunidade de aprendizado da qual a pessoa que recebe o coach está ou não totalmente ciente, e o coach percebe corretamente que a pessoa está preparada e aberta às reflexões e ao aprendizado sobre aquela situação ou oportunidade.

2. Aproveitar os momentos de coaching muitas vezes envolve avaliar e melhorar potencialmente a disposição da pessoa para receber o coaching. Se uma pessoa não está preparada para receber o coaching, é provável que a mudança facilitada pelo coaching seja limitada.

Reflexão e exercícios práticos

1. Pense sobre a última vez em que você encontrou alguém que estava no meio do que descrevemos neste capítulo como um *momento de coaching*. Você reconheceu e tratou como um momento de *coaching*? Como a pessoa reagiu? Ela estava pronta para receber coaching? Havia algo que você pudesse ter feito diferente conforme lidava com a situação e que poderia ter sido de grande ajuda?

2. Quais foram os casos mais desafiadores que você encontrou como coach, gerente, professor, pai/mãe, clérigo ou apoiador de outra pessoa? Como você aplicaria algumas das lições que aprendeu neste livro para ajudá-lo no futuro a lidar com essas situações de modo mais eficiente?

Guia de conversação

1. Quais ideias ou técnicas deste livro você está empolgado para tentar e desenvolver mais?

2. Você está encontrando momentos de coaching em alguns aspectos de sua vida e de seu trabalho, mas não em outros? Como pode se tornar sensível a tais momentos em outros aspectos da vida?

CAPÍTULO 10

O chamado da compaixão
Um convite para sonhar

Muitos de nós nos importamos com os outros e tentamos ajudar. A origem de nosso cuidado pode ser o desejo de inspirar as pessoas com quem trabalhamos a aprender e crescer, ou proteger nossos filhos ou outras pessoas. Também pode ser um desejo de ajudar os outros a melhorar seu desempenho ou colocar em prática seu potencial. Pode refletir um sentido de amor mais profundo. Todos esses desejos são nobres, mas podem nos levar facilmente a fazer exatamente o contrário do que pretendemos. Podemos resvalar rapidamente em tentar consertar as pessoas ou prescrever formas específicas para mudar. Ainda que isso pareça ser mais eficaz, esperamos que neste ponto do livro você reconheça esse erro de querer consertar os outros como sendo um coaching por conformidade (embora bem-intencionado) e um catalisador para emoções negativas e estresse.

Como líderes, pais, professores, médicos, enfermeiras e coaches de todos os tipos, todos somos testemunhas do *reality show* chamado "vida". Vemos injustiças e pessoas sendo maltratadas a nossa volta. Ficamos ofendidos com as pessoas que se acham no direto de "explorar" e abusar da bondade de pessoas estranhas. O mais importante, vemos pessoas em cargos influentes que parecem mais querer se autopromover do que ajudar ou liderar outras pessoas.

Em um mundo de hipocrisia e narcisismo desenfreados e pensamento autocentrado (afinal de contas, é a geração das selfies como uma forma popular de fotografia e mídia social!), podemos fazer nossa parte para reduzir o comportamento defensivo ajudando os outros e desenvolvendo melhores relacionamentos. O melhor antídoto para o narcisismo egocêntrico é se importar com os outros. Uma forma verdadeira com a qual você pode, como leitor, ajudar os outros é inspirar e motivar as pessoas em direção às melhores versões de si mesmas.

O contágio emocional positivo criado no processo também ajudará você a se sentir inspirado e a influenciar positivamente as pessoas a seu redor. A compaixão é contagiante!

Nos capítulos anteriores, pedimos que refletisse sobre quem mais lhe ajudou a se tornar quem você é ou a chegar aonde está na vida. Exploramos como as respostas das pessoas a essa pergunta nos mostram como a compaixão por meio da gratidão desperta o AEP e todas as coisas boas que vêm junto com ele. Então, agora nos deixe fazer a seguinte pergunta: na lista de quem *você* estará? Talvez isso seja nosso legado mais duradouro na vida: fazer a diferença na vida de outras pessoas.

Compaixão como antídoto para o egocentrismo

Por meio de histórias da vida real de pessoas se tornando cheias de energia pela possibilidade de um novo futuro, esperamos que você tenha um novo conhecimento para como e por que se conectar positiva e profundamente com as outras pessoas é benéfico, tanto para sua própria sustentabilidade pessoal quanto para as pessoas com quem interage em várias áreas de sua vida. Afirmamos, com base em nossas pesquisas, que uma forma poderosa e acessível de cuidar e ajudar os outros é fazer o coaching com compaixão. Nem toda conversa apresenta momentos de coaching, e o coaching da forma como sugerimos não é o único caminho. Às vezes, o coaching com conformidade é necessário, e em pequenas doses. Mas, com frequência, deixamos o AEN dominar a experiência e encurtar a duração e o limite da sustentabilidade de qualquer aprendizado ou mudança. Coaching com compaixão é algo que todos nós podemos fazer com intenção e prática, como as histórias no decorrer deste livro tentaram esclarecer. Veja alguns destaques.

As histórias de Greg Lakin, Emily Sinclair e Amy Szabo (Capítulos 1, 2 e 6, respectivamente) nos mostram o quão importante pode ser o impacto na vida das pessoas quando fazemos o coaching com compaixão em contraste com o coaching por conformidade. Ou seja, grandes apoiadores e coaches inspiram, encorajam e apoiam as pessoas na busca de seus sonhos e na conquista de seu potencial máximo. Em cada um desses casos, o coaching com compaixão começou ajudando a explorar e expressar claramente seu eu ideal e visão pessoal para o futuro, e trouxe à tona a diferença entre seu eu ideal e seu eu obrigatório. Como vimos no caso de Mary Tuuk (Capítulo 5), a visão pessoal dela era uma expressão ampla e global de seu ideal e futuro ideal, incluindo sonhos, vocação, paixão, propósito e valores essenciais. A visão proporciona significado na vida e no trabalho, ajudou cada uma dessas pessoas a continuar no caminho produtivo, mas muitas vezes frustrante, para chegar próximo a seu eu ideal.

Como vimos nas histórias de Neil Thompson, Darryl Gresham e Sean Hannigan (Capítulos 2, 4 e 7, respectivamente), os relacionamentos ressonantes fundamentais os ajudaram a dar uma virada na vida e a seguir em frente. Como as emoções são contagiantes, a qualidade do relacionamento com o apoiador ou o coach é crucial para ativar o AEP repetidamente. Além do relacionamento com o apoiador ou o coach, uma pessoa está mais propensa a sustentar seu aprendizado e seus esforços de mudanças se desenvolver relacionamentos confiáveis e solidários. O exemplo de Lori Neiswander (Capítulo 8) mostrou como ajudar os outros a formar grupos de coaching entre pares pode juntar duas ou mais pessoas para o propósito de desenvolvimento pessoal ou profissional. Mas a qualidade dos relacionamentos é durável e ajuda o esforço de mudança a ser sustentável enquanto promove um contágio emocional positivo, que pode se tornar a base de uma norma organizacional ou familiar.

Como vimos na história de Aaron Banay (Capítulo 4), fazer uma pergunta positiva, aberta e evocativa a alguém pode despertar uma nova informação. Sabemos, com pesquisas, que isso desperta o AEP, ativando uma rede específica no cérebro que desencadeia hormônios chamados *sistema nervoso parassimpático* (ou seja, renovação). Fazer uma pergunta negativa provoca uma reação defensiva e desperta o AEN, ativando uma rede diferente no cérebro, que desencadeia hormônios que são o *sistema nervoso simpático* (ou estresse). Na história do Melvin (Capítulo 3), tais perguntas ativaram o eu obrigatório, estreitando possibilidades e fazendo com que se sentisse preso.

Na história sobre a saúde de Ellen (Capítulo 6), vimos que entrar no AEP é estar aberto a novas ideias e um ponto de virada durante o caminho de uma mudança desejada e sustentável. Sabemos, por pesquisas realizadas por outras pessoas e nossos estudos de neuroimagem, que, para sustentar uma mudança ou um processo de aprendizado, a pessoa precisa estar em um ciclo de AEP duas ou cinco vezes regularmente mais do que no AEN. Depois vimos na história de Bob Shaffer (Capítulo 5) que atividades de renovação em doses menores — em termos de tempo e episódios mais frequentes de atividades de renovação — são melhores do que as longas e menos frequentes. Isso também revelou que a renovação usando várias atividades é melhor do que usar a mesma uma ou duas vezes repetidamente.

Testemunhamos na história de Melvin que focar os pontos positivos e não as fraquezas no contexto da visão pessoal dele abriu novas possibilidades. Como resultado, ele experimentou uma sensação de liberdade e propósito. O processo de mudança com frequência ocorre em passos separados, como ocorreu na experiência de Sean Hannigan de se tornar um líder melhor sendo um ouvinte melhor. Outros meios de despertar o AEP incluem visualizar um futuro empolgante e criar um plano cheio de energia e não obrigatório, como vimos na história de mudança de Bassam para se tornar um líder de projetos mais amigável e paciente (Capítulo 6).

Entrar no AEP e voltar a ele durante as conversas requer um relacionamento ressonante e o sentimento de cuidado e confiança que vem junto com ele. Vimos isso ser construído na história de Karen Milley no momento em que ela falou com o filho (Capítulo 6). Então, ela transferiu sua experiência para criar conversas diferentes com seus subordinados no trabalho. Como vimos na história de Ellen, das conversas que ela tinha com a filha adolescente (Capítulo 7), relacionamentos de apoio de alta qualidade requerem apoiadores que preparem a mentalidade e criem uma conexão significativa e positiva com uma escuta ativa e profunda. É fundamental e essencial para o coaching com compaixão.

A história das conversas de Ellen com a filha também mostrou como um momento de coaching requer que o coach ou o apoiador esteja preparado para perceber quando tal momento está acontecendo e adotar uma mentalidade de coaching. Tal momento pode envolver uma situação potencialmente crítica ou uma oportunidade de que a pessoa que está recebendo o coach pode ou não estar ciente, *e* o coach percebe de forma correta que a pessoa está aberta e preparada para refletir e aprender sobre aquela situação ou oportunidade. Muitas vezes, aproveitar os momentos de coaching envolve avaliar e melhorar potencialmente a prontidão da pessoa em receber coaching.

Consultamos durante este livro várias empresas que usam coaching. Mas também mostramos como o coaching pode ser benéfico para famílias e uma longa lista de outros relacionamentos de apoio. Existem três abordagens básicas para tornar a ajuda positiva uma norma na família, na comunidade e no trabalho: (1) encoraje (e/ou treine se precisar) pessoas para aplicarem coach umas nas outras (no trabalho, isso pode ser coaching entre pares em duplas ou equipes), (2) ofereça acesso a vários tipos de coaches internos ou externos, ou apoiadores e/ou (3) prepare gerentes, médicos e outros apoiadores em posições de influência para construírem relacionamentos de desenvolvimento e ofereça coaching para aqueles dentro das próprias equipes e empresas.

Aprenda a ajudar você mesmo

Mesmo com as melhores intenções, as pessoas não podem inspirar e ajudar outras pessoas a aprender e crescer quando elas mesmas escorregam para o AEN. A sustentabilidade pessoal do apoiador ou do coach é fundamental para a capacidade de continuar ajudando com eficiência outras pessoas a serem mais abertas, desenvolverem-se e mudarem.

Nossa recomendação é óbvia, mas, às vezes, difícil de pôr em prática diante dos estresses da vida diária e do trabalho. O segredo é se autodosar com renovação todos os dias. É responsabilidade de apoiadores e coaches se sustentarem e expressarem emoções para um contágio emocional positivo que pode vir somente quando se experimenta o AEP mais do que o AEN. Em outras palavras, afirmamos que não é uma ação egoísta ter momentos de renovação todos os dias. Apoiadores e coaches, que procuram desenvolver meios sustentáveis e de longo prazo para alcançar e manter um nível de eficiência, podem se beneficiar da formação de grupos entre pares com outros coaches. Todos os tipos de coaches precisam de suporte, como a maioria das pessoas que eles estão tentando ajudar e apoiar.

Um convite para sonhar

Um tema importante que enfatizamos durante este livro é o uso de uma visão pessoal para despertar emoções positivas; essencialmente começar com o fim desejado na cabeça, desse modo formando conexões no cérebro e emoções que nos ajudarão a pavimentar a estrada para seu final desejado. Então, agora, convidamos você a sonhar conosco por um momento.

Imagine-se daqui a dez ou quinze anos. Se você for:

Coach: Você tem muitos, muitos clientes e eles vêm de várias culturas. Seus clientes estão se transformando, aprendendo, crescendo, desenvolvendo e desempenhando. Eles estão vivendo uma vida significativa. Principalmente, estão prosperando emocional, física, espiritual e relacionalmente. Alguns clientes formaram grupos de coaching entre pares e, em algumas empresas de seus clientes, esses grupos se tornaram normas. Além disso, existe um indício de que, nas empresas de seus clientes, a cultura está se tornando mais envolvente e desenvolvida do que jamais esteve antes.

Gerente: Seu pessoal está empolgado e comprometido em seus trabalhos. Essas pessoas têm a sensação de um propósito compartilhado. Estão inovando e se adaptando às condições do mercado em transformação e às necessidades dos clientes. Sentem que você está conectado às necessidades delas e está comprometido com seu desenvolvimento. Você investe no crescimento delas. Oferece projetos empolgantes e originais. Seu pessoal não apenas quer ficar na empresa, mas também passar mais tempo no trabalho. Essas pessoas estão tão empolgadas que formaram grupos de coaching entre pares em que testam a realidade, ajudam umas às outras a lidar com problemas e visualizam um futuro melhor. Na verdade, toda a cultura da empresa mudou, com todo mundo contribuindo para o desenvolvimento do outro.

Médico, enfermeira ou médico assistente: Você motivou as outras pessoas a conseguirem bem-estar. Sua função é ajudá-las a se curarem verdadeiramente e manterem a saúde, e a adesão de seus pacientes aos tratamentos é de 100%. Os pacientes melhoram mais rápido e permanecem mais saudáveis durante mais tempo. Tudo isso acontece porque eles cuidam de si mesmos. Tornam-se vulneráveis a menos doenças, com uma alta qualidade de vida e baixo custo com saúde. Se você trabalha com cuidado paliativo, seus pacientes deixam essa vida com dignidade, sentindo-se amados e em paz.

Mãe/pai: Os acontecimentos diários em sua vida doméstica parecem a versão de um filme idealizado de uma família amorosa e cuidadosa. Seus filhos adolescentes querem conversar com você. As refeições em família envolvem conversas interessantes e risadas. Quando qualquer pessoa da família precisa de conselho, ela procura você. Seus filhos mais velhos periodicamente te levam para jantar e você participa das férias da família com seus filhos e suas famílias.

Terapeuta, conselheiro, conselheiro pastoral ou assistente social: Seus clientes estão focados no bem-estar, e não apenas nos problemas. Eles querem estar bem e estão motivados a continuarem com suas terapias ou planos de tratamento. Passam menos tempo focando em si mesmos de modo egocêntrico e mais tempo ajudando outras pessoas menos afortunadas na comunidade. Eles se preocupam com os outros e se entregam. Envolvem suas famílias em atividades de amor e divertidas, e se esforçam para melhorar seu trabalho nas empresas.

Parece bom? Agora, uma maneira de tornar tais visões mais propensas a acontecer para qualquer pessoa que leia este livro é um tipo de "corrente do bem" que todos nós podemos tentar. No próximo mês, cada dia com uma pessoa diferente, converse por quinze a vinte minutos para ajudá-la a se conectar com a melhor versão dela mesma, seus valores, sonhos de vida, desejos no trabalho ou visão pessoal.

Pode parecer intimidante, mas é provável que você trabalhará ou interagirá com mais de trinta pessoas diferentes no próximo mês, caso seja gerente, mãe/pai, coach, médico, professor, clérigo ou esteja em outro papel de apoiador. Estamos pedindo que você tenha apenas conversas de quinze a vinte minutos — dentro dos 960 minutos disponíveis para todos nós e em que ficamos acordados todos os dias — focados em ajudar alguém a experimentar emoções positivas e descobrir ou se reconectar com sua visão pessoal. Pode ser durante o café, almoço ou indo de carro com o colega para a empresa ou a escola. Você pode falar com um grupo no trabalho sobre a ideia, como a abertura ou o encerramento de uma reunião de equipe. Agora imagine cada uma dessas pessoas se sentindo tão inspirada a ponto de disseminar essa conversa para outras pessoas e assim por diante. Como resultado do contágio emocional e imitação social, o efeito capitalizador pode ser tremendo. Um número grande de pessoas teria a oportunidade de uma experiência de mudança de vida potencialmente emocional e positiva com base no coaching com compaixão e em suas visões pessoais de futuro. Tudo isso a partir de um humilde começo: quinze a vinte minutos de uma conversa de coaching!

Esperamos que as histórias e as ideias neste livro tenham inspirado você a tentar fazer algumas coisas para acender a chama da mudança positiva em sua vida e na vida das pessoas a sua volta. Nosso desejo profundo é que sinta a esperança, a compaixão, o mindfulness e o bom humor que resultam quando nos importamos com os outros e os inspiramos a melhorarem a vida. É a promessa do coaching com compaixão.

NOTAS

CAPÍTULO 1

1. D. De La Cruz, "What Kids Wish Their Teachers Knew", *New York Times*, 31 de agosto de 2016; K. Schwartz, *I Wish My Teacher Knew: How One Question Can Change Everything for Our Kids* (Boston: Da Capo Lifelong Books, 2016).
2. D. De La Cruz, "What Kids Wish Their Teachers Knew".

CAPÍTULO 2

1. Para saber mais sobre definição e evolução do coaching, veja M. Smith, E. Van Oosten e Rebecca. E. Boyatzis, "Coaching for Sustained Desired Change", em *Research in Organization Development and Change*, vol. 17, org. R. W. Woodman, W. A. Pasmore e A. B. Shani (Bingley, Reino Unido: Emerald Group Publishing, 2009), 145–174. Outros artigos sobre definições de coaching incluem: V. V. Vandaveer *et alii*, "A Practice Analysis of Coaching Psychology: Toward a Foundational Competency Model", *Consulting Psychology Journal: Practice and Research* 68 (2016): 118–142; R. R. Kilburg, "The Development of Human Expertise: Toward a Model for the 21st-Century Practice of Coaching, Consulting, and General Applied Psychology", *Consulting Psychology Journal: Practice and Research* 6 (2016): 177–187; R. R. Kilburg, "Toward a Conceptual Understanding and Definition of Executive Coaching", *Consulting Psychology Journal: Practice and Research* 48, nº 2 (1996): 134–144; D. B. Peterson, "Executive Coaching: A Critical Review and Recommendations for Advancing the Practice", em *APA Handbook of Industrial and Organizational Psychology*, vol. 2, *Selecting and Developing Members of the Organization* (Washington, DC: American Psychological Association, 2010), 527–566.

2. *ICF Definition of Coaching*, 2018; disponível em: <https://coachfederation.org/about>.
3. *Aumento de coaching profissional/pesquisas sobre coaching*: A. M. Liljenstrand e D. M. Nebeker, "Coaching Services: A Look at Coaches, Clients and Practices", *Consulting Psychology Journal* 60, nº 1 (2008): 57–77; *ICF Global Coaching Study: Executive Summary*, International Coaching Federation, 2012; disponível em: <htpp://www.coachfederation.org/coachingstudy2012>; *2013 ICF Organizational Coaching Study*, 2013; acessado em http://coachfederation.org/orgstudy; Sherpa Coaching, *The Tenth Annual Executive Coaching Survey* (Cincinnati, OH: Sherpa Coaching, 2015).

    Contextos de coaching: R. E. Boyatzis, M. L. Smith e Airborne. J. Beveridge, "Coaching with Compassion: Inspiring Health, Well- Being, and Development in Organizations", Journal of Applied Behavioral Science 49, nº2 (2013): 153–178.
4. Resultados dos estudos de coaching em si — não incluindo terapia, ensino, aconselhamento e outras formas de ajuda — têm mostrado um impacto positivo, em particular, na melhora do bem-estar, na mudança autopercebida e no relacionamento com o coach; veja A. Athanasopoulou e S. Dopson, "A Systematic Review of Executive Coaching Outcomes: Is It the Journey or the Destination That Matters the Most?", *Leadership Quarterly*, 29, nº 1 (2018): 70–88; A. M. Grant, "What Can Sydney Tell Us about Coaching? Research with Implications for Practice from Down Under", *Consulting Psychology Journal: Practice and Research* 68 (2016): 105–117; E. de Haan *et alii*, "A Large Scale Study of Executive and Workplace Coaching: The Relative Contributions of Relationship, Personality Match, and Self-Efficacy", *Consulting Psychology Journal: Practice and Research* 68, nº 3 (2016): 189–207; T. Bachkirova e S. Borrington, "Old Wine in New Bottles: Exploring Pragmatism as a Philosophical Framework for the Discipline of Coaching", *Academy of Management Learning and Education* (2018); W. J. G. Evers, A. Brouwers e W. Tomic, "A Quasi-Experimental Study on Management Coaching Effectiveness", *Consulting Psychology Journal: Practice and Research* 58 (2006): 174–182; E. de Haan *et alii*, "Executive Coaching Outcome Research: The Contribution of Common Factors Such as Relationship, Personality Match, and Self-Efficacy", *Consulting Psychology Journal: Practice and Research* 65

(2013): 40–57; A. M. Grant, *Workplace, Executive and Life Coaching: An Annotated Bibliography from the Behavioural Science and Business Literature* (Sydney, Austrália: University of Sydney Coaching Psychology Unit, 2011); T. Theeboom, B. Beersma e E. M. Van Wianen, "Does Coaching Work? A Meta- Analysis on the Effects of Coaching on Individual Level Outcomes in an organizational Context", *Journal of Positive Psychology* 9, nº 1 (setembro de 2013): 1–18; G. A. Sforzo *et alii*, "Compendium of the Health and Wellness Coaching Literature", *Journal of Lifestyle Medicine* 12, nº 6 (2018); R. Jones, S. Woods e Y. Guillaume, "The Effectiveness of Workplace Coaching: A Meta-Analysis of Learning and Performance Outcomes from Coaching", *Journal of Occupational and Organizational Psychology* 89 (2015): 249–277.

5. Resultados detalhados dos estudos longitudinais das consequências do coaching podem ser encontrados em: R. E. Boyatzis e K. V. Cavanagh, "Leading Change: Developing Emotional, Social, and Cognitive Competencies in Managers during an MBA Program", em *Emotional Intelligence in Education:Integrating Research into Practice*, ed. K. V. Keefer, J. D. A. Parker e D. H. Saklofske (New York: Springer, 2018), 403–426; E. Amdurer *et alii*, "Longitudinal Impact of Emotional, Social and Cognitive Intelligence Competencies on Career and Life Satisfaction and Career Success", *Frontiers in Psychology* 5, artigo 1447 (2014), doi:10.3389/fpsyg.2014.01447; R. E. Boyatzis, A. Passarelli e H. Wei, "Developing Emotional, Social, and Cognitive Competencies in MBA Programs: A Twenty-Five Year Perspective", em *Leader Interpersonal and Influence Skills: The Soft Skills of Leadership*, ed. R. Riggio e S. Tan (London: Routledge, 2013): 311–330; A. Passarelli, R. E. Boyatzis e H. Wei, "Assessing Leader Development: Lessons from a Historical Review of MBA outcomes", *Journal of Management Education* 42, nº1 (2018): 55–79; R. E. Boyatzis, A. Lingham e A. Passarelli, "Inspiring the Development of Emotional, Social, and Cognitive Intelligence Competencies in Managers", em *Self- Management and Leadership Development*, ed. M. Rothstein e R. Burke (Cheltenham, Reino Unido: Edward Elgar Publishers, 2010), 62–90; R. E. Boyatzis e A. Saatcioglu, "A Twenty- Year View of Trying to Develop Emotional, Social and Cognitive Intelligence Competencies in Graduate Management Education", *Journal of Management Development* 27, nº 3 (2008): 92–108; R. E. Boyatzis, E. C. Stubbs

e S. N. Taylor, "Learning Cognitive and Emotional Intelligence Competencies through Graduate Management Education", *Academy of Management Journal on Learning and Education* 1, nº 2 (2002): 150-162; R. Ballou *et alii*,"Fellowship in Lifelong Learning: An Executive Development Program for Advanced Professionals", *Journal of Management Education* 23, nº 4 (1999): 338-354; R. E. Boyatzis *et alii*, "Competencies Can Be Developed but Not in the Way We Thought", *Capability* 2, nº 2 (1996): 25-41; R. E. Boyatzis, "Consequences and Rejuvenation of Competency-Based Human Resource and Organization Development", em *Research in Organizational Change and Development*, vol. 9, ed. R. W. Woodman e W. A. Pasmore (Greenwich, CT: JAI Press, 1996), 101-122; R. E. Boyatzis e A. Renio, "The Impact of an MBA Program on Managerial Abilities", *Journal of Management Development* 8, nº 5 (1989): 66-77; R. E. Boyatzis *et alii*, "Will It Make a Difference? Assessing a Value-Based, Outcome Oriented, Competency Based Professional Program", *Innovating in Professional Education: Steps on a Journey from Teaching to Learning* (San Francisco: Jossey-Bass, 1995), 167-202; L. Mosteo *et alii*, "Understanding Cognitive-Emotional Processing through a Coaching Process: The Influence of Coaching on Vision, Goal-Directed Energy, and Resilience", *Journal of Applied Behavioral Science* 52, nº 1 (2016): 64-96; D. C. Leonard, "The Impact of Learning Goals on Emotional, Social, and Cognitive Intelligence Competency Development", *Journal of Management Development* 27, nº 1 (2008): 109-128; K. Rhee, "The Beat and Rhythm of Competency Development over Two Years", *Journal of Management Development* 12, nº 1 (2008): 146-160; J. V. Wheeler, "The Impact of Social Environments on Emotional, Social, and Cognitive Competency Development", *Journal of Management Development* 27, nº 1 (2008): 129-145.
6. Para obter resultados detalhados de estudos, veja: R. E. Boyatzis, "Leadership Development from a Complexity Perspective", *Consulting Psychology Journal: Practice and Research* 60, nº 4 (2008): 298-313.
7. Algumas pessoas questionam revelar informações sobre si mesmas no coaching ou na psicoterapia. Tatiana Bachkirova escreve sobre a importância do "eu do coach" ("The Self of the Coach: Conceptualization, Issues, and Opportunities for Practitioner Development", *Consulting Psychology Journal: Practice and Research*

68, nº 2 [2016]: 143–156). Muitas outras pessoas ao longo dos anos escreveram sobre o valor do uso apropriado de revelar informações sobre si mesmas para ajudar no desenvolvimento do coachee; veja, por exemplo: S. M. Jourard, *Self-Disclosure: An Experimental Analysis of the Transparent Self* (Ann Arbor, MI: Wiley-Interscience, 1971).
8. Para ter mais informações sobre os níveis psicológico e comportamental, leia: E. Hatfield, J. T. Cacioppo e R. L. Rapson, *Emotional Contagion: Studies in Emotion and Social Interaction* (New York: Cambridge University Press, 1993); e mais recentemente, o trabalho de H. A. Elfenbein, "The Many Faces of Emotional Contagion: An Affective Process Theory of Affective Linkage", *Organizational Psychology Review* 4, nº 4, (2014): 326–362.

CAPÍTULO 3

1. Veja Ron Ashkenas, "Change Management Needs to Change", *Harvard Business Review*, abril de 2013.
2. M. T. Brown, MD e J. K. Bussell, MD, "Medication Adherence: WHO Cares?", *Mayo Clinic Proceedings* 86, nº 4 (abril de 2011): 304–314.
3. A coach de Melvin foi Meg Seelbach, do *coaching pool* Weatherhead Executive Education.
4. A Teoria da Mudança Intencional começou no final da década de 1960, quando Richard Boyatzis se juntou com David Kolb, então professor do MIT e, mais tarde, da Case Western Reserve University. No começo, era chamada de *mudança comportamental autodirigida*. Isso resultou em uma série de estudos de ajuda e seus impactos (veja D. A. Kolb e R. E. Boyatzis, "On the Dynamics of the Helping Relationship", *Journal of Applied Behavioral Science* 6, nº 3 [1970]: 267–290; e D. A. Kolb e R. E. Boyatzis, "Goal Setting and Self-Directed Behavior Change", *Human Relations* 23, nº 5 [1970]: 439–457). No final da década de 1990, a teoria surgiu como ICT, quando ficou claro que era um fractal em muitos níveis de mudança desejada e sustentada nos sistemas humanos. A pesquisa revelou descontinuidades significativas, de modo que elementos da dinâmica não linear e da teoria da complexidade foram usados para explicar a teoria revisada (veja R. E. Boyatzis, "Intentional ChangeTheory from a Complexity Perspective", *Journal of Management Development* 25, nº 7 [2006]: 607–623); R. E. Boyatzis, "Coaching with Intentional Change Theory", em *The Professional Coach's Desk*

Reference, ed. P. Brownell, S. English e J. Sabatine [New York: Springer, 2017]).
5. R. E. Boyatzis e K. Akrivou, "The Ideal Self as the Driver of Intentional Change", *Journal of Management Development* 25, nº 7 (2006): 624–642.
6. Dewitt Jones, *Celebrate What's Right with the World* (vídeo), Star Thrower Distributions, 2010.
7. S. N. Taylor, "Redefining Leader Self-Awareness by Integrating the Second Component of Self-Awareness", *Journal of Leadership Studies* 3, nº 4 (2010): 57–68; S. N. Taylor, "Student Self-Assessment and Multisource Feedback Assessment: Exploring Benefits, Limitations, and Remedies", *Journal of Management Education* 38, nº 3 (2014): 359–383.
8. Para conhecer uma abordagem alternativa, veja: M. Goldsmith, "Try Feedforward Instead of Feedback", *Leader to Leader* 25 (verão de 2002): 11–14.
9. M. Maltz, *Psycho-Cybernetics* (New York: Simon and Schuster, 1960) [*Psicocibernética*, publicado no Brasil].
10. S. Covey, *The Seven Habits of Highly Effective People* (New York: Simon and Schuster, 1989 [*Os Sete Hábitos das Pessoas Altamente Eficazes*, publicado no Brasil}.
11. M. Gladwell, *Outliers: The Story of Success* (New York: Little, Brown and Company, 2008) [*Fora de Série*, publicado no Brasil].
12. P. Lally *et alii*, "How Are Habits Formed: Modelling Habit Formation in the Real World", *European Journal of Social Psychology* 40 (2010): 998–1009.
13. Veja D. Goleman, *Emotional Intelligence* (New York: Bantam Books, 1995) [*Inteligência Emocional*, publicado no Brasil]; D. Goleman, *Working with Emotional Intelligence* (New York: Bantam Books, 1998) [*Trabalhando com a Inteligência Emocional*, publicado no Brasil]; R. Boyatzis e D. Goleman, *Emotional and Social Competency Inventory* (2007), distribuído mundialmente por Korn Ferry; D. Goleman, R. E. Boyatzis e A. McKee, *Primal Leadership: Realizing the Power of Emotional Intelligence* [*O Poder da Inteligência Emocional: Como Liderar com Sensibilidade e Eficiência*, publicado no Brasil] (Boston: Harvard Business School Press, 2002); R. E. Boyatzis, "The Behavioral

Level of Emotional Intelligence and Its Measurement", *Frontiers in Psychology* 9, artigo 1438 (13 de agosto de 2018), doi:10.3389/fpsyg.2018.01438; D. Goleman e R. E. Boyatzis, "Social Intelligence and the Biology of Leadership", *Harvard Business Review*, setembro de 2008, págs. 74–81.

14. D. Dunning, "On Identifying Human Capital: Flawed Knowledge Leads to Faulty Judgments of Expertise by Individuals and Groups", *Advances in Group Processes* 32 (2015): 149–176; veja também D. Goleman, *Vital Lies, Simple Truths: The Psychology of Self-Deception* (New York: Simon and Schuster, 1985).

15. Para conhecer estudos avaliando os estilos de coaching, veja: E. de Haan e V. O. Nilsson, "Evaluating Coaching Behavior in Managers, Consultants, and Coaches: A Model, Questionnaire, and Initial Findings", *Consulting Psychology Journal: Practice and Research* 69, nº 4 (2017): 315; C. W. Coultas e E. Salas, "Identity Construction in Coaching: Schemas, Information Processing, and Goal Commitment", *Consulting Psychology Journal: Practice and Research* 67, nº 4 (2015): 298; R. T. Y. Hui e C. Sue Chan, "Variations in Coaching Style and Their Impact on Subordinates' Work Outcomes", *Journal of Organizational Behavior* 39, nº 5 (2018): 663–679; C. Kauffman e W. H. Hodgetts, "Model Agility: Coaching Effectiveness and Four Perspectives on a Case Study", *Consulting Psychology Journal: Practice and Research* 68 (2016): 157–176; G. Bozer e B-K. Joo, "The Effects of Coachee Characteristics and Coaching Relationships on Feedback Receptivity and Self-Awareness in Executive Coaching", *International Leadership Journal* 7, nº 3 (2015): 36–58; G. Bozer, B-K. Joo e J. C. Santora, "Executive Coaching: Does Coach-Coachee Matching Based on Similarity Really Matter?", *Consulting Psychology Journal: Practice and Research* 67, nº 3 (2015): 218–233.

16. Kauffman e Hodgetts, "Model Agility".

17. Veja os estudos referidos em Goleman, Boyatzis e McKee, *Primal Leadership* [*O Poder da Inteligência Emocional: Como Liderar com Sensibilidade e Eficiência*, publicado no Brasil], 105–108.

18. R. E. Boyatzis *et alii*, "Coaching Can Work, but Doesn't Always", *People Management*, 11 de março de 2004.

CAPÍTULO 4

1. A mudança de foco em ambientes educacionais é algo tão profundo que, embora John Dewey tenha escrito sobre isso nos anos 1920 (J. Dewey, *Experience and Education*, Kappa Delta Pi [1938]), o desenvolvimento centrado no aluno era, com frequência, visto como um experimento feito por pessoas que "fumaram demais" (uma alusão errônea e depreciativa à possibilidade de estarem usando substâncias que alteravam a mente sem prescrição médica). Por décadas, o método Montessori foi visto por muitos como mimando as crianças, quando, na verdade, os professores estavam tentando usar a curiosidade natural e a energia de cada criança para ajudá-las em seus aprendizados.

2. *Trabalhos Iniciais sobre Avaliação de Resultados*: R. Albanese *et alii*, "Outcome Measurement and Management Education: An Academy of Management Task Force Report" (apresentação no Encontro Anual da Academy of Management, San Francisco, 1990); A. W. Astin, *What Matters in College? Four Critical Years* (San Francisco: Jossey-Bass,1993); T. W. Banta, org., *Making a Difference: Outcomes of a Decade of Assessment in Higher Education* (San Francisco: Jossey-Bass,1993); M. Mentkowski *et alii*, "Understanding Abilities, Learning and Development through College Outcome Studies: What Can We Expect from Higher Education Assessment?" (artigo apresentado no Encontro Anual da American Educational Research Association, Chicago, 1991); M. Mentkowski and Associates, *Learning That Lasts: Integrating Learning, Development, and Performance in College and Beyond* (San Francisco: Jossey-Bass, 2000); E. T. Pascarella e P. T. Terenzini, *How College Affects Students: Findings and Insights from Twenty Years of Research* (San Francisco: Jossey-Bass, 1991).

   Aprendizado como Resultado na Educação: Na educação, o aprendizado é a saída. Mas, como a educação foi enquadrada na maioria das vezes como um sistema especialista, com professores (e gestores) que sabem mais sobre o processo do que os alunos e os pais, é mais frequente o foco recair no que está sendo ensinando do que no que os alunos estão aprendendo.

   A avaliação de resultados no ensino superior começou a sério no começo da década de 1970 para ajudar faculdades e universidades a experimentar e ajustar seus processos ao que era chamado naquela época de "alunos anticonvencionais" (veja as referências a trabalhos iniciais sobre avaliações de resultados acima). Era o rótulo usado por estudantes da faculdade acima de 21 anos, mulheres ou membros de minorias visíveis. O presidente George H. Bush aprovou um decreto em 1989 requerendo que qualquer organismo de credenciamento que pedisse fundos federais teria de exigir das faculdades e dos cursos que usassem a avaliação de resultados para mostrar o que os alunos estavam aprendendo realmente. No início daquela década, a American Association of Collegiate Schools of Business (AACSB, que mais tarde mudou o nome para Association of Academic and Collegiate Schools of Business), o grupo que credenciava todos os cursos de negócios, começou a investigar se o recredenciamento e o credenciamento inicial deveriam ser baseados nos propósitos declarados de uma instituição específica, e não na quantidade de livros em suas bibliotecas, no número de professores com Ph.D. etc. Esse segundo detalhe e, na época, o critério principal eram chamados de características de *entrada*. Eram a entrada para o processo de desenvolvimento. Questões sobre indícios em relação ao aprendizado dos alunos eram chamadas de orientação de *saída*.

Isso foi uma mudança profunda no foco, requerendo que professores e gestores pensassem mais nos alunos do que no corpo docente. Não foi suficiente dizer que os membros docentes alegavam estar ensinando a grade curricular, era preciso perguntar o que os estudantes estavam aprendendo e memorizando nas semanas durante os meses do curso. Era fazer a pergunta certa colocando o foco no estudante.

3. Autocontrole é uma competência emocional, como descreveu D. Goleman, R. E. Boyatzis e A. McKee em *Primal Leadership: Realizing the Power of Emotional Intelligence* [*O Poder da Inteligência Emocional: Como Liderar com Sensibilidade e Eficiência*, publicado no Brasil] (Boston: Harvard Business School Press, 2002). Vários estudos mostram que é uma boa previsão da eficácia em ajudar; veja R. E. Boyatzis, "Core Competencies in Coaching Others to Overcome Dysfunctional Behavior", em *Emotional Intelligence and Work Performance*, ed. V. Druskat, G. Mount e F. Sala (Mahwah, NJ: Erlbaum, 2005), 81–95; e R. E. Boyatzis, "Emotional Intelligence", em *Sage Encyclopedia of Educational Research, Measurement, and Evaluation*, org. Bruce Frey (Thousand Oaks, CA: Sage Publications, 2018), 579–580.

4. Edgar H. Schein, *Helping: How to Offer, Give, and Receive Help* (San Francisco: Berrett-Koehler, 2009).
5. D. De La Cruz, "What Kids Wish Their Teachers Knew", *New York Times*, 31 de agosto de 2016; K. Schwartz, *I Wish My Teacher Knew: How One Question Can Change Everything for Our Kids* (Boston: Da Capo Lifelong Books, 2016).
6. D. Goleman, *Focus: The Hidden Driver of Excellence* [Foco: A Atenção e Seu Papel Fundamental para o Sucesso, publicado no Brasil] (York: Harper Books, 2015).
7. R. E. Boyatzis, K. Rochford e K. Cavanagh, "The Role of Emotional and Social Intelligence Competencies in Engineer's Effectiveness and Engagement", *Career Development International* 22, nº 1 (2017): 70–86.
8. Enquanto ajudamos, tentar a empatia pode despertar ameaça (AEN) na pessoa que está sendo ajudada. Imaginar os sentimentos das outras pessoas (ou seja, se colocar no lugar delas) pode magoar a pessoa que você está ajudando. A. E. K. Buffone *et alii*, "Don't Walk in Her Shoes! Different Forms of Perspective Taking Effect Stress Physiology", *Journal of Experimental Social Psychology* 72 (setembro de 2017): 161–168.
9. A avaliação do feedback de 360° coleta informações de nossos chefes, colegas e subordinados, de possíveis clientes ou até mesmo de nosso cônjuge. Para ter maior compreensão sobre as abordagens específicas e o ESCI (Inventário de Competência Social e Emocional), veja R. E. Boyatzis, "The Behavioral Level of Emotional Intelligence and Its Measurement", *Frontiers in Psychology* 9, artigo 1438 (2018): <.org/10.3389/fpsyg.2018.01438>; J. M. Batista-Foguet *et alii*, "Why Multisource Assessment and Feedback Has Been Erroneously Analyzed and How It Should Be", *Frontiers in Psychology* 9, artigo 2646 (2019): <https://doi.org/10.3389/fpsyg.2018.02646>; R. E. Boyatzis, "Commentary of Ackley (2016): Updates on the ESCI as the Behavioral Level of Emotional Intelligence", *Consulting Psychology Journal: Practice and Research* 68, nº 4 (2017): 287–293; R. E. Boyatzis, J. Gaskin e H. Wei, "Emotional and Social Intelligence and Behavior", em *Handbook of Intelligence: Evolutionary, Theory, Historical Perspective, and Current Concepts*, ed. D. Princiotta, S. Goldstein e J. Naglieri (New York: Spring Press, 2014), 243–262. Para ter maiores informações sobre como usar o ESCI, contate: <http://www.

haygroup.com/leadershipandtalentondemand/ourproducts/item_details. aspx?itemid=58&type=2>; Priscilla De San Juan Olle (Priscilla.Olle@ KornFerry.com, em 617-927-5018).

10. R. F. Baumeister *et alii*, "Bad Is Stronger Than Good", *Review of General Psychology* 5, nº 4 (2001): 323-370.

11. M. Khawaja, "The Mediating Role of Positive and Negative Emotional Attractors between Psychosocial Correlates of Doctor-Patient Relationship and Treatment of Type II Diabetes" (dissertação de doutorado, Case Western Reserve University, 2011).

12. J. Groopman, *The Anatomy of Hope* (New York: Random House, 2000); Atul Gawande, *Being Mortal* (London: Picador, 2016).

13. Temos dois estudos de imagens por ressonância magnética de coaching com AEN *versus* AEP que mostram os mecanismos neurais envolvidos: A. I. Jack *et alii*, "Visioning in the Brain: An fMRI Study of Inspirational Coaching and Mentoring", *Social Neuroscience* 8, nº 4 (2013): 369-384 (analisado em A. Passarelli, "The Neuro-Emotional Basis of Developing Leaders through Personal Vision", *Frontiers in Psychology* 6, artigo 1335 [2015]: doi:10.3389/fpsyg.2014.01335); e A. Passarelli *et alii*, "Neuroimaging Reveals Link Between Vision and Coaching for Intentional Change", (em revisão) (também apresentado no Encontro Anual da Academy of Management, Vancouver, British Columbia, Canadá, 2015).

14. O melhor resumo sobre pesquisa de estresse é de R. Sapolsky, *Why Zebras Don't Get Ulcers*, 3ª ed. (New York: Harper Collins, 2004); outras discussões e análises relevantes são encontradas em S. C. Segerstrom e G. E. Miller, "Psychological Stress and the Human Immune System: A Meta-Analytic Study of 30 Years of Inquiry", *Psychological Bulletin* 130, nº 4 (2004): 601-630; S. S Dickerson e M. E. Kemeny, "Acute Stressors and Cortisol Responses: A Theoretical Integration and Synthesis of Laboratory Research", *Psychological Bulletin* 130 (2004): 355-391; R. E. Boyatzis, M. L. Smith e N. Blaize, "Sustaining Leadership Effectiveness through Coaching and Compassion: It's Not What You Think", *Academy of Management Learning and Education* 5 (2006): 8-24.

15. E. Friedmann *et alii*, "Animal Companions and One-Year Survival of Patients after Discharge from a Coronary Care Unit", *Public Health Reports* 95, nº 4 (1980): 307; J. P. Polheber e R. L. Matchock, "The

Presence of a Dog Attenuates Cortisol and Heart Rate in the Trier Social Stress Test Compared to Human Friends", *Journal of Behavioral Medicine* 37, nº 5 (2014): 860–867.

16. R. Boyatzis e A. McKee, *Resonant Leadership: Renewing Yourself and Connecting with Others through Mindfulness, Hope, and Compassion* (Boston: Harvard Business School Press, 2005).

17. J. LeDoux, *The Emotional Brain: The Mysterious Underpinnings of Emotional Life* (New York: Touchstone Books, Simon & Shuster, 1996); J. LeDoux, *Synaptic Self: How Our Brains Become Who We Are* (New York: Viking, 2002).

18. B. Libet *et alii*, "Subjective Referral of the Timing for a Conscious Sensory Experience", *Brain* 102, nº 1 (1979): 193–224.

19. *American Psychologist* 58, nº 1 (2003) é um conjunto de artigos sobre religiosidade e espiritualidade, sua medição e benefícios à saúde.

20. *Humor gerencial e eficácia:* F. Sala, "Relationship between Executives' Spontaneous Use of Humor and Effective Leadership" (tese de Ph.D. não publicada, Boston University, 1996); F. Sala, "Laughing All the Way to the Bank", *Harvard Business Review* (setembro de 2003). *Efeitos terapêuticos do humor:* C. M. Greene *et alii*, "Evaluation of a Laughter-Based Exercise Program on Health and Self-efficacy for Exercise", *The Gerontologist* 57, nº 6 (2016): 1051–1061; J. H. Han, K. M Park e H. Park, "Effects of Laughter Therapy on Depression and Sleep among Patients at Long-Term Care Hospitals", *Korean Journal of Adult Nursing* 29, nº 5 (2017): 560–568; H. Ko e C. Youn, "Effects of Laughter Therapy on Depression, Cognition and Sleep among the Community-Dwelling Elderly", *Geriatrics and Gerontology International* 11 (2011): 267–274.

21. G. N. Bratman *et alii*, "Nature Experience Reduces Rumination and Subgenual Prefrontal Cortex Activation", *Proceedings of the National Academy of Sciences*, 112, nº 28 (2015): 8567–8572; G. N. Bratman *et alii*, "The Benefits of Nature Experience: Improved Affect and Cognition", *Landscape and Urban Planning* 138 (2015): 41–50.

22. K. C. Rochford, "Relational Climate in the Work Place: Dimensions, Measurement and Validation" (trabalho de qualificação não publicado, Case Western Reserve University, 2016); K. C. Rochford, "Intentionality in Workplace Relationships: The Role of Relational Self-Efficacy (tese de doutorado não publicada, Case Western Reserve University, 2016);

R. E. Boyatzis, "Measuring the Impact of Quality of Relationships through the Positive Emotional Attractor", in *Positive Psychology of Relationships*, ed. S. Donaldson e M. Rao (Santa Barbara, CA: Praeger Publishers, 2018), 193-209; R. E. Boyatzis, K. Rochford e S. N. Taylor, "The Role of the Positive Emotional Attractor as Vision and Shared Vision: Toward Effective Leadership, Relationships and Engagement", *Frontiers in Psychology* 6, artigo 670 (21 de maio de 2015), <http://dx.doi.org/10.3389/fpsyg.2015.00670>.

CAPÍTULO 5

1. Nossas desculpas a todos os apaixonados por cobras ou aquelas pessoas que as têm como bichinhos de estimação. Não estamos depreciando, mas meramente mostrando que não sabemos de nenhuma evidência científica de que cobras procuram por novidades, afeto ou prazer. Entretanto, há evidências de que mamíferos, desde elefantes, cachorros, gatos, golfinhos, primatas, chimpanzés até humanos, procuram por todas essas sensações.
2. R. E. Boyatzis, M. Smith e N. Blaize, "Developing Sustainable Leaders through Coaching and Compassion", *Academy of Management Journal on Learning and Education* 5, nº 1 (2006): 8-24; R. E. Boyatzis, M. L. Smith e A. J. Beveridge, "Coaching with Compassion: Inspiring Health, Well-Being, and Development in Organizations", *Journal of Applied Behavioral Science* 49, nº 2 (2012): 153-178.
3. R. E. Boyatzis, "When Pulling to the Negative Emotional Attractor Is Too Much or Not Enough to Inspire and Sustain Outstanding Leadership", em *The Fulfilling Workplace: The Organization's Role in Achieving Individual and Organizational Health*, ed. R. Burke, C. Cooper e G. Woods (London: Gower Publishing, 2013), 139-150.
4. As histórias iniciais desses casos foram apresentadas na reunião anual do Institute of Coaching em Boston em 2012 e em R. E. Boyatzis *et alii*, "Developing Resonant Leaders through Emotional Intelligence, Vision and Coaching", *Organizational Dynamics* 42 (2013): 17-24.
5. A renovação é apoiada quando a pessoa está internamente consistente e coerente. É um estado de mindfulness, que debatemos anteriormente e mais afundo em livros e artigos anteriores. Em R. E. Boyatzis e A. McKee, *Resonant Leadership: Renewing Yourself and Connecting with Others through Mindfulness, Hope, and Compassion* (Boston: Harvard

Business School Press, 2005); A. McKee, R. E. Boyatzis e F. Johnston, *Becoming a Resonant Leader* (Boston: Harvard Business School Press, 2008), alegamos que integração e coerência estão na mente, no corpo e nas saúdes física e espiritual da pessoa. Por essa razão, são todas as dimensões que costumamos pedir que as pessoas considerem para desenvolver sua visão pessoal. Quando agimos globalmente, todos os aspectos da pessoa podem funcionar em direção do mesmo propósito. Quando um desses aspectos funciona de maneira diferente dos outros, energia e atenção são desviadas ou entram em conflito com os outros aspectos da pessoa. Os seres humanos parecem agir com mais eficiência quando todos os aspectos estão sincronizados. Para ter mais detalhes, veja Boyatzis, Smith e Blaize, "Developing Sustainable Leaders"; e Boyatzis e McKee, *Resonant Leadership*.

6. R. F. Baumeister, "The Nature and Structure of the Self: An Overview", em *The Self in Social Psychology*, ed. R. F. Baumeister (Filadélfia: Psychology Press, 1999), 1–20; R. F. Baumeister *et alii*, "Bad Is Stronger Than Good", *Review of General Psychology* 5, nº 4 (2001): 323–370.

7. A. Howard, "Coaching to Vision Versus Coaching to Improvement Needs: A Preliminary Investigation on the Differential Impacts of Fostering Positive and Negative Emotion during Real-Time Executive Coaching Sessions", *Frontiers in Psychology* 6, artigo 455 (2015): <https://doi.org/10.3389/fpsyg.2015.00455>; R. E. Boyatzis e A. Howard, "When Goal Setting Helps and Hinders Sustained, Desired Change", em *Goal Setting and Goal Management in Coaching and Mentoring*, ed. S. David, D. Clutterbuck e D. Megginson (Abington, Reino Unido: Taylor and Francis, 2013), 211–228.

8. A. I. Jack *et alii*, "fMRI Reveals Reciprocal Inhibition between Social and Physical Cognitive Domains", *NeuroImage*, 66C (2012): 385–401; A. I. Jack, A. J. Dawson e M. Norr, "Seeing Human: Distinct and Overlapping Neural Signatures Associated with Two Forms of Dehumanization", *NeuroImage* 79, nº 1 (2013): 313–328; A. I. Jack *et alii*, "Why Do You Believe in God? Relationships between Religious Belief, Analytic Thinking, Mentalizing and Moral Concern", *PLOSONE* (2016); M. E. Raichle, "Two Views of Brain Function" *Trends in Cognitive Sciences* 14 (2010): 180–190; F. Van Overwalle, "A Dissociation between Social Mentalizing and General Reasoning", *NeuroImage* 54 (2010): 1589–1599; M. D. Fox *et alii*, "The Human

Brain Is Intrinsically Organized into Dynamic, Anti-Correlated Functional Networks", *Proceedings of the National Academy of Sciences of the USA* 102, nº 27 (2005): 9673-9678; R. L. Buckner, J. R. Andrews-Hanna e D. L. Schacter, "The Brain's Default Network", *Annals of the New York Academy of Sciences* 1124, nº 1 (2008): 1-38. Anthony Jack se preocupa sobre usar os nomes históricos para essas redes, porque elas induzem ao erro. Por exemplo, *a rede do modo padrão* era originalmente usada para sugerir que usamos essa rede mais para descansar do que quando estamos envolvidos em qualquer tipo de tarefa. Essa rede fica muito mais ativa do que quando se está em repouso quando as pessoas intencionalmente usam empatia para entender os outros. Ele diz que o rótulo *rede positiva de tarefas* também conduz ao erro. Essa rede, na verdade, é suprimida quando as pessoas intencionalmente se envolvem em tarefas empáticas. O rótulo *rede analítica* é mais associado ao processamento orientado a ações.

9. Para ter uma discussão mais detalhada dentro do contexto de coaching, veja R. E. Boyatzis e A. I. Jack, "The Neuroscience of Coaching", *Consulting Psychology Journal* 70, nº 1 (2018): 11-27.
10. R. Boyatzis, A. McKee e D. Goleman, "Reawakening Your Passion for Work", *Harvard Business Review*, abril de 2002, 86-94.
11. Para ter mais detalhes sobre pesquisas recentes em neurociência e sua relevância para o coaching, veja Boyatzis e Jack, "The Neuroscience of Coaching".
12. J. E. Zull, *The Art of Changing the Brain: Enriching Teaching by Exploring the Biology of Learning* (Sterling, VA: Stylus, 2002).
13. Milhares de estudos sobre ELT são analisados em D. A. Kolb, *Experiential Learning Theory* (Englewood Cliffs, NJ: Prentice Hall, 2015).
14. Para aqueles interessados em como as duas redes podem contribuir para a liderança ética, uma discussão detalhada pode ser encontrada em K. Rochford *et alii*, "Neural Roots of Ethical Leadership and the Development of Better Leaders: The Default Mode Network versus the Task Positive Network", *Journal of Business Ethics* 144, nº 4 (2016): 755-770.
15. O primeiro desses estudos foi publicado por A. I. Jack *et alii* ("Visioning in the Brain: An fMRI Study of Inspirational Coaching and Mentoring", *Social Neuroscience* 8, nº 4 [2013]: 369-384) e analisado

em A. Passarelli ("Vision-Based Coaching: Optimizing Resources for Leader Development", *Frontiers in Psychology* 6 [2015], https://doi.org/10.3389/fpsyg.2015.00412); veja também A. Passarelli *et alii*, "Neuroimaging Reveals Link between Vision and Coaching for Intentional Change" (em revisão); também apresentado no Encontro Anual da Academy of Management, Vancouver, British Columbia, 8 de agosto de 2015.
16. C. Camerer e D. Lovallo, "Overconfidence and Excess Entry: An Experimental Approach", *American Economic Review* 89, nº 1 (1999): 306-318.
17. Jack, Dawson e Norr, "Seeing Human"; Rochford *et alii*, "Neural Roots of Ethical Leadership".
18. S. S. Dickerson e M. E. Kemeny, "Acute Stressors and Cortisol Responses: A Theoretical Integration and Synthesis of Laboratory Research", *Psychological Bulletin* 130, nº 3 (2004): 355-391; B. S. McEwen, "Protective and Damaging Effects of Stress Mediators", *New England Journal of Medicine* 338 (1998): 171-179; R. M. Sapolsky, *Why Zebras Don't Get Ulcers*, 3ª ed. (New York: Harper Collins, 2004); S. C. Segerstom e G. E. Miller, "Psychological Stress and the Human Immune System: A Meta-Analytic Study of 30 Years of Inquiry", *Psychological Bulletin* 130, nº 4 (2004): 601-630; F. G. Asby, A. M. Isen e A. U. Turken, "A Neuropsychological Theory of Positive Affect and Its Influence on Cognition", *Psychological Review* 106, nº 3 (1999): 529-550.
19. Dickerson e Kemeny, "Acute Stressors and Cortisol Responses"; McEwen, Protective and Damaging Effects of Stress Mediators"; Sapolsky, *Why Zebras Don't Get Ulcers*; Segerstom e Miller, "Psychological Stress and the Human Immune System"; Asby, Isen e Turken, "A Neuropsychological Theory of Positive Affect".
20. Baumeister, "The Nature and Structure of the Self"; Baumeister *et alii*, "Bad Is Stronger Than Good".
21. Muitas vezes indevidamente atribuído a Aristóteles, Platão ou Sócrates, "nada em excesso" realmente vem de Kleovoulos (Diogenes Laërtius, "Cleobulus", *Lives of the Eminent Philosophers*, vol. 1, trad. inglesa de R. D. Hicks [Cambridge, MA: Loeb Classical Library, 1925], capítulo 6.
22. B. L. Fredrickson, "The Role of Positive Emotions in Positive Psychology: The Broaden-and-Build Theory of Positive Emotions",

American Psychologist 56, nº 3 (2001): 218–226; B. L. Fredrickson, "The Broaden-and-Build Theory of Positive Emotions", *Philosophical Transactions of the Royal Society of London B: Biological Sciences* 359, nº 1449 (2004): 1367–1378; B. L. Fredrickson, "Updated Thinking on Positivity Ratios", *American Psychologist* 68, nº 9 (2013): 814–822.
23. J. M. Gottman *et alii*, *The Mathematics of Marriage: Dynamic Non-Linear Models* (Cambridge, MA: MIT Press, 2002).
24. Estudos de imagens por ressonância magnética do coaching AEP *versus* AEN são analisados em Boyatzis e Jack, "The Neuroscience of Coaching"; Jack *et alii*, "Visioning in the Brain"; e analisados em Passarelli, "The Neuro-Emotional Basis of Developing Leaders"; Passarelli *et alii*, "Neuroimaging Reveals Link".
25. N. I. Eisenberger e S. W. Cole, "Social Neuroscience and Health: Neurophysiological Mechanisms Linking Social Ties with Physical Health", *Nature Neuroscience* 15, nº 5 (2012): 669–674; N. I. Eisenberger e M. D. Lieberman, "Why Rejection Hurts: A Common Neural Alarm System for Physical and Social Pain", *Trends in Cognitive Science* 8, nº 7 (2004): 294–300.
26. R. E. Boyatzis, K. Rochford e S. N. Taylor, "The Role of the Positive Emotional Attractor in Vision and Shared Vision: Toward Effective Leadership, Relationships, and Engagement", *Frontiers in Psychology* 6, artigo 670 (2015), doi:10.3389/fpsyg.2015.00670; Fredrickson, "The Role of Positive Emotions"; Gottman *et alii*, *The Mathematics of Marriage*.
27. L. Mosteo *et alii*, "Understanding Cognitive-Emotional Processing through a Coaching Process: The Influence of Coaching on Vision, Goal-Directed Energy, and Resilience", *Journal of Applied Behavioral Science* 52, nº 1 (2016): 64–96.
28. A avaliação do tempo que a pessoa gasta em estresse *versus* renovação durante uma semana e os tipos de estresses e atividades de renovação são vistos em Personal Sustainability Index de Boyatzis e Goleman (a ser lançado no momento da escrita deste livro). Leia mais sobre isso e veja a avaliação em R. E. Boyatzis *et alii*, "Thrive and Survive: Validation of the Personal Sustainability Index" (em revisão).
29. D. C. McClelland *et alii*, *The Drinking Man: Alcohol and Human Motivation* (New York: Free Press, 1972); R. E. Boyatzis, "Power Motivation Training: A New Treatment Modality", em *Work in*

Progress on Alcoholism: Annals of the New York Academy of Sciences, ed. F. Seixas e S. Eggleston (New York: Academy of Sciences, 1976), 273; H. Cutter, R. E. Boyatzis e D. Clancy, "The Effectiveness of Power Motivation Training for Rehabilitating Alcoholics", *Journal of Studies on Alcohol* 38, nº 1 (1977): 131-141.
30. Índice de Sustentabilidade Pessoal; Boyatzis *et alii*, "Thrive and Survive".
31. Boyatzis *et alii*, "Thrive and Survive".

CAPÍTULO 6

1. Diana Nyad, entrevista com Sanjay Gupta, *CNN with Anderson Cooper*, 2 de setembro de 2013.
2. Veja R. Boyatzis e A. McKee, *Resonant Leadership: Renewing Yourself and Connecting with Others through Mindfulness, Hope, and Compassion* (Boston: Harvard Business School Press, 2005), capítulos 4-5; e também discutido em D. Goleman, R. E. Boyatzis e A. McKee, *Primal Leadership: Realizing the Power of Emotional Intelligence* [O Poder da Inteligência Emocional: Como Liderar com Sensibilidade e Eficiência, publicado no Brasil] (Boston: Harvard Business School Press, 2002).
3. Para debates sobre os componentes de uma visão pessoal, veja: R. E. Boyatzis e K. Akrivou, "The Ideal Self as the Driver of Intentional Change", *Journal of Management Development* 25, nº 7 (2006): 624-642; E. T. Higgins, "Self-Discrepancy: A Theory Relating Self and Affect", *Psychological Review* 94, nº 3 (1987): 319-340.
4. L. Carroll, *Alice's Adventures in Wonderland* [Alice no País das Maravilhas, publicado no Brasil] (New York: Puffin Books, 2015), 80. Originalmente publicado em 1865.
5. Veja A. M. Passarelli, "Vision-Based Coaching: Optimizing Resources for Leader Development", *Frontiers in Psychology* 6, artigo 412 (2015), doi:10.3389/fpsyg.2015.00412; e um estudo mais completo de A. M. Passarelli, "The Heart of Helping: Psychological and Physiological Effects of Contrasting Coaching Interactions" (tese de doutorado não publicada, Case Western Reserve University, 2014).
6. R. Boyatzis e D. Goleman, *Emotional and Social Competency Inventory* (Boston: The Hay Group, 2007).

7. R. E. Boyatzis e U. Dhar, "The Evolving Ideal Self", artigo não publicado, Case Western Reserve University, Cleveland, OH, 2019; e R. Kegan, *The Evolving Self: Problem and Process in Human Development* (Cambridge, MA: Harvard University Press, 1982).
8. R. E. Boyatzis e D. A. Kolb, "Performance, Learning, and Development as Modes of Growth and Adaptation throughout Our Lives and Careers", em *Career Frontiers: New Conceptions of Working Lives*, org. M. Peiperl *et alii* (London: Oxford University Press, 1999), 76-98.
9. A alta necessidade de realização é uma das motivações definidas em D. C. McClelland, *Human Motivation* (Glenview, IL: Scott Foresman and Co., 1985).
10. J. F. Brett e D. Vandewalle, "Goal Orientation and Goal Content as Predictors of Performance in a Training Program", *Journal of Applied Psychology* 84, nº 6 (1999): 863-887; D. A. Kolb e R. E. Boyatzis, "Goal-Setting and Self-Directed Behavior Change", *Human Relations* 23, nº 5 (1970): 439-457; E. A. Locke e G. P. Latham, *A Theory of Goal Setting and Task Performance* (Englewood Cliffs, NJ: Prentice-Hall, 1990); D. Vandewalle *et alii*, "The Influence of Goal Orientation and Self-Regulation Tactics on Sales Performance: A Longitudinal Field Test", *Journal of Applied Psychology* 84, nº 2 (1999): 249-259.
11. G. H. Seijts *et alii*, "Goal Setting and Goal Orientation: An Integration of Two Different Yet Related Literatures", *Academy of Management Journal* 47, nº 2 (2004): 227-239; R. E. Boyatzis e A. Howard, "When Goal Setting Helps and Hinders Sustained, Desired Change", em *Goal Setting and Goal Management in Coaching and Mentoring*, ed. S. David, D. Clutterbuck e D. Megginson (New York: Routledge, 2013), 211-228.
12. W. W. Seeley *et alii*, "Dissociable Intrinsic Connectivity Networks for Salience Processing and Executive Control", *Journal of Neuroscience* 27 (2007): 2349-2356; D. Ming *et alii*, "Examining Brain Structures Associated with the Motive to Achieve Success and the Motive to Avoid Failure: A Voxel-Based Morphometry Study", *Social Neuroscience* 11, nº 1 (2007): 38-48; pesquisas mais recentes sugerem que o pensamento interno direcionado a objetivos, como com a autobiografia e até o desenvolvimento de visão e propósito, ativará partes da RE; veja A. Elton e W. Gao, "Task-Positive Functional Connectivity of the Default

Mode Network Transcends Task Domain", *Journal of Cognitive Neuroscience* 27, nº 12 (2015): 2369-2381.
13. E. T. Higgins, "Self-Discrepancy: A Theory Relating Self and Affect", *Psychological Review* 94, nº 3 (1987): 319-340; J. Brockner e E. T. Higgins, "Regulatory Focus Theory: Implications for the Study of Emotions at Work", *Annual Review of Psychology* 86, nº 1(2001): 35-66.
14. A. Passarelli *et alii*, "Neuroimaging Reveals Link between Vision and Coaching for Intentional Change" (em revisão) (também apresentado na Academy of Management, Filadélfia, 14 de agosto de 2014); A. Howard, "Coaching to Vision versus Coaching to Improvement Needs: A Preliminary Investigation on the Differential Impacts of Fostering Positive and Negative Emotion during Real Time Executive Coaching Sessions", *Frontiers in Psychology* 6, artigo 455 (2015), doi:10.3389/fpsyg.2015.00455; Passarelli, "Vision-Based Coaching"; R. E. Boyatzis, e A. Jack, "The Neuroscience of Coaching", *Consulting Psychology Journal* 70, nº 1 (2018): 11-27; A. Passarelli *et alii*, "Seeing the Big Picture: fMRI Reveals Neural Overlap between Coaching and Visual Attention" (em revisão); A. Jack *et alii*, "Visioning in the Brain: An fMRI Study of Inspirational Coaching and Mentoring", *Social Neuroscience* 8, nº 4 (2013): 369-384.
15. Os estudos mencionados antes no livro foram: Jack *et alii*, "Visioning in the Brain"; Passarelli *et alii*, "Neuroimaging Reveals Link".
16. Boyatzis e Akrivou, "The Ideal Self".
17. Para ter uma pesquisa mais completa sobre esperança, veja C. R. Snyder *et alii*, "Development and Validation of the State Hope Model", *Journal of Personality and Social Psychology* 70 (1996): 321-335.
18. K. Buse e D. Bilimoria, "Personal Vision: Enhancing Work Engagement and the Retention of Women in the Engineering Profession", *Frontiers in Psychology* 5, artigo 1400 (2014). doi.org/10.3389/fpsyg.2014.01400.

CAPÍTULO 7

1. Sean Hannigan participou de um curso de desenvolvimento de liderança que a organização realizou com a Case Western Reserve University e ele recebeu um feedback de 360° sobre suas inteligências social e emocional. Essa forma de feedback, também conhecida como avaliação de 360°, é comumente usada em desenvolvimentos de liderança e interações

de coaching. Ele convida avaliadores que interagem com as pessoas a responder a perguntas de uma pesquisa e fazer comentários textuais sobre suas experiências com elas. Podem ser incluídos como avaliadores gerentes, subordinados diretos, parceiros, clientes e consumidores.
2. J. Dutton e E. Heaphy, "The Power of High-Quality Connections", em *Positive Organizational Scholarship: Foundations of a NewDiscipline*, ed. K. S. Cameron, J. E. Dutton e R. E. Quinn (San Francisco: Berrett-Koehler, 2003), 263–278; J. P. Stephens, E. Heaphy e J. Dutton, "High-Quality Connections", em *The Oxford Handbook of Positive Organizational Scholarship*, ed. K. Cameron e G. Spreitzer (New York: Oxford University Press, 2011), 385–399.
3. Dutton e Heaphy, "The Power of High-Quality Connections".
4. J. P. Stephens *et alii*, "Relationship Quality and Virtuousness: Emotional Carrying Capacity as a Source of Individual and Team Resilience", *Journal of Applied Behavioral Science* 49, nº 1 (2013): 13–41.
5. W. Murphy e K. Kram, *Strategic Relationships at Work* (New York: McGraw-Hill, 2014).
6. R. Boyatzis, "Intentional Change Theory from a Complexity Perspective", *Journal of Management Development* 25, nº 7 (2006): 607–623.
7. Veja R. E. Boyatzis, "Measuring the Impact of Quality of Relationships through the Positive Emotional Attractor", em *Toward a Positive Psychology of Relationships: New Directions in Theory and Research*, ed. M. Warren e S. Donaldson (Santa Barbara, CA: Praeger Publishers, 2018), 193–209; E. Hatfield, J. T. Cacioppo e R. L. Rapson, *Emotional Contagion: Studies in Emotion and Social Interaction* (New York: Cambridge University Press, 1993); J. K. Hazy e R. E. Boyatzis, "Emotional Contagion e Proto-organizing in Human Dynamics", *Frontiers in Psychology* 6, artigo 806 (12 de junho de 2015), http://dx.doi.org/10.3389/fpsyg.2015.00806; R. E. Boyatzis, K. Rochford e S. N. Taylor, "The Role of the Positive Emotional Attractor as Vision and Shared Vision: Toward Effective Leadership, Relationships and Engagement", *Frontiers in Psychology* 6, artigo 670 (21 de maio de 2015), <http://dx.doi.org/10.3389/fpsyg.2015.00670>; H. A. Elfenbein, "The Many Faces of Emotional Contagion: An Affective Process Theory of Affective Linkage", *Organizational Psychology Review* 4, nº 4 (8 de agosto de 2014): 336–392; N. A. Christakis e J. H. Fowler, *Connected:*

The Surprising Power of Our Social Networks and How They Shape Our Lives — How Your Friends' Friends' Friends Affect Everything You Feel, Think, and Do (Boston: Little, Brown and Spark, 2011).

8. Boyatzis, "Measuring the Impact of Quality of Relationships", ed. M. Warren e S. Donaldson.
9. R. E. Boyatzis e K. Rochford, *Relational Climate Survey* (2015); disponibilizado pelos autores da Case Western Reserve University.
10. M. Khawaja, "The Mediating Role of Positive and Negative Emotional Attractors between Psychosocial Correlates of Doctor-Patient Relationship and Treatment of Type II Diabetes" (tese de doutorado, Case Western Reserve University, 2011).
11. E. Van Oosten, M. McBride-Walker e S. Taylor, "Investing in What Matters: The Impact of Emotional and Social Competency Development and Executive Coaching on Leader Outcomes", *Consulting Psychology Journal* (no prelo); E. Van Oosten, "The Impact of Emotional Intelligence and Executive Coaching on Leader Effectiveness" (tese de doutorado não publicada, Case Western Reserve University, 2013).
12. L. M. Pittenger, "Emotional and Social Competencies and Perceptions of the Interpersonal Environment of an Organization as Related to the Engagement of IT Professionals", *Frontiers in Psychology* 6, artigo 623 (2015), <https://doi.org/10.3389/fpsyg.2015.00623>.
13. M. Babu, "Characteristics of Effectiveness Leadership among Community College Presidents" (tese de doutorado não publicada, Case Western Reserve University, 2016).
14. J. F. Quinn, "The Effect of Vision and Compassion upon Role Factors in Physician Leadership", *Frontiers in Psychology* 6, artigo 442(2015), <https://doi.org/10.3389/fpsyg.2015.00442>.
15. L. Kendall, "A Theory of Micro-Level Dynamic Capabilities: How Technology Leaders Innovate with Human Connection" (tese de doutorado não publicada, Case Western Reserve University, 2016).
16. J. E. Neff, "Shared Vision and Family Firm Performance", *Frontiers in Psychology* 6, artigo 646 (2015), <https://doi.org/10.3389/fpsyg.2015.00646>; S. P. Miller, "Next-Generation Leadership Development in Family Businesses: The Critical Roles of Shared Vision and Family Climate", *Frontiers in Psychology* 6, artigo 1335 (2015), <doi:10.3389/fpsyg.2014.01335>; S. P. Miller, "Developing Next Generation Leadership Talent in Family Businesses: The Family Effect"

(tese de doutorado não publicada, Case Western Reserve University, 2014).
17. K. Overbeke, D. Bilimoria e T. Somers, "Shared Vision between Fathers and Daughters in Family Businesses: The Determining Factor That Transforms Daughters into Successors", *Frontiers in Psychology* 6, artigo 625 (2015), <https://doi.org/10.3389/fpsyg.2015.00625>.
18. E. G. Mahon, S. N. Taylor e R. E. Boyatzis, "Antecedents of Organizational Engagement: Exploring Vision, Mood, and Perceived Organizational Support with Emotional Intelligence as a Moderator", *Frontiers in Psychology* 6, artigo 1322 (2015), <doi:10.3389/fpsyg.2014.01322>.
19. R. E. Boyatzis, K. Rochford e K. Cavanagh, "The Role of Emotional and Social Intelligence Competencies in Engineer's Effectiveness and Engagement", *Career Development International* 22, nº 1 (2017): 70-86.
20. J. Gregory e P. Levy, "It's Not Me, It's You: A Multilevel Examination of Variables That Impact Employee Coaching Relationships", *Consulting Psychology Journal: Practice and Research* 63, nº 2 (2011): 67-88.
21. J. Boyce, J. Jackson e L. Neal, "Building Successful Leadership Coaching Relationships: Examining Impact of Matching Criteria in Leadership Coaching Program", *Journal of Management Development* 29, nº 10 (2010): 914-931.
22. *Andrew Carnegie story:* L. M. Colan, "Coaching: Get It Right the First Time and Avoid Repetition", *Houston Business Journal*, 12 de outubro de 2007.
23. Definição do *Merriam-Webster's Collegiate Dictionary*, 11ª ed. (Springfield, MA: Merriam-Webster, Inc., 2009).
24. C. Rogers e F. J. Roethlisberger, "Barriers and Gateways to Communication", *Harvard Business Review*, novembro-dezembro de 1991.
25. R. Lee, *The Values of Connection: A Relational Approach to Ethics* (Santa Cruz, CA: Gestalt Press, 2004).
26. H. Reiss, *The Empathy Effect: Seven Neuroscience-Based Keys for Transforming the Way We Live, Love, Work, and Connect across Differences* (Boulder, CO: Sounds True, 2018).
27. Ibidem.

28. Adaptado de H. Kimsey-House *et alii*, *Co-active Coaching:Changing Business, Transforming Lives* (Boston: Nicholas Brealey Publishing, 2011).

CAPÍTULO 8

1. Comunicação pessoal com Jeff Darner na reunião do CRL, 02 e 03 de novembro de 2017.
2. Citações retiradas das declarações feitas em "Coaching in Organizations: Today's Reality and Future Directions", grupo de discussão na conferência Thirteenth Annual Leading Edge Consortium sobre coaching, Mineápolis, 20 e 21 de outubro de 2017.
3. Comentários retirados de "Coaching in Organizations".
4. Citação retirada do magnífico livro de coaching entre pares com predominância no foco individual, P. Parker *et alii*, *Peer Coaching at Work: Principles and Practices* (Stanford, CA: Stanford Business Books, 2018), 2. Também recomendamos alguns artigos anteriores dos autores: P. Parker *et alii*, "A Relational Communication Approach to Peer Coaching", *Journal of Applied Behavioral Science* 51, nº 2 (2015): 231–252; P. Parker, K. E. Kram e D. T. Hall, "Peer Coaching: An Untapped Resource for Development", *Organizational Dynamics* 43, nº 2 (2014): 122–129; P. Parker, D. T. Hall e K. E. Kram, "Peer Coaching: A Relational Process for Accelerating Career Learning", *Academy of Management Learning and Education* 7, nº 4 (2008): 487–503; P. Parker, K. E. Kram e D. T. Hall, "Exploring Risk Factors in Peer Coaching: A Multilevel Approach", *Journal of Applied Behavioral Science* 49, nº 3 (2012): 361–387.
5. Bill W. *My First 40 Years: An Autobiography by the Cofounder of Alcoholics Anonymous* (Center City, MN: Hazelden, 2000).
6. M. F. R. Kets de Vries, "Leadership Group Coaching in Action: The Zen of Creating High Performance Teams", *Academy of Management Executive* 19, nº 1 (2005): 61–76.
7. Veja M. Higgins e K. E. Kram, "Reconceptualizing Mentoring at Work: A Developmental Network Perspective", *Academy of Management Review* 26, nº 2 (2001): 264–288.
8. V. U. Druskat e D. C. Kayes, "Learning versus Performance in Short-Term Project Teams", *Small Group Research* 31, nº 3 (2000): 328–353.

9. F. Barrett, *Yes to the Mess: Surprising Leadership Lessons from Jazz* (Boston: Harvard Business Review Press, 2012).
10. Referência em Barrett, *Yes to the Mess*.
11. R. Ballou *et alii*, "Fellowship in Lifelong Learning: An Executive Development Program for Advanced Professionals", *Journal of Management Education* 23, nº 4 (1999): 338–354; e H. Tajfel, "Social Identity and Intergroup Behavior", *Trends and Developments: Social Science Informs* 13, nº 2 (1974): 65–93.
12. Ballou *et alii*, "Fellowship in Lifelong Learning".
13. P. Parker *et alii*, *Peer Coaching: Principles and Practice* (Stanford, CA: Stanford University Press, 2017); veja também Parker, Kram e Hall, "Exploring Risk Factors in Peer Coaching"; Parker, Hall e Kram, "Peer Coaching: A Relational Process".
14. L. Himelstein e S. Anderson Forest, "Breaking Through", *BusinessWeek*, 17 de fevereiro de 1997, p. 64–70.
15. Uma metanálise mostrou que os coaches internos ajudaram bem mais sobre o impacto do coaching nos resultados desejados do que os coaches externos; veja R. Jones, S. Woods e Y. Guillaume, "The Effectiveness of Workplace Coaching: A Meta-Analysis of Learning and Performance Outcomes from Coaching", *Journal of Occupational and Organizational Psychology* 89 (2015): 249–277.
16. Para conhecer os modelos de competência de certificação do coach, veja ICFs em <https://coachfederation.org/core-competencies>; para CCE, veja <https://careerdedevelopmentmusings.wordpress.com/2016/09/06/board-certified-coachcompetencies-and-ceuonestop-com-courses-and-webinars-a-crosswalk/>; e para WABC, <veja http://www.wabccoaches.com/includes/popups/competencies.html>. Para ter uma discussão mais ampla sobre o que deve determinar um modelo de competência válido, veja R. Boyatzis, *The Competent Manager: A Model for Effective Performance* (New York: John Wiley & Sons, 1982); para uma discussão mais profunda sobre as consequências do credenciamento, veja J. Fallows, "The Case against Credentialism", *The Atlantic Monthly*, dezembro de 1985, 49–67.
17. Conversas pessoais com Chris Baer, 2017.
18. W. Mahler, "Although Good Coaching Is Basic to Managerial Productivity, Most Organizations Have Difficulty Getting Their

Managers to Be Effective Coaches", *Personnel Administration* 27, nº 1 (1964): 28-33.

19. T. E. Maltbia, "High-Impact Performance Coaching: Applying the Four C's Framework to Define, Monitor and Generate Results", *Choice Magazine* 11, nº 1 (2013): 27-32. Esse segmento do artigo baseia-se no artigo clássico de Mager e Pipe (R. F. Mager e P. Pipe, *Analyzing Performance Problems* (Analisando Problemas de Performance, publicado no Brasil], 2. ed. (Belmont, CA: David S. Lake Publishers, 1984).

20. J. J. Dhaling *et alii*. "Does Coaching Matter? A Multilevel Model Linking Managerial Coaching Skill and Frequency to Sales Goal Attainment", *Personnel Psychology* 69, nº 4 (2016): 863-894.

21. P. A. Heslin, D. Vandewalle e G. P. Latham, "Keen to Help? Managers' Implicit Person Theories and Their Subsequent Employee Coaching", *Personnel Psychology* 59, nº 4 (2006): 871-902.

22. Esses comentários foram tirados de duas pesquisas dos principais dados sobre os millennials: Manpower's 2016 *Millennial Careers: 2020 Vision*. Participaram da pesquisa 19 mil pessoas da geração millennials de 25 países; e American Express/Kantar Futures, *Redefining the C-Suite: Business the Millennial Way*, 2017, participaram da pesquisa 1.363 millennials dos EUA, Reino Unido, França e Alemanha.

CAPÍTULO 9

1. Fernández-Aráoz escreveu extensivamente sobre a maximização de talentos e o processo de encontrar as melhores pessoas para ocupar uma posição. Veja os artigos dele em *Harvard Business Review* (C. Fernández-Aráoz, "21 st-Century Talent Spotting", junho de 2014; C. Fernández-Aráoz, B. Groysberg e N. Nohria, "The Definitive Guide to Recruiting in Good Times and Bad", maio de 2009; C. Fernández-Aráoz, "Hiring without Firing", julho-agosto de 1999); e os livros (C. Fernández-Aráoz, *It's Not the How or the What but the Who: Succeed by Surrounding Yourself with the Best* [Boston: Harvard Business Review Press, 2014]; C. Fernández-Aráoz, *Great People Decisions: Why They Matter So Much, Why They Are So Hard, and How You Can Master Them* [Hoboken, NJ: Wiley, 2007]).

2. B. J. Avolio e S. T. Hannah, "Developmental Readiness: Accelerating Leader Development", *Consulting Psychology Journal: Practice and Research* 60 (2008), 331–347.
3. D. MacKie, "The Effects of Coachee Readiness and Core Self-Evaluations on Leadership Coaching Outcomes: A Controlled Trial", *Coaching: An International Journal of Theory, Research and Practice* 25, nº 2 [2015]): 120–136; e J. Franklin, "Change Readiness in Coaching: Potentiating Client Change", em *Evidence-Based Coaching*, ed. M. J. Cavanagh, A. Grant e T. Kemp (Queensland: Australian Academic Press, 2005), 193–200.
4. J. O. Prochaska e C. C. DiClemente, "Stages and Processes of Self-Change of Smoking: Toward an Integrative Model of Change", *Journal of Consulting and Clinical Psychology* 51 (1983): 390–395; J. O. Prochaska, C. C. DiClemente e J. C. Norcross, "In Search of How People Change: Applications to the Addictive Behaviors", *American Psychologist* 47 (1992): 1.102–1.114.
5. Viktor Frankl, *Man's Search for Meaning: An Introduction to Logotherapy* [*O Homem em Busca de um Sentido*, publicado no Brasil] (1946; rept. Boston: Beacon Press, 2006).

ÍNDICE

A

AA (Alcoólicos Anônimos), 159
AEN, 48, 50–51, 59–61, 64, 66, 68, 70, 76, 79–84, 87, 92, 95, 97, 100, 107, 111, 137, 147, 159, 161–162, 194, 196, 197
    facilitadores do, 69
AEP, 48–49, 51, 59–62, 66–68, 70–71, 74–75, 79–86, 92, 97, 100, 106–107, 111, 132, 137, 138, 156, 162, 168, 172–173, 182, 194–196
    ativação do, 79
    ativar o, 104, 195
    despertar o, 74–75, 196
    estimulação do, 74
    evocar o, 83, 119
    experiência de, 73
    mecanismo neural do, 90
    provocar o, 71
Agarre seus sonhos, 123
agenda de aprendizado, 41–42, 51
Aiurvédica, 109
Alice no País das Maravilhas, 107
alto desejo de realização, 117
ambiente
    de apoio, 166
    interpessoal, 61
Amy Grubb, 158
Andrew Carnegie, 144
Angela Passarelli, 111
Annie McKee, 21, 73
ansiedade, 148
Anthony Jack, 84, 87, 88, 90

aprendizado
    ativo e emocional, 9
    metas de, 117
    processo de, 62
Aristóteles, 162
atrator
    emocional, 10
        negativo, 7, 59. Consulte também AEN
        positivo, 7, 59, 143, 156. Consulte também AEP
    positivo, 42
Atul Gawande, 70
autocoaching, 158
autoconsciência, 39–40, 51, 76, 147–148, 161
autocontrole, 70, 147
    emocional, 61
autoeficácia, 119
autoilusão, 46
autopromover, 194
avaliação
    negativa, 59
Avi Kluger, 148

B

balanço pessoal, 40–41
Bárbara Fredrickson, 96, 139
biofeedback, 104
Bob Shaffer, 81
brainstorm, 116, 159

C

caminho para a renovação, 21
Carl Rogers, 146
Carol Kauffman, 49
Center for Credentialing and Education, 139, 169
Chris Keys, 161
Claire Scott Miller, 22
Claudio Fernández-Aráoz, 179
coach
    aplicar, 164
    certificação de, 168
    com mindfulness, 23
    eficaz, 24
    executivo, 6
    intenção do, 49
    interno, 169
coaching, 2, 5, 8, 14, 156
    aplicação do, 44
    baseado na visão, 104, 107, 111
    com AEP versus AEN, 96
    com compaixão, 6–10, 14, 18–19, 21, 23–24, 26, 30–54, 60, 76, 91, 158, 167, 171, 173, 178, 181–183, 191, 194–196, 200
    com conformidade, 60, 81, 91
    com o AEP, 91
    com visão, 106
    contrato de, 139
    cultura de, 10, 156, 158, 170
    definição de, 15
    de negócios, 6
    de sustentabilidade, 166
    diádico explícito, 15
    entre pares, 158–176, 195, 197–198
    estágio do, 45
    executivo, 180
    exercício de, 62
    experiência de, 90
    habilidades de, 170
    informal, 155
    interação de, 147
    medo do, 48
    mentalidade de, 197
    momento crítico do, 179
    momento de, 11, 178–192, 194
    para visão, 104
    por conformidade, 6, 9, 10, 18, 30–54, 193, 195
    por desempenho, 104
    positivo, 130
    processo de, 7, 50–51, 107
    profissão de, 4
    prontidão para o, 180
    relacionamento de, 21, 23, 104, 131, 133, 156
        de alta qualidade, 141
    relacionamento ressonante de, 136
    situações de, 79
    visão comum de, 29
Coaching Research Lab, 8
códigos de comportamento, 139
compaixão, 3, 71, 75, 194
    abordagem com, 46
    agir com, 64
    compartilhada, 136, 138
    demonstração de, 23
    despertar, 72
competência emocional, 9
comportamento, 44
    individual, 30
    mudança de, 8, 44
comprimento de onda emocional, 22
conexão
    alta qualidade, 132
    verdadeira, 21
confiança, 24
confidencialidade, 140
contágio
    emocional, 200
        positivo, 194, 197
contágio emocional, 24, 73, 133, 165
    positivo, 160
conversa significativa, 51
criança superdotada, 58
crise de meia-idade, 117

D

Daniel Goleman, 45
David Dunning, 46
David Livingstone, 64
Deborah O'Neil, 157
declaração, 38
    de visão clara e convincente, 38
    de visão pessoal, 38
defensiva, 57
descoberta, 34
desejo, 47
    interno, 47
    por motivação de mudança, 47
Diana Bilimoria, 119–120
dificuldade, 58
    de aprendizado, 58
distúrbio, 58
    emocional, 58

E

Ed Schein, 61
Emily Heaphy, 132
Emily Sinclair, 13–15, 47
emoção
    negativa, 47, 58
    positiva, 2, 21, 59
    transmitir, 132
empatia, 64, 71, 148
    cognitiva, 149
    comportamental, 149
    emocional, 149
    formas de, 150
energia, 6
    positiva, 20
        compartilhada, 134
        relacional compartilhada, 136
energia relacional, 75
equilíbrio, 80, 95
equipes
    de aprendizado, 164
    de trabalho, 164
ESCI, 112
escuta, 146, 148, 196
    ativa, 147

níveis de, 150
    conexão, 150
    focado, 150
    global, 150
esforço, 5
    de mudança, 50
    comportamental direcionado, 39
esperança, 24, 36, 75
    despertar da, 23
    senso de, 24
estresse, 21, 47, 61, 72, 99, 193, 196
    reação do, 50
eu
    autêntico, 186
    ideal, 7, 21, 23, 35–41, 50–51, 60, 95, 104, 107, 115–116, 120, 182, 185, 190, 195
        expressão do, 104
    obrigatório, 36, 51, 60, 178, 190, 195–196
    verdadeiro, 38–40
Exercício da Lista de Desejos, 121
experiência emocional, 37

F

Fabio Sala, 74
feedback, 18, 39, 50, 97–98, 104, 129, 144, 162, 171
    de 360°, 97–98, 112
    de desenvolvimento, 170
    formal, 40
    honesto, 17
    informal, 40
    multidirecional, 39
    negativo, 85, 87
    positivo, 130
Fifth Third Bank, 81
F. J. Roethlisberger, 146
foco
    no aprendizado, 60
    no ensino, 60
Frank Barret, 162
futuro ideal, 181, 184, 190

G

gestão, 8
grau de conectividade, 132
grupo
    de apoio, 164
    de identidade social, 163
Guy Itzchakov, 148

H

hábito, 99, 118
Helen Riess, 149
Henry Kimsey-House, 150
hipocrisia, 194
Holocausto, 186
humor
    autodepreciativo, 74
    bom, 74

I

identidade real, 36
Ilene Wasserman, 159
imitação social, 133
índice da positividade, 96–97
inspiração, 6
inteligência
    cognitiva, 113
    emocional, 63, 113
    emocional e social, 18–19, 45, 129, 167
    mental compartilhada, 149
    social, 9, 137
International Coach Federation, 139
International Coaching Federation, 15, 169
Inventário de Competência Social e emocional, 112. Consulte também ESCI

J

James Prochaska, 180
Jane Dutton, 132
Jerome Groopman, 70
Joan Manuel Batista, 97
John Paul Stephens, 132
Joseph LeDoux, 73

K

Karen Kimsey-House, 150
Kathleen Buse, 119–120
Kathy Kram, 132, 159, 160
Kleovoulos, 95
Kyle Schwartz, 2, 4, 6, 62
Kylie Rochford, 75

L

Laura Whitworth, 150
Letícia Mosteo, 97
liberdade, 6, 186
    sensação de, 196
liderança, 8, 39
    desenvolvimento de, 180
    papel de, 21
líder ressonante, 113, 156
Lori Neiswander, 167

M

Malcom Gladwell, 44
Marcha de 1963 em Washington, 84
Margaret Hopkins, 157
massa crítica, 173
Maxwell Maltz, 44
medo, 57
mentalidade
    externa, 61
    interna, 61
mentee, 133
metas, 117
    de aprendizado, 117
    de desempenho, 117
millennials, 172–173
mindfulness, 21–25, 71, 74, 98, 138, 158
    experiência de, 23
mindshare, 84
Mônica Higgins, 160

Monsanto, 170
motivação, 2, 20, 62
    intrínseca, 2
mudança
    de comportamento, 41
        sustentável, 36
    desejo de, 122
    esforços de, 44
    estágio de, 180
        ação, 181
        contemplação, 180
        manutenção, 181
        pré-contemplação, 180
        preparação, 180
    intencional, 34, 60, 161, 182
        processo de, 182, 185
    processo de, 196
    psicofisiológica, 99
    sustentável, 47, 92, 162, 190
    temporária, 43

N

narcisismo, 194
natureza, 75
negligência na competição, 89
Neil Thompson, 22
neurônios espelhos, 149
Niloofar Ghods, 157, 172
notas no quadro branco, 121

O

otimismo, 36

P

parceiros de responsabilidade, 46
pedagogia participativa, 164
perturbações, 4
Pesquisa Climática Relacional, 137
Phillippa Lally, 44
Phillip Sandahl, 150
plano
    de aprendizado, 18
    de melhora de desempenho, 41

Polly Parker, 159
ponto
    de domínio, 44
    de virada, 69, 83
ponto de virada, 196
prática real, 43
processo
    de crescimento e mudança, 19
    de mudança, 41
        intencional, 38, 41–44
    de renovação, 81
    hormonal, 47
profissional de apoio, 5–6
propósito, 36
    compartilhado, 198
    comum, 4
psicologia positiva, 172
psicoterapia, 180

Q

QI, 88
quadro pessoal de conselheiros, 160
Qualidade Observada do Relacionamento de Coaching do Funcionário (PQECR), 137

R

RA, 85–87, 89, 97, 101
RE, 85–87, 92, 101
reação
    de estresse, 85
    negativa, 59
rede
    analítica, 85, 87, 88. Consulte também RA
    de contato, 160
    de desenvolvimento, 160
    de relacionamento, 45, 52
        de apoio e confiança, 44–45
    empática, 85, 87, 88, 92, 149. Consulte também RE
reflexão, 9, 11
regra, 151

relacionamento, 160
　de qualidade, 136
　entre um coach e o coachee, 140
　ressonante, 5, 14, 21, 23, 25–26, 44–46, 71, 130–133, 159, 195–196
resiliência, 132
respeito, 140
Ricard Servalos, 97
Richard Boyatzis, 19, 21, 45, 73, 90
Robert Lee, 147

S

Scott Taylor, 39
segurança psicológica, 131, 134
senso
　de autoeficácia, 36
　de propósito e direção, 38
simpatia, 64
sistema de renovação, 85
sistema nervoso
　parassimpático, 48–49, 59, 71–72, 76, 195. Consulte também SNP
　simpático, 60, 72, 76, 95, 196. Consulte também SNS
　　ativação do, 47
SNP, 85–86, 92, 96–97
　despertar o, 98
SNS, 85–86, 95–98
sobrevivência, 79–102
　instinto de, 82
sonho, 6, 104
Stephen Covey, 44
sustentabilidade, 97

T

técnicas de Delphi, 169
tensilidade, 132
Teoria de Mudança Intencional, 7, 10, 19, 25, 34, 46, 80, 86, 92, 108, 110, 133, 162, 183, 185
Terry Maltbia, 170

teste de realidade, 46
Tim Hall, 159
toque de despertar, 87
Tory Higgins, 118
tratamento por aderência, 137

U

Udayan Dhar, 117

V

Vanessa Druskat, 161
vício, 99
　de comportamento, 99
　substituição de, 99
Viktor Frankl, 186
visão, 6, 75
　compartilhada, 36, 84, 134, 136, 137
　de futuro, 34
　ideal, 184, 188, 191
　pessoal, 2, 5, 7, 9–10, 18, 20, 36, 40, 51, 65, 71, 82–83, 104–128, 129, 136, 162, 178, 182, 184, 186, 195–200
　　declaração de, 38
　tradicional, 39
vocação, 36

W

Wall Street, 134
Walt Mahler, 170
Wendy Murphy, 132
Wordwide Association of Business Coaches, 169

Y

Young Women's Business Institute, 94

Z

zona de conforto, 52

Projetos corporativos e edições personalizadas
dentro da sua estratégia de negócio. Já pensou nisso?

Coordenação de Eventos
Viviane Paiva
viviane@altabooks.com.br

Assistente Comercial
Fillipe Amorim
vendas.corporativas@altabooks.com.br

A Alta Books tem criado experiências incríveis no meio corporativo. Com a crescente implementação da educação corporativa nas empresas, o livro entra como uma importante fonte de conhecimento. Com atendimento personalizado, conseguimos identificar as principais necessidades, e criar uma seleção de livros que podem ser utilizados de diversas maneiras, como por exemplo, para fortalecer relacionamento com suas equipes/ seus clientes. Você já utilizou o livro para alguma ação estratégica na sua empresa?

Entre em contato com nosso time para entender melhor as possibilidades de personalização e incentivo ao desenvolvimento pessoal e profissional.

PUBLIQUE SEU LIVRO

Publique seu livro com a Alta Books. Para mais informações envie um e-mail para: autoria@altabooks.com.br

CONHEÇA OUTROS LIVROS DA ALTA BOOKS

Todas as imagens são meramente ilustrativas.

 /altabooks   /alta-books   /altabooks   /altabooks

Este livro foi impresso nas oficinas gráficas da Editora Vozes Ltda.,
Rua Frei Luís, 100 – Petrópolis, RJ.